진본 토정비결

珍本
토정비결

토정 이지함 원저 ◉ 작가 이재운 편역

동학사

　우리가 흔히 생각하듯이, 『토정비결』은 단순한 점술서로서 일년 신수를 알아내고 예언하는 것만을 주된 관심의 대상으로 삼고 있지는 않았다. 그런 것이라면 『주역』이나 오늘날까지 전해오는 매화역수(梅花易數)·황극비결(皇極秘訣) 등도 있다. 그런데 『토정비결』만이 그토록 오랜 기간 끊임없이 꾸준하게 서민들의 사랑을 받아온 이유는 무엇일까. 서민들은 『토정비결』을 통해 대체 무엇을 얻고 또 무엇을 느꼈던 것일까.

　저자인 토정 이지함은 중종 12년(1517년)에 태어나 선조 11년(1578년)에 죽었다. 이 시기에는 각종 사화와 당쟁이 끊이지 않고 일어났다. 물론 그의 출생 이전에도 무오사화와 갑자사화가 있었다. 조선사를 돌아볼 때 태조의 건국 이후 성종에 이르는 시기를 제외하고는 당쟁의 연속이었다고 해도 과언이 아닐 것이다.

　선비들이 파당으로 갈라져 서로 죽고 죽이던 참혹한 사화는 진나라 시황제의 분서갱유 못지않은 선비들의 환란이었다. 조정이 안민(安民)은 안중에도 두지 않고 권력투쟁에다 살생만 일삼던 그 시절, 도탄에 빠진 백성들을 이끌어줄 길잡이가 없었다. 유학과 성리학의 연마가 유일한 직업이었던 유신(儒臣)들이 벌인 피비린내 나는 싸

움의 아수라장에서 백성들을 서로 잇고 끌어줄 사회윤리나 가치관
은 비루하기 짝이 없었다. 이런 상황 속에서 『토정비결』이 저술된
것이다.

가난과 악정과 혼란과 부조리 속에서 백성이 믿고 의지하고 나아
가 그들을 이끌어줄 사상이나 가치관이 없던 때에, 『토정비결』은 한
편으로는 그들에게 덕을 쌓고 선을 취하며 악을 멀리할 것 등 삶의 기
본적인 모형을 제시해주는 스승으로서, 또 한편으로는 희로애락(喜怒
哀樂) 등 인생의 고달픔을 위로하고 희망을 불어넣어주는 벗으로서
그들의 험한 인생길을 함께 걸어왔던 것이다.

토정 선생의 애민정신과 선견지명을 기리며 다시 한번 토정비결
을 완역하게 되었다. 독자들께서도 이 글을 읽고 무위도식이나 기회
만 엿보는 우를 범하는 대신 '새벽 푸른 정적을 깨며 석공의 정소리
끊이지 않더니 옥이 있어 그 빛 천리를 비추는구나'라는 계사(繫辭)
처럼, 현실생활이 비록 힘들더라도 부디 희망을 잃지 않고 목표를
향해 정진해나갈 수 있는 힘을 얻게 되기를 바란다.

2000년 12월
이재운

진본 토정비결 조견표 읽는 법

• 진본 토정비결 조견표는 한국천문연구원 발표 자료를 토대로 정확하게 계산한 것이다. 음력은 한 달이 29.53059일이라서 한 달은 29일, 또 한 달은 30일로 잡는데, 이 계산이 매우 복잡하고 어려우며 미세한 차이로 큰달이 되거나 작은달이 된다. 그래서 한국천문연구원이 이 미세한 차이의 기준을 잡아 공식적으로 발표한다. 진본 토정비결은 천문연구원이 발표한 월별 음양력을 기준으로 월건수를 잡았다.

• 토정비결은 매년 한 번씩 그해의 운수를 볼 수 있는 책이다. 다만 진본 토정비결은 궁금한 일이 생길 때마다 점을 치듯이 볼 수 있다.

• **상수 뽑는 방법**
상수는 8진법이므로 8개의 수만 사용한다.
예를 들어 동전 16개를 두 손에 나눠 잡고, 한 손을 펼쳤을 때 8개 이하라면 그대로 상수로 잡는다. 7개면 7, 3개면 3이 상수이다. 8개 이상이면 8를 제외한 나머지 개수를 상수로 잡는다.

잡은 개수가 5개면 상수는 5
잡은 개수가 9개면 상수는 9 - 8 = 1

• **중수 뽑는 방법**

중수는 6진법이므로 6개의 수만 사용한다.

예를 들어 동전 12개를 두 손에 나눠 잡고, 한 손을 펼쳤을 때 6개 이하라면 그대로 중수로 잡는다. 6개 이상이면 6개를 빼고 남은 수를 중수로 잡는다.

잡은 개수가 4개면 중수는 4

잡은 개수가 8개면 중수는 8−6＝2

• **하수 뽑는 방법**

하수는 3진법이므로 3개의 수만 사용한다.

예를 들어 동전 6개를 두 손에 나눠 잡고, 한 손을 펼쳤을 때 3개 이하라면 그대로 하수로 잡는다. 3개 이상이면 3개를 빼고 남은 수를 하수로 잡는다.

잡은 개수가 2개면 하수는 2

잡은 개수가 4개면 하수는 4−1＝3

위에서 예를 든 숫자로 상수, 중수, 하수를 구하면 542가 되는데, 그러면 542괘를 찾아 읽으면서 지금 일어난 궁금한 일을 머릿속에 그리면서 답을 구하면 된다.

자세한 설명은 본문 p.11~13 참조

진본 토정비결
차례

『토정비결』보는 법

『토정비결』의 144장은 모두 상수·중수·하수의 세 자리로 구성되어 있고, 반드시 음력을 기준으로 보게 된다. 각각의 수를 구하는 방법은 다음과 같다.

① 상수(上數)
자신의 나이를 쓰고, 보고자 하는 해의 간지에 해당하는 연수(太歲數, 〈표1〉의 연수)를 합하여 8로 나눈 나머지 숫자를 상수로 한다. 나누어떨어지면 상수는 8로 한다.

② 중수(中數)
자신의 생월수(보고자 하는 해의 해당월이 크면 30일, 작으면 29일로 한다)와 월건수(月建數, 〈표1〉의 월수)를 합하여 6으로 나눈 나머지 숫자를 중수로 한다. 나누어떨어지면 중수는 6으로 한다.

③ 하수(下數)
자신의 생일과 일진수(日辰數, 〈표1〉의 일수)를 합하여 3으로 나눈 나머지 숫자를 하수로 한다. 나누어떨어지면 하수는 3으로 한다.

1973년 10월 11일생인 사람의 2012년도 토정비결을 예로 들어 살펴보자.(〈표2〉 참조)

① 상수

1973년 계축(癸丑)년생이므로 나이는 40세.

2012년은 임진(壬辰)년이므로 태세수(太歲數)는 19.(〈표1〉 참조)

상수는 (나이+태세수)÷8이므로, $(40+19) \div 8 = 7 \cdots\cdots 3$,

따라서 상수는 3.

② 중수

2012년의 10월은 월이 작으므로 생월수는 29.(〈표2〉 참조)

2012년 10월은 신해(辛亥)월이므로 월건수는 11.(〈표1〉 참조)

중수는 (생월수+월건수)÷6이므로, $(29+11) \div 6 = 6 \cdots\cdots 4$,

따라서 중수는 4.

③ 하수

생일수는 11.

2012년의 음력 10월 11일은 기축(己丑)일이므로

일진수는 20.(〈표1〉·〈표2〉 참조)

하수는 (생일수+일진수)÷3이므로, $(11+20) \div 3 = 10 \cdots\cdots 1$,

따라서 하수는 1.

∴ 이 사람의 2012년도 토정비결 계수는 341이 된다.

　　그러나 이 방법은 만세력(萬歲曆)을 보아야 하는 등 여러가지 불편함이 있다. 그래서 이 책에서는 미리 계산해둔 조견표를 이용하여 누구나 쉽고 간편하게 토정비결을 볼 수 있도록 하였다.

　　위에서 예로 든 사람의 2012년 토정비결을 수록된 조견표를 이용하여 살펴보도록 하자.

①　상수:1973년생은 40세이므로 2012년 조견표 상수란을 찾아보면 3이 나온다.

② 중수: 태어난 달 10월을 찾아보면 4가 나온다.

③ 하수: 태어난 달 10월과 생일 11일을 찾아보면 1이 나온다.

∴ 이상 상·중·하 세 수를 조합한 341이 계수가 된다.

※ 『토정비결』은 토정 이지함 선생이 음력으로 만든 것이기 때문에 큰 달과 작은 달의 차이로 해당 날짜가 존재하지 않는 해가 있습니다. 즉 큰 달 30일생의 경우 그 달이 어떤 해에는 작은 달 29일밖에 없어 생일이 사라지는 수가 있습니다.

〈표1〉 육십갑자에 따른 태세수 · 월건수 · 일진수

甲子 年20 月18 日18	甲戌 年22 月14 日20	甲申 年21 月16 日19	甲午 年18 月18 日16	甲辰 年22 月14 日20	甲寅 年19 月16 日17
乙丑 年21 月16 日19	乙亥 年19 月12 日17	乙酉 年20 月14 日18	乙未 年21 月16 日19	乙巳 年17 月12 日15	乙卯 年18 月14 日16
丙寅 年17 月14 日16	丙子 年18 月12 日16	丙戌 年20 月12 日16	丙申 年19 月14 日17	丙午 年16 月16 日14	丙辰 年20 月14 日18
丁卯 年16 月12 日14	丁丑 年19 月14 日17	丁亥 年17 月10 日15	丁酉 年18 月12 日16	丁未 年19 月14 日17	丁巳 年15 月10 日13
戊辰 年18 月10 日16	戊寅 年15 月12 日13	戊子 年16 月14 日14	戊戌 年18 月10 日16	戊申 年17 月12 日15	戊午 年14 月14 日12
己巳 年18 月13 日16	己卯 年19 月13 日17	己丑 年22 月17 日20	己亥 年20 月13 日16	己酉 年21 月15 日19	己未 年22 月17 日20
庚午 年17 月17 日15	庚辰 年21 月13 日19	庚寅 年18 月15 日16	庚子 年19 月17 日17	庚戌 年21 月13 日19	庚申 年20 月15 日18
辛未 年20 月15 日18	辛巳 年16 月11 日14	辛卯 年17 月13 日15	辛丑 年20 月15 日18	辛亥 年18 月11 日16	辛酉 年19 月13 日17
壬申 年18 月13 日16	壬午 年18 月15 日13	壬辰 年19 月11 日17	壬寅 年16 月13 日14	壬子 年17 月15 日15	壬戌 年19 月11 日17
癸酉 年17 月11 日15	癸未 年18 月13 日16	癸巳 年14 月9 日12	癸卯 年15 月11 日13	癸丑 年18 月13 日16	癸亥 年16 月9 日14

* 태세수는 年, 월건수는 月, 일진수는 日을 보면 된다.

〈표2〉 2012년(壬辰年) 만세력

1월(壬寅, 양력 2월 4일~3월 4일)

절기력	1	2	3	4	5	6	7	8	9	10	11	12	13	14	15	16	17	18	19	20	21	22	23	24	25	26	27	28	29	30
양력	4	5	6	7	8	9	10	11	12	13	14	15	16	17	18	19	20	21	22	23	24	25	26	27	28	29	(3)	2	3	4
음력	13	14	15	16	17	18	19	20	21	22	23	24	25	26	27	28	29	30	②	2	3	4	5	6	7	8	9	10	11	12
일진	乙未	丙申	丁酉	戊戌	己亥	庚子	辛丑	壬寅	癸卯	甲辰	乙巳	丙午	丁未	戊申	己酉	庚戌	辛亥	壬子	癸丑	甲寅	乙卯	丙辰	丁巳	戊午	己未	庚申	辛酉	壬戌	癸亥	甲子

2월(癸卯, 양력 3월 5일~4월 3일)

절기력	1	2	3	4	5	6	7	8	9	10	11	12	13	14	15	16	17	18	19	20	21	22	23	24	25	26	27	28	29	30
양력	5	6	7	8	9	10	11	12	13	14	15	16	17	18	19	20	21	22	23	24	25	26	27	28	29	30	31	(4)	2	3
음력	13	14	15	16	17	18	19	20	21	22	23	24	25	26	27	28	29	③	2	3	4	5	6	7	8	9	10	11	12	13
일진	乙丑	丙寅	丁卯	戊辰	己巳	庚午	辛未	壬申	癸酉	甲戌	乙亥	丙子	丁丑	戊寅	己卯	庚辰	辛巳	壬午	癸未	甲申	乙酉	丙戌	丁亥	戊子	己丑	庚寅	辛卯	壬辰	癸巳	甲午

3월(甲辰, 양력 4월 4일~5월 4일)

절기력	1	2	3	4	5	6	7	8	9	10	11	12	13	14	15	16	17	18	19	20	21	22	23	24	25	26	27	28	29	30	31
양력	4	5	6	7	8	9	10	11	12	13	14	15	16	17	18	19	20	21	22	23	24	25	26	27	28	29	30	(5)	2	3	4
음력	14	15	16	17	18	19	20	21	22	23	24	25	26	27	28	29	30	윤	2	3	4	5	6	7	8	9	10	11	12	13	14
일진	乙未	丙申	丁酉	戊戌	己亥	庚子	辛丑	壬寅	癸卯	甲辰	乙巳	丙午	丁未	戊申	己酉	庚戌	辛亥	壬子	癸丑	甲寅	乙卯	丙辰	丁巳	戊午	己未	庚申	辛酉	壬戌	癸亥	甲子	乙丑

4월(乙巳, 양력 5월 5일~6월 4일)

절기력	1	2	3	4	5	6	7	8	9	10	11	12	13	14	15	16	17	18	19	20	21	22	23	24	25	26	27	28	29	30	31
양력	5	6	7	8	9	10	11	12	13	14	15	16	17	18	19	20	21	22	23	24	25	26	27	28	29	30	31	(6)	2	3	4
음력	15	16	17	18	19	20	21	22	23	24	25	26	27	28	29	30	④	2	3	4	5	6	7	8	9	10	11	12	13	14	15
일진	丙寅	丁卯	戊辰	己巳	庚午	辛未	壬申	癸酉	甲戌	乙亥	丙子	丁丑	戊寅	己卯	庚辰	辛巳	壬午	癸未	甲申	乙酉	丙戌	丁亥	戊子	己丑	庚寅	辛卯	壬辰	癸巳	甲午	乙未	丙申

5월(丙午, 양력 6월 5일~7월 6일)

절기력	1	2	3	4	5	6	7	8	9	10	11	12	13	14	15	16	17	18	19	20	21	22	23	24	25	26	27	28	29	30	31	32
양력	5	6	7	8	9	10	11	12	13	14	15	16	17	18	19	20	21	22	23	24	25	26	27	28	29	30	(7)	2	3	4	5	6
음력	16	17	18	19	20	21	22	23	24	25	26	27	28	29	30	⑤	2	3	4	5	6	7	8	9	10	11	12	13	14	15	16	17
일진	丁酉	戊戌	己亥	庚子	辛丑	壬寅	癸卯	甲辰	乙巳	丙午	丁未	戊申	己酉	庚戌	辛亥	壬子	癸丑	甲寅	乙卯	丙辰	丁巳	戊午	己未	庚申	辛酉	壬戌	癸亥	甲子	乙丑	丙寅	丁卯	戊辰

6월(丁未, 양력 7월 7일~8월 6일)

절기력	1	2	3	4	5	6	7	8	9	10	11	12	13	14	15	16	17	18	19	20	21	22	23	24	25	26	27	28	29	30	31
양력	7	8	9	10	11	12	13	14	15	16	17	18	19	20	21	22	23	24	25	26	27	28	29	30	31	(8)	2	3	4	5	6
음력	18	19	20	21	22	23	24	25	26	27	28	29	⑥	2	3	4	5	6	7	8	9	10	11	12	13	14	15	16	17	18	19
일진	己巳	庚午	辛未	壬申	癸酉	甲戌	乙亥	丙子	丁丑	戊寅	己卯	庚辰	辛巳	壬午	癸未	甲申	乙酉	丙戌	丁亥	戊子	己丑	庚寅	辛卯	壬辰	癸巳	甲午	乙未	丙申	丁酉	戊戌	己亥

7월(戊申, 양력 8월 7일~9월 6일)

절기력	1	2	3	4	5	6	7	8	9	10	11	12	13	14	15	16	17	18	19	20	21	22	23	24	25	26	27	28	29	30	31
양력	7	8	9	10	11	12	13	14	15	16	17	18	19	20	21	22	23	24	25	26	27	28	29	30	31	(9)	2	3	4	5	6
음력	20	21	22	23	24	25	26	27	28	29	30	⑦	2	3	4	5	6	7	8	9	10	11	12	13	14	15	16	17	18	19	20
일진	庚子	辛丑	壬寅	癸卯	甲辰	乙巳	丙午	丁未	戊申	己酉	庚戌	辛亥	壬子	癸丑	甲寅	乙卯	丙辰	丁巳	戊午	己未	庚申	辛酉	壬戌	癸亥	甲子	乙丑	丙寅	丁卯	戊辰	己巳	庚午

8월(己酉, 양력 9월 7일~10월 7일)

절기력	1	2	3	4	5	6	7	8	9	10	11	12	13	14	15	16	17	18	19	20	21	22	23	24	25	26	27	28	29	30	31
양력	7	8	9	10	11	12	13	14	15	16	17	18	19	20	21	22	23	24	25	26	27	28	29	30	(10)	2	3	4	5	6	7
음력	21	22	23	24	25	26	27	28	29	⑧	2	3	4	5	6	7	8	9	10	11	12	13	14	15	16	17	18	19	20	21	22
일진	辛未	壬申	癸酉	甲戌	乙亥	丙子	丁丑	戊寅	己卯	庚辰	辛巳	壬午	癸未	甲申	乙酉	丙戌	丁亥	戊子	己丑	庚寅	辛卯	壬辰	癸巳	甲午	乙未	丙申	丁酉	戊戌	己亥	庚子	辛丑

9월(庚戌, 양력 10월 8일~11월 6일)

절기력	1	2	3	4	5	6	7	8	9	10	11	12	13	14	15	16	17	18	19	20	21	22	23	24	25	26	27	28	29	30
양력	8	9	10	11	12	13	14	15	16	17	18	19	20	21	22	23	24	25	26	27	28	29	30	31	(11)	2	3	4	5	6
음력	23	24	25	26	27	28	29	⑨	2	3	4	5	6	7	8	9	10	11	12	13	14	15	16	17	18	19	20	21	22	23
일진	壬寅	癸卯	甲辰	乙巳	丙午	丁未	戊申	己酉	庚戌	辛亥	壬子	癸丑	甲寅	乙卯	丙辰	丁巳	戊午	己未	庚申	辛酉	壬戌	癸亥	甲子	乙丑	丙寅	丁卯	戊辰	己巳	庚午	辛未

10월(辛亥, 양력 11월 7일~12월 6일)

절기력	1	2	3	4	5	6	7	8	9	10	11	12	13	14	15	16	17	18	19	20	21	22	23	24	25	26	27	28	29	30
양력	7	8	9	10	11	12	13	14	15	16	17	18	19	20	21	22	23	24	25	26	27	28	29	30	(12)	2	3	4	5	6
음력	24	25	26	27	28	29	30	⑩	2	3	4	5	6	7	8	9	10	11	12	13	14	15	16	17	18	19	20	21	22	23
일진	壬申	癸酉	甲戌	乙亥	丙子	丁丑	戊寅	己卯	庚辰	辛巳	壬午	癸未	甲申	乙酉	丙戌	丁亥	戊子	己丑	庚寅	辛卯	壬辰	癸巳	甲午	乙未	丙申	丁酉	戊戌	己亥	庚子	辛丑

11월(壬子, 양력 12월 7일~1월 4일)

절기력	1	2	3	4	5	6	7	8	9	10	11	12	13	14	15	16	17	18	19	20	21	22	23	24	25	26	27	28	29
양력	7	8	9	10	11	12	13	14	15	16	17	18	19	20	21	22	23	24	25	26	27	28	29	30	31	(1)	2	3	4
음력	24	25	26	27	28	29	⑪	2	3	4	5	6	7	8	9	10	11	12	13	14	15	16	17	18	19	20	21	22	23
일진	壬寅	癸卯	甲辰	乙巳	丙午	丁未	戊申	己酉	庚戌	辛亥	壬子	癸丑	甲寅	乙卯	丙辰	丁巳	戊午	己未	庚申	辛酉	壬戌	癸亥	甲子	乙丑	丙寅	丁卯	戊辰	己巳	庚午

12월(癸丑, 양력 1월 5일~2월 3일)

절기력	1	2	3	4	5	6	7	8	9	10	11	12	13	14	15	16	17	18	19	20	21	22	23	24	25	26	27	28	29	30
양력	5	6	7	8	9	10	11	12	13	14	15	16	17	18	19	20	21	22	23	24	25	26	27	28	29	30	31	(2)	2	3
음력	24	25	26	27	28	29	30	⑫	2	3	4	5	6	7	8	9	10	11	12	13	14	15	16	17	18	19	20	21	22	23
일진	辛未	壬申	癸酉	甲戌	乙亥	丙子	丁丑	戊寅	己卯	庚辰	辛巳	壬午	癸未	甲申	乙酉	丙戌	丁亥	戊子	己丑	庚寅	辛卯	壬辰	癸巳	甲午	乙未	丙申	丁酉	戊戌	己亥	庚子

2021년(辛丑年)

상수(태세수)

나이	신축 1	경자 2	기해 3	무술 4	정유 5	병신 6	을미 7	갑오 8	계사 9	임진 10	신묘 11	경인 12	기축 13	무자 14	정해 15	병술 16	을유 17	갑신 18	계미 19	임오 20
태세수	5	6	7	8	1	2	3	4	5	6	7	8	1	2	3	4	5	6	7	8
나이	신사 21	경진 22	기묘 23	무인 24	정축 25	병자 26	을해 27	갑술 28	계유 29	임신 30	신미 31	경오 32	기사 33	무진 34	정묘 35	병인 36	을축 37	갑자 38	계해 39	임술 40
태세수	1	2	3	4	5	6	7	8	1	2	3	4	5	6	7	8	1	2	3	4
나이	신유 41	경신 42	기미 43	무오 44	정사 45	병진 46	을묘 47	갑인 48	계축 49	임자 50	신해 51	경술 52	기유 53	무신 54	정미 55	병오 56	을사 57	갑진 58	계묘 59	임인 60
태세수	5	6	7	8	1	2	3	4	5	6	7	8	1	2	3	4	5	6	7	8
나이	신축 61	경자 62	기해 63	무술 64	정유 65	병신 66	을미 67	갑오 68	계사 69	임진 70	신묘 71	경인 72	기축 73	무자 74	정해 75	병술 76	을유 77	갑신 78	계미 79	임오 80
태세수	1	2	3	4	5	6	7	8	1	2	3	4	5	6	7	8	1	2	3	4
나이	신사 81	경진 82	기묘 83	무인 84	정축 85	병자 86	을해 87	갑술 88	계유 89	임신 90	신미 91	경오 92	기사 93	무진 94	정묘 95	병인 96	을축 97	갑자 98	계해 99	임술 100
태세수	5	6	7	8	1	2	3	4	5	6	7	8	1	2	3	4	5	6	7	8

중수(월건수)

1월	2월	3월	4월	5월	6월	7월	8월	9월	10월	11월	12월
경인小	신묘大	임진大	계사小	갑오大	을미小	병신大	정유小	무술大	기해小	경자大	신축小
2	1	5	2	6	3	4	5	4	6	5	2

하수(일진수)

	1	2	3	4	5	6	7	8	9	10	11	12	13	14	15	16	17	18	19	20	21	22	23	24	25	26	27	28	29	30
1월	1	1	3	2	3	2	2	3	3	3	2	2	2	1	3	3	1	3	2	3	1	1	3	2	2	2	1	1	1	
2월	1	1	2	3	2	1	1	1	1	2	2	3	2	2	2	3	3	2	2	1	1	3	3	1	2	2	3	1	1	2
3월	2	2	2	1	3	1	3	3	1	1	1	3	3	3	2	1	1	2	1	3	1	2	2	1	3	3	2	2	1	
4월	1	1	2	3	2	1	1	1	1	3	2	2	2	3	3	2	2	1	1	3	1	2	2	3	1	1				
5월	3	3	3	3	2	1	2	1	1	2	2	2	1	1	1	3	3	3	2	1	2	3	3	2	1	1	1	3	3	
6월	3	2	2	3	1	3	2	2	2	3	3	1	3	3	3	1	1	3	2	1	1	3	2	1	3	1	2			
7월	3	1	1	1	3	2	3	2	2	2	3	1	2	1	3	3	1	2	1	3	1	1	3	2	2	1			2	1
8월	1	1	3	2	1	3	1	3	3	1	1	2	1	1	2	3	2	1	3	1	2	1	3	2	2	1	1			
9월	1	1	2	2	3	1	1	1	1	2	3	2	3	1	1	3	1	2	3	2	2	3	1	1	2					
10월	2	2	2	1	1	2	3	2	1	1	1	1	3	2	2	3	1	3	1	2	2									
11월	1	2	2	3	3	3	3	2	1	2	2	1	1	2	3	1	3	2	3	1	1	1								
12월	1	3	3	3	2	3	1	3	2	2	2	2	3	3	1	3	1	3	2	1	1	2	3							

2022년(壬寅年)

상수(태세수)

나이	임인 1	신축 2	경자 3	기해 4	무술 5	정유 6	병신 7	을미 8	갑오 9	계사 10	임진 11	신묘 12	경인 13	기축 14	무자 15	정해 16	병술 17	을유 18	갑신 19	계미 20
태세수	1	2	3	4	5	6	7	8	1	2	3	4	5	6	7	8	1	2	3	4
나이	임오 21	신사 22	경진 23	기묘 24	무인 25	정축 26	병자 27	을해 28	갑술 29	계유 30	임신 31	신미 32	경오 33	기사 34	무진 35	정묘 36	병인 37	을축 38	갑자 39	계해 40
태세수	5	6	7	8	1	2	3	4	5	6	7	8	1	2	3	4	5	6	7	8
나이	임술 41	신유 42	경신 43	기미 44	무오 45	정사 46	병진 47	을묘 48	갑인 49	계축 50	임자 51	신해 52	경술 53	기유 54	무신 55	정미 56	병오 57	을사 58	갑진 59	계묘 60
태세수	1	2	3	4	5	6	7	8	1	2	3	4	5	6	7	8	1	2	3	4
나이	임인 61	신축 62	경자 63	기해 64	무술 65	정유 66	병신 67	을미 68	갑오 69	계사 70	임진 71	신묘 72	경인 73	기축 74	무자 75	정해 76	병술 77	을유 78	갑신 79	계미 80
태세수	5	6	7	8	1	2	3	4	5	6	7	8	1	2	3	4	5	6	7	8
나이	임오 81	신사 82	경진 83	기묘 84	무인 85	정축 86	병자 87	을해 88	갑술 89	계유 90	임신 91	신미 92	경오 93	기사 94	무진 95	정묘 96	병인 97	을축 98	갑자 99	계해 100
태세수	1	2	3	4	5	6	7	8	1	2	3	4	5	6	7	8	1	2	3	4

중수(월건수)

1월	2월	3월	4월	5월	6월	7월	8월	9월	10월	11월	12월
임인大	계묘小	갑진大	을사小	병오大	정미大	무신小	기유大	경술小	신해大	임자小	계축大
1	4	2	5	4	2	5	3	6	5	2	1

하수(일진수)

	1	2	3	4	5	6	7	8	9	10	11	12	13	14	15	16	17	18	19	20	21	22	23	24	25	26	27	28	29	30
1월	1	2	3	1	1	1	1	1	3	2	3	2	2	3	3	2	2	1	3	3	1	3	2	3	1	1	3	2		
2월	2	2	1	1	1	3	3	1	2	1	3	3	3	1	2	1	1	1	2	2	1	1	3	3	2	2	3			
3월	2	2	3	1	1	2	2	2	2	1	3	1	3	3	1	1	1	3	3	3	2	1	1	2	1	3	1	2	2	1
4월	3	3	3	2	2	2	1	1	2	1	1	1	1	2	2	3	2	2	3	2	2	1	1	3	3					
5월	2	3	3	1	2	3	3	1	2	2	1	2	1	1	1	1	3	3	1	1	2	1	2	3	3	3				
6월	2	1	1	1	3	3	3	2	1	2	3	2	2	1	2	3	1	3	3	3	1	1	3	3	2	2	1	1		
7월	2	3	1	2	2	1	1	1	2	1	2	1	2	2	1	1	3	3	1	2	3	2	3	1	3					
8월	1	3	2	1	1	3	3	3	2	2	1	2	2	3	3	2	1	1	1	2	3	1	3	3	2					
9월	2	3	1	1	1	3	2	2	1	3	2	2	3	3	2	2	3	1	2	1	3	3	3							
10월	2	2	1	3	3	2	2	2	1	1	1	2	3	3	2	2	3	3	2	2	1	1								
11월	3	3	1	2	2	3	1	1	2	2	2	1	1	1	1	3	3	2	1	2	1	3								
12월	2	3	3	2	1	1	1	3	3	3	2	2	3	1	3	2	2	2	2	3	3	1	1	3	3	1	1	3	3	2

2023년(癸卯年)

상수(태세수)

나이	계묘 1	임인 2	신축 3	경자 4	기해 5	무술 6	정유 7	병신 8	을미 9	갑오 10	계사 11	임진 12	신묘 13	경인 14	기축 15	무자 16	정해 17	병술 18	을유 19	갑신 20
태세수	8	1	2	3	4	5	6	7	8	1	2	3	4	5	6	7	8	1	2	3
나이	계미 21	임오 22	신사 23	경진 24	기묘 25	무인 26	정축 27	병자 28	을해 29	갑술 30	계유 31	임신 32	신미 33	경오 34	기사 35	무진 36	정묘 37	병인 38	을축 39	갑자 40
태세수	4	5	6	7	8	1	2	3	4	5	6	7	8	1	2	3	4	5	6	7
나이	계해 41	임술 42	신유 43	경신 44	기미 45	무오 46	정사 47	병진 48	을묘 49	갑인 50	계축 51	임자 52	신해 53	경술 54	기유 55	무신 56	정미 57	병오 58	을사 59	갑진 60
태세수	8	1	2	3	4	5	6	7	8	1	2	3	4	5	6	7	8	1	2	3
나이	계묘 61	임인 62	신축 63	경자 64	기해 65	무술 66	정유 67	병신 68	을미 69	갑오 70	계사 71	임진 72	신묘 73	경인 74	기축 75	무자 76	정해 77	병술 78	을유 79	갑신 80
태세수	4	5	6	7	8	1	2	3	4	5	6	7	8	1	2	3	4	5	6	7
나이	계미 81	임오 82	신사 83	경진 84	기묘 85	무인 86	정축 87	병자 88	을해 89	갑술 90	계유 91	임신 92	신미 93	경오 94	기사 95	무진 96	정묘 97	병인 98	을축 99	갑자 100
태세수	8	1	2	3	4	5	6	7	8	1	2	3	4	5	6	7	8	1	2	3

중수(월건수)

1월	2월	2월(윤)	3월	4월	5월	6월	7월	8월	9월	10월	11월	12월
갑인小	을묘大	을묘小	병진大	정사小	무오大	기미小	경신大	신유大	임술小	계해大	갑자小	을축大
3	2	1	6	3	2	4	3	2	4	3	5	4

하수(일진수)

	1	2	3	4	5	6	7	8	9	10	11	12	13	14	15	16	17	18	19	20	21	22	23	24	25	26	27	28	29	30
1월	2	1	1	2	3	3	1	2	2	3	3	3	3	2	1	2	1	1	2	2	1	1	1	3	2	2	3	2		
2월	2	3	1	1	3	2	2	2	1	1	1	3	3	1	2	1	3	3	3	3	1	1	2	1	1	1	2	2	1	1
2월(윤)	3	3	2	2	3	1	1	2	3	3	1	1	1	1	3	2	2	3	2	3	3	2	2	2	1	3	3	1		
3월	1	3	1	2	2	1	3	3	3	2	2	2	1	1	2	1	1	1	2	2	3	2	2	3	3	2				
4월	2	1	1	3	3	1	2	2	3	1	1	2	2	2	1	1	3	3	1	1	1	3	3	3	2	1	1	1		
5월	3	2	1	2	3	2	1	1	1	3	3	3	2	1	1	3	2	2	2	3	1	3	3	3	1	1				
6월	3	3	2	1	1	2	3	3	1	1	2	2	3	3	3	2	1	2	1	2	2	1	1	1	3	2				
7월	3	1	3	2	1	1	3	2	2	2	1	1	1	3	3	1	2	1	2	3	3	3	1	1	2	1	1	1	2	
8월	2	1	1	3	2	2	3	1	2	2	3	1	1	2	3	1	1	3	2	2	3	3	2	2	2	1	3			
9월	3	1	2	1	3	2	1	1	2	3	1	1	1	3	3	2	2	3	3	2	1	1	2	1	1	1	3			
10월	3	3	2	2	1	1	3	2	3	1	2	2	2	1	1	3	3	3	1	1	1	3	3	3	2					
11월	1	1	2	1	3	1	2	2	3	1	2	2	3	3	2	2	2	1	1	1	1	2	2	3	2	2				
12월	3	1	1	3	3	2	2	1	1	2	3	3	1	2	2	3	3	3	2	1	2	1	1	2	2	2	1	1	1	

2024년(甲辰年)

상수(태세수)

나이	갑진 1	계묘 2	임인 3	신축 4	경자 5	기해 6	무술 7	정유 8	병신 9	을미 10	갑오 11	계사 12	임진 13	신묘 14	경인 15	기축 16	무자 17	정해 18	병술 19	을유 20
태세수	7	8	1	2	3	4	5	6	7	8	1	2	3	4	5	6	7	8	1	2
나이	갑신 21	계미 22	임오 23	신사 24	경진 25	기묘 26	무인 27	정축 28	병자 29	을해 30	갑술 31	계유 32	임신 33	신미 34	경오 35	기사 36	무진 37	정묘 38	병인 39	을축 40
태세수	3	4	5	6	7	8	1	2	3	4	5	6	7	8	1	2	3	4	5	6
나이	갑자 41	계해 42	임술 43	신유 44	경신 45	기미 46	무오 47	정사 48	병진 49	을묘 50	갑인 51	계축 52	임자 53	신해 54	경술 55	기유 56	무신 57	정미 58	병오 59	을사 60
태세수	7	8	1	2	3	4	5	6	7	8	1	2	3	4	5	6	7	8	1	2
나이	갑진 61	계묘 62	임인 63	신축 64	경자 65	기해 66	무술 67	정유 68	병신 69	을미 70	갑오 71	계사 72	임진 73	신묘 74	경인 75	기축 76	무자 77	정해 78	병술 79	을유 80
태세수	3	4	5	6	7	8	1	2	3	4	5	6	7	8	1	2	3	4	5	6
나이	갑신 81	계미 82	임오 83	신사 84	경진 85	기묘 86	무인 87	정축 88	병자 89	을해 90	갑술 91	계유 92	임신 93	신미 94	경오 95	기사 96	무진 97	정묘 98	병인 99	을축 100
태세수	7	8	1	2	3	4	5	6	7	8	1	2	3	4	5	6	7	8	1	2

중수(월건수)

1월	2월	3월	4월	5월	6월	7월	8월	9월	10월	11월	12월
병인小	정묘大	무진小	기사小	경오大	신미小	임신大	계유大	갑술小	을해大	을해大	정축小
1	6	3	6	5	2	1	5	1	6	4	1

하수(일진수)

	1	2	3	4	5	6	7	8	9	10	11	12	13	14	15	16	17	18	19	20	21	22	23	24	25	26	27	28	29	30
1월	3	2	2	3	2	1	2	3	3	2	1	1	1	3	3	2	2	3	1	3	2	2	2	2	3	1	3	1	3	
2월	1	1	2	2	1	1	3	3	2	2	3	1	1	2	1	1	1	3	2	3	2	2	3	3	3	2	2			
3월	2	1	3	3	1	3	2	2	3	1	1	3	2	2	1	2	3	1	1	1	3	3	3	1	1	2				
4월	2	2	2	3	2	1	2	3	2	3	1	2	2	1	3	1	1	3	3	1	1	1								
5월	1	1	1	3	2	2	1	3	2	2	1	1	1	3	2	2	3	1	3	2	2	2	3	2	3					
6월	1	3	3	1	3	2	1	3	3	2	1	1	2	2	3	3	3	1	2	1	1	2	2							
7월	3	2	2	1	3	1	1	1	3	2	2	3	1	3	3	1	1	3	3	3	1									
8월	1	2	1	2	1	1	3	2	1	1	3	2	1	1	1	1	3	2	2	2	3	3								
9월	3	2	2	1	2	3	1	1	1	3	2	2	3	1	1	2	1	3	3	3										
10월	2	2	2	3	2	2	3	2	3	1	1	2	2	3	3	2	2	3	3	1										1
11월	1	1	3	3	2	1	1	2	1	1	2	1	2	3	3	2	2	1	1	2	3	2	1	1	1	1				
12월	2	2	3	2	2	2	3	3	2	1	1	1	3	3	1	2	3	1	1	2	2	2	1	3	1	3	3			

2025년(乙巳年)

상수(태세수)

나이	을사 1	갑진 2	계묘 3	임인 4	신축 5	경자 6	기해 7	무술 8	정유 9	병신 10	을미 11	갑오 12	계사 13	임진 14	신묘 15	경인 16	기축 17	무자 18	정해 19	병술 20
태세수	2	3	4	5	6	7	8	1	2	3	4	5	6	7	8	1	2	3	4	5
나이	을유 21	갑신 22	계미 23	임오 24	신사 25	경진 26	기묘 27	무인 28	정축 29	병자 30	을해 31	갑술 32	계유 33	임신 34	신미 35	경오 36	기사 37	무진 38	정묘 39	병인 40
태세수	6	7	8	1	2	3	4	5	6	7	8	1	2	3	4	5	6	7	8	1
나이	을축 41	갑자 42	계해 43	임술 44	신유 45	경신 46	기미 47	무오 48	정사 49	병진 50	을묘 51	갑인 52	계축 53	임자 54	신해 55	경술 56	기유 57	무신 58	정미 59	병오 60
태세수	2	3	4	5	6	7	8	1	2	3	4	5	6	7	8	1	2	3	4	5
나이	을사 61	갑진 62	계묘 63	임인 64	신축 65	경자 66	기해 67	무술 68	정유 69	병신 70	을미 71	갑오 72	계사 73	임진 74	신묘 75	경인 76	기축 77	무자 78	정해 79	병술 80
태세수	6	7	8	1	2	3	4	5	6	7	8	1	2	3	4	5	6	7	8	1
나이	을유 81	갑신 82	계미 83	임오 84	신사 85	경진 86	기묘 87	무인 88	정축 89	병자 90	을해 91	갑술 92	계유 93	임신 94	신미 95	경오 96	기사 97	무진 98	정묘 99	병인 100
태세수	2	3	4	5	6	7	8	1	2	3	4	5	6	7	8	1	2	3	4	5

중수(월건수)

1월	2월	3월	4월	5월	6월	6월(윤)	7월	8월	9월	10월	11월	12월
무인大	기묘小	경진大	신사小	임오小	계미大	계미小	갑신大	을유小	병술大	정해大	무자大	기축小
6	2	1	4	2	1	6	4	1	6	4	2	4

하수(일진수)

	1	2	3	4	5	6	7	8	9	10	11	12	13	14	15	16	17	18	19	20	21	22	23	24	25	26	27	28	29	30
1월	2	2	2	1	1	1	3	2	2	3	2	1	2	3	3	2	1	1	1	3	3	3	2	2	3	1	3	2	2	2
2월	2	3	3	1	3	3	3	1	1	3	3	2	1	1	2	3	3	1	2	2	3	3	3	3	2	1	2	1		
3월	2	3	3	2	2	2	1	3	1	3	2	1	1	3	2	2	1	1	3	3	1	2	1	3	3	2	1	3	3	3
4월	3	3	1	1	2	1	1	1	2	2	1	1	3	2	2	3	1	2	3	3	1	1	1	1	3	2	3			
5월	3	3	1	1	1	3	3	2	1	1	2	1	3	1	2	2	1	3	3	2	2	2	1	1	2	3	2			
6월	2	2	2	2	3	3	1	3	3	1	1	3	2	1	2	1	3	3	1	2	3	3	3	2	1	3	3	3	2	1
6월(윤)	2	1	1	2	2	2	1	1	3	2	2	3	2	1	2	3	3	2	1	1	1	3	3	3	2	2	3	1		
7월	1	3	3	3	3	1	1	2	1	1	1	2	1	3	3	2	2	1	1	2	3	3	1	1	1	1	1	3		3
8월	2	3	2	2	3	3	2	2	2	1	3	1	2	3	1	1	2	2	1	2	3	3	2	1	3	3	1			
9월	3	2	1	1	1	2	2	3	1	1	3	1	3	2	2	1	3	3	2	2	2	1	2	2	2	2	2	2	2	
10월	1	3	1	3	3	1	1	1	3	3	2	1	1	3	1	2	1	2	3	3	2	2	2	1	1	2	1	1	2	
11월	3	2	1	1	1	2	2	3	1	3	3	1	1	3	1	2	3	3	2	1	3	1	2	2	2	2	2	2	2	2
12월	1	3	1	3	3	1	1	1	3	3	3	2	1	1	3	1	2	1	2	3	3	3	2	2	2	1	1			

2026년(丙午年)

상수(태세수)

나이	병오1	을사2	갑진3	계묘4	임인5	신축6	경자7	기해8	무술9	정유10	병신11	을미12	갑오13	계사14	임진15	신묘16	경인17	기축18	무자19	정해20
태세수	1	2	3	4	5	6	7	8	1	2	3	4	5	6	7	8	1	2	3	4
나이	병술21	을유22	갑신23	계미24	임오25	신사26	경진27	기묘28	무인29	정축30	병자31	을해32	갑술33	계유34	임신35	신미36	경오37	기사38	무진39	정묘40
태세수	5	6	7	8	1	2	3	4	5	6	7	8	1	2	3	4	5	6	7	8
나이	병인41	을축42	갑자43	계해44	임술45	신유46	경신47	기미48	무오49	정사50	병진51	을묘52	갑인53	계축54	임자55	신해56	경술57	기유58	무신59	정미60
태세수	1	2	3	4	5	6	7	8	1	2	3	4	5	6	7	8	1	2	3	4
나이	병오61	을사62	갑진63	계묘64	임인65	신축66	경자67	기해68	무술69	정유70	병신71	을미72	갑오73	계사74	임진75	신묘76	경인77	기축78	무자79	정해80
태세수	5	6	7	8	1	2	3	4	5	6	7	8	1	2	3	4	5	6	7	8
나이	병술81	을유82	갑신83	계미84	임오85	신사86	경진87	기묘88	무인89	정축90	병자91	을해92	갑술93	계유94	임신95	신미96	경오97	기사98	무진99	정묘100
태세수	1	2	3	4	5	6	7	8	1	2	3	4	5	6	7	8	1	2	3	4

중수(월건수)

1월	2월	3월	4월	5월	6월	7월	8월	9월	10월	11월	12월
경인大	신묘小	임진小	계사小	갑오小	을미大	병신小	정유大	무술小	기해大	경자大	신축大
3	6	5	2	5	4	1	6	3	1	5	3

하수(일진수)

	1	2	3	4	5	6	7	8	9	10	11	12	13	14	15	16	17	18	19	20	21	22	23	24	25	26	27	28	29	30
1월	3	1	3	2	2	2	2	3	3	1	3	3	1	1	3	2	2	1	2	3	3	1	2	2	3	3	1	2	2	3
2월	3	2	1	2	1	2	2	2	1	1	1	3	2	3	2	1	3	2	1	1	1	3	3	3	2					
3월	3	1	2	1	3	3	3	1	1	2	1	1	1	2	2	3	3	2	2	3	1	2	3	3	1	1				
4월	1	1	3	2	2	2	3	3	1	1	3	1	3	2	2	2	1	1	1	3	2	2	2	1	1	1				
5월	1	1	3	2	1	1	1	3	1	1	1	3	1	3	2	3	2	1	2	1	2	2	1	3	2	1				
6월	3	3	3	1	2	1	3	1	2	1	2	1	1	1	1	2	1	3	2	1	2	3	3	2	1	1	1	3	3	
7월	3	2	2	3	1	2	2	2	3	1	3	3	1	3	1	1	3	2	2	1	1	2	3	3	1	2				
8월	3	1	1	1	2	1	3	2	2	2	3	1	1	3	2	2	1	3	1	1	3	2	1	3	2	2	2	1		
9월	1	1	3	3	1	1	2	1	1	1	1	2	1	1	1	2	2	2	3	1	1	2	1	3	1	1				
10월	1	1	2	2	2	2	1	3	2	2	1	1	1	1	2	2	3	1	2	3	1	1	2	1	3	3				
11월	2	2	2	1	1	3	2	1	1	1	3	1	2	2	1	2	2	3	3	2	1	1	3	1	2	2	3			
12월	1	1	2	2	2	2	1	3	1	3	3	1	1	1	3	3	2	1	1	2	1	3	1	2	1	3	3	3		

2027년(丁未年)

상수(태세수)

나이	정미1	병오2	을사3	갑진4	계묘5	임인6	신축7	경자8	기해9	무술10	정유11	병신12	을미13	갑오14	계사15	임진16	신묘17	경인18	기축19	무자20
태세수	4	5	6	7	8	1	2	3	4	5	6	7	8	1	2	3	4	5	6	7
나이	정해21	병술22	을유23	갑신24	계미25	임오26	신사27	경진28	기묘29	무인30	정축31	병자32	을해33	갑술34	계유35	임신36	신미37	경오38	기사39	무진40
태세수	8	1	2	3	4	5	6	7	8	1	2	3	4	5	6	7	8	1	2	3
나이	정묘41	병인42	을축43	갑자44	계해45	임술46	신유47	경신48	기미49	무오50	정사51	병진52	을묘53	갑인54	계축55	임자56	신해57	경술58	기유59	무신60
태세수	4	5	6	7	8	1	2	3	4	5	6	7	8	1	2	3	4	5	6	7
나이	정미61	병오62	을사63	갑진64	계묘65	임인66	신축67	경자68	기해69	무술70	정유71	병신72	을미73	갑오74	계사75	임진76	신묘77	경인78	기축79	무자80
태세수	8	1	2	3	4	5	6	7	8	1	2	3	4	5	6	7	8	1	2	3
나이	정해81	병술82	을유83	갑신84	계미85	임오86	신사87	경진88	기묘89	무인90	정축91	병자92	을해93	갑술94	계유95	임신96	신미97	경오98	기사99	무진100
태세수	4	5	6	7	8	1	2	3	4	5	6	7	8	1	2	3	4	5	6	7

중수(월건수)

1월	2월	3월	4월	5월	6월	7월	8월	9월	10월	11월	12월
임인小	계묘大	갑진小	을사大	병오小	정미小	무신大	기유小	경술小	신해大	임자大	계축大
6	5	1	6	3	1	6	2	6	5	3	1

하수(일진수)

	1	2	3	4	5	6	7	8	9	10	11	12	13	14	15	16	17	18	19	20	21	22	23	24	25	26	27	28	29	30
1월	2	2	2	1	1	2	3	2	1	1	1	1	2	2	3	2	2	2	3	3	2	2	2	1	1	3	3	1	2	2
2월	1	2	2	3	3	3	3	2	1	2	2	2	1	1	3	2	2	3	1	2	3	3	2	1	1	2	3	1	1	
3월	1	3	3	3	2	2	3	1	3	2	2	2	3	3	1	3	3	3	1	1	3	3	2	2	1	1	2	3		
4월	1	2	3	3	1	1	1	3	2	3	2	2	1	1	3	3	1	3	3	2	3	1	1	3	2	3	1	1	3	2
5월	2	2	1	1	1	3	3	1	2	1	3	3	3	3	1	1	2	3	2	1	1	3	3	2	2	3				
6월	2	2	3	1	1	2	2	2	1	1	3	3	1	1	3	3	2	1	2	1	3	3	2	1	1	3	1	2	2	
7월	2	1	1	1	3	3	3	2	2	1	3	2	2	2	3	3	1	3	3	3	1	2	1	1	1	3	3	2	1	1
8월	2	3	3	1	2	3	3	3	3	2	1	2	1	1	2	2	1	3	2	2	1	2	3	1	2	1	2	3		
9월	1	3	2	2	2	1	1	1	3	3	3	3	1	3	1	1	2	2	1	2	1	1	3	3						
10월	3	3	1	2	2	3	1	3	3	3	1	3	3	1	1	3	3	2	1	2	1	3	1	2	1	3	1			
11월	2	2	1	3	3	3	2	2	1	1	2	3	2	1	1	1	1	3	2	2	2	3	2	1	1	2	2	1	1	
12월	3	3	1	2	2	3	1	1	2	2	2	1	3	1	3	3	1	1	3	3	2	1	1	2	1	3	1			

2028년(戊申年)

상수(태세수)

나이	무신1	정미2	병오3	을사4	갑진5	계묘6	임인7	신축8	경자9	기해10	무술11	정유12	병신13	을미14	갑오15	계사16	임진17	신묘18	경인19	기축20
태세수	2	3	4	5	6	7	8	1	2	3	4	5	6	7	8	1	2	3	4	5
나이	무자21	정해22	병술23	을유24	갑신25	계미26	임오27	신사28	경진29	기묘30	무인31	정축32	병자33	을해34	갑술35	계유36	임신37	신미38	경오39	기사40
태세수	6	7	8	1	2	3	4	5	6	7	8	1	2	3	4	5	6	7	8	1
나이	무진41	정묘42	병인43	을축44	갑자45	계해46	임술47	신유48	경신49	기미50	무오51	정사52	병진53	을묘54	갑인55	계축56	임자57	신해58	경술59	기유60
태세수	2	3	4	5	6	7	8	1	2	3	4	5	6	7	8	1	2	3	4	5
나이	무신61	정미62	병오63	을사64	갑진65	계묘66	임인67	신축68	경자69	기해70	무술71	정유72	병신73	을미74	갑오75	계사76	임진77	신묘78	경인79	기축80
태세수	6	7	8	1	2	3	4	5	6	7	8	1	2	3	4	5	6	7	8	1
나이	무자81	정해82	병술83	을유84	갑신85	계미86	임오87	신사88	경진89	기묘90	무인91	정축92	병자93	을해94	갑술95	계유96	임신97	신미98	경오99	기사100
태세수	2	3	4	5	6	7	8	1	2	3	4	5	6	7	8	1	2	3	4	5

중수(월건수)

1월	2월	3월	4월	5월	5월(윤)	6월	7월	8월	9월	10월	11월	12월
갑인小	을묘大	병진大	정사小	무오大	무오小	기미小	경신大	신유小	임술小	계해大	갑자大	을축小
3	2	6	3	2		4		6	4	3	6	3

하수(일진수)

	1	2	3	4	5	6	7	8	9	10	11	12	13	14	15	16	17	18	19	20	21	22	23	24	25	26	27	28	29	30
1월	2	2	1	3	3	3	2	2	2	1	1	2	3	1	1	1	1	2	2	3	2	2	2	3	3	2	2	1		
2월	2	1	1	2	3	3	1	2	3	3	3	3	1	1	1	2	2	1	1	1	3	2	2	3	2	1				
3월	2	3	3	2	1	1	1	3	3	1	2	1	3	2	2	2	3	1	3	2	3	3	1	1	3	3	2			
4월	2	1	1	2	3	1	2	3	3	2	1	2	1	1	2	2	1	1	1	3	2	2	3	2						
5월	2	3	1	1	3	2	2	2	1	1	1	3	1	1	3	3	1	3	1	1	1	2	2	1	1					
5월(윤)	3	3	2	2	3	1	1	2	3	3	1	1	1	3	2	3	2	3	3	2	2	2	1	3	3	1				
6월	1	3	1	2	1	3	3	3	2	2	2	1	1	2	3	2	1	1	1	2	2	3	2	2	3	3				
7월	3	3	2	2	1	1	3	3	1	2	1	1	3	3	3	1	2	1	1	2	2	1	1	3	2	2				
8월	3	2	1	2	3	2	1	1	1	3	1	3	2	1	3	2	2	2	3	3	1	3	3	1						
9월	2	1	1	3	3	2	3	2	1	1	1	3	2	1	2	3	3	2	2	2	1									
10월	1	1	2	1	3	1	2	2	3	1	1	1	1	2	2	3	2	2	2											
11월	3	3	2	2	1	1	1	3	3	1	2	2	3	1	2	2	1	3	3	1	1	3	3	3						
12월	1	1	2	1	3	1	2	2	1	3	3	3	2	2	2	1	1	2	3	2	1	1	1	2	2	3	2			

2029년(己酉年)

상수(태세수)

나이	기유 1	무신 2	정미 3	병오 4	을사 5	갑진 6	계묘 7	임인 8	신축 9	경자 10	기해 11	무술 12	정유 13	병신 14	을미 15	갑오 16	계사 17	임진 18	신묘 19	경인 20
태세수	6	7	8	1	2	3	4	5	6	7	8	1	2	3	4	5	6	7	8	1
나이	기축 21	무자 22	정해 23	병술 24	을유 25	갑신 26	계미 27	임오 28	신사 29	경진 30	기묘 31	무인 32	정축 33	병자 34	을해 35	갑술 36	계유 37	임신 38	신미 39	경오 40
태세수	2	3	4	5	6	7	8	1	2	3	4	5	6	7	8	1	2	3	4	5
나이	기사 41	무진 42	정묘 43	병인 44	을축 45	갑자 46	계해 47	임술 48	신유 49	경신 50	기미 51	무오 52	정사 53	병진 54	을묘 55	갑인 56	계축 57	임자 58	신해 59	경술 60
태세수	6	7	8	1	2	3	4	5	6	7	8	1	2	3	4	5	6	7	8	1
나이	기유 61	무신 62	정미 63	병오 64	을사 65	갑진 66	계묘 67	임인 68	신축 69	경자 70	기해 71	무술 72	정유 73	병신 74	을미 75	갑오 76	계사 77	임진 78	신묘 79	경인 80
태세수	2	3	4	5	6	7	8	1	2	3	4	5	6	7	8	1	2	3	4	5
나이	기축 81	무자 82	정해 83	병술 84	을유 85	갑신 86	계미 87	임오 88	신사 89	경진 90	기묘 91	무인 92	정축 93	병자 94	을해 95	갑술 96	계유 97	임신 98	신미 99	경오 100
태세수	6	7	8	1	2	3	4	5	6	7	8	1	2	3	4	5	6	7	8	1

중수(월건수)

1월	2월	3월	4월	5월	6월	7월	8월	9월	10월	11월	12월
병인大	정묘大	무진小	기사大	경오大	신미小	임신小	계유大	갑술小	을해小	병자大	정축大
2	6	3	1		5	2		5		4	2

하수(일진수)

	1	2	3	4	5	6	7	8	9	10	11	12	13	14	15	16	17	18	19	20	21	22	23	24	25	26	27	28	29	30
1월	3	1	1	3	3	2	2	1	1	2	3	3	1	2	2	3	3	3	3	2	1	2	1	1	2	2	2	1	1	1
2월	3	2	2	3	2	1	2	3	3	2	1	1	1	3	3	2	2	3	1	3	2	2	2	3	3	1	3	3		
3월	3	1	1	3	3	2	2	1	1	2	3	3	1	2	2	3	3	3	3	2	1	2	1	1	2	2	2	1	1	
4월	2	1	3	3	1	3	2	3	1	1	3	2	2	1	1	1	3	3	1	2	1	3	3	3	3	1	1	2	1	
5월	1	1	2	2	1	1	3	2	3	2	3	1	1	1	1	1	3	2	3	2	2	3	2	3	3	3	2			
6월	2	1	3	3	1	3	2	3	1	1	3	2	2	1	1	1	3	3	1	2	1	3	3	3	3	1	1	2		
7월	2	2	2	3	3	2	2	1	1	3	3	1	2	2	3	1	1	2	2	2	2	1	3	1	3	3	1	1	1	
8월	1	1	1	3	2	3	3	2	1	2	3	3	2	1	1	1	3	3	3	2	2	3	1	2	2	2	2	3	3	3
9월	1	3	3	3	1	3	3	2	1	1	2	3	1	2	3	3	3	3	3	1	2	1	1	2	2					
10월	3	2	2	2	1	3	3	1	3	1	1	1	3	3	1	2	1	2	1	3	3	3	3							
11월	2	2	3	2	2	2	3	3	2	1	1	3	1	2	2	2	3	1	1	2	2	2	2	1	1	3	1	3	3	1
12월	1	1	3	3	3	2	1	1	2	1	3	1	2	1	3	3	2	2	2	1	1	2	3	2	1	1	1	1		

2030년(庚戌年)

상수(태세수)

나이	경술1	기유2	무신3	정미4	병오5	을사6	갑진7	계묘8	임인9	신축10	경자11	기해12	무술13	정유14	병신15	을미16	갑오17	계사18	임진19	신묘20
태세수	6	7	8	1	2	3	4	5	6	7	8	1	2	3	4	5	6	7	8	1
나이	경인21	기축22	무자23	정해24	병술25	을유26	갑신27	계미28	임오29	신사30	경진31	기묘32	무인33	정축34	병자35	을해36	갑술37	계유38	임신39	신미40
태세수	2	3	4	5	6	7	8	1	2	3	4	5	6	7	8	1	2	3	4	5
나이	경오41	기사42	무진43	정묘44	병인45	을축46	갑자47	계해48	임술49	신유50	경신51	기미52	무오53	정사54	병진55	을묘56	갑인57	계축58	임자59	신해60
태세수	6	7	8	1	2	3	4	5	6	7	8	1	2	3	4	5	6	7	8	1
나이	경술61	기유62	무신63	정미64	병오65	을사66	갑진67	계묘68	임인69	신축70	경자71	기해72	무술73	정유74	병신75	을미76	갑오77	계사78	임진79	신묘80
태세수	2	3	4	5	6	7	8	1	2	3	4	5	6	7	8	1	2	3	4	5
나이	경인81	기축82	무자83	정해84	병술85	을유86	갑신87	계미88	임오89	신사90	경진91	기묘92	무인93	정축94	병자95	을해96	갑술97	계유98	임신99	신미100
태세수	6	7	8	1	2	3	4	5	6	7	8	1	2	3	4	5	6	7	8	1

중수(월건수)

1월	2월	3월	4월	5월	6월	7월	8월	9월	10월	11월	12월
무인小	기묘大	경진小	신사大	임오大	계미小	갑신大	을유小	병술大	정해小	무자大	기축小
5	3	6	5	3	6	4	1	6	3	2	4

하수(일진수)

	1	2	3	4	5	6	7	8	9	10	11	12	13	14	15	16	17	18	19	20	21	22	23	24	25	26	27	28	29	30
1월	2	2	3	2	2	2	3	3	2	2	1	1	3	3	1	2	1	1	2	2	2	2	1	3	1	3	3			
2월	2	2	2	1	1	1	3	2	2	3	2	1	2	1	1	3	3	3	2	2	3	1	3	2	2	2				
3월	2	3	3	1	3	3	2	1	1	3	3	2	1	2	3	3	1	2	3	3	3	3	2	1	2	1	3			
4월	2	3	3	3	2	2	1	2	1	3	3	2	2	1	1	1	3	3	1	3	1	2	1	3						
5월	3	3	1	1	2	1	1	1	2	3	1	3	3	2	3	3	1	1	1	1	3	2	3	1						
6월	3	2	2	2	1	3	2	2	1	2	1	1	3	1	1	1	1	3	2	1	2	1	3							
7월	1	1	1	2	2	3	2	2	3	2	1	1	3	3	1	1	1	2	2	2	2	1	3	1						
8월	3	1	1	3	1	3	3	2	1	2	1	3	2	2	3	3	2	2	1	2	3	2								
9월	2	2	2	2	3	3	1	2	3	1	3	1	2	2	3	1	1	3	3	1	2									
10월	2	1	1	2	2	1	1	1	3	2	2	3	2	1	1	1	3	1	3	2	2	3	1							
11월	1	3	3	3	3	1	1	2	1	1	1	2	1	3	2	2	3	1	1	2	3	1	1	1	1	3				
12월	2	3	2	2	3	3	3	2	2	1	3	1	3	2	3	1	3	2	2	2	1	1	1	3	3	1				

2031년(辛亥年)

상수(태세수)

나이	신해 1	경술 2	기유 3	무신 4	정미 5	병오 6	을사 7	갑진 8	계묘 9	임인 10	신축 11	경자 12	기해 13	무술 14	정유 15	병신 16	을미 17	갑오 18	계사 19	임진 20
태세수	3	4	5	6	7	8	1	2	3	4	5	6	7	8	1	2	3	4	5	6
나이	신묘 21	경인 22	기축 23	무자 24	정해 25	병술 26	을유 27	갑신 28	계미 29	임오 30	신사 31	경진 32	기묘 33	무인 34	정축 35	병자 36	을해 37	갑술 38	계유 39	임신 40
태세수	7	8	1	2	3	4	5	6	7	8	1	2	3	4	5	6	7	8	1	2
나이	신미 41	경오 42	기사 43	무진 44	정묘 45	병인 46	을축 47	갑자 48	계해 49	임술 50	신유 51	경신 52	기미 53	무오 54	정사 55	병진 56	을묘 57	갑인 58	계축 59	임자 60
태세수	3	4	5	6	7	8	1	2	3	4	5	6	7	8	1	2	3	4	5	6
나이	신해 61	경술 62	기유 63	무신 64	정미 65	병오 66	을사 67	갑진 68	계묘 69	임인 70	신축 71	경자 72	기해 73	무술 74	정유 75	병신 76	을미 77	갑오 78	계사 79	임진 80
태세수	7	8	1	2	3	4	5	6	7	8	1	2	3	4	5	6	7	8	1	2
나이	신묘 81	경인 82	기축 83	무자 84	정해 85	병술 86	을유 87	갑신 88	계미 89	임오 90	신사 91	경진 92	기묘 93	무인 94	정축 95	병자 96	을해 97	갑술 98	계유 99	임신 100
태세수	3	4	5	6	7	8	1	2	3	4	5	6	7	8	1	2	3	4	5	6

중수(월건수)

1월	2월	3월	3월(윤)	4월	5월	6월	7월	8월	9월	10월	11월	12월
경인大	신묘小	임진大	임진小	계사大	갑오小	을미大	병신大	정유小	무술大	기해小	경자大	신축小
3	6	5	4	3	5	4	2	5	4	6	5	2

하수(일진수)

	1	2	3	4	5	6	7	8	9	10	11	12	13	14	15	16	17	18	19	20	21	22	23	24	25	26	27	28	29	30
1월	3	2	1	1	1	1	2	2	3	2	2	3	2	3	2	2	1	1	3	3	1	2	2	3	1	1	2	2	2	2
2월	1	3	1	3	3	1	1	1	3	3	3	2	1	1	2	1	3	1	2	2	1	3	3	3	2	2	2	1	1	
3월	3	1	3	2	2	2	3	2	3	3	1	3	2	1	2	3	2	1	1	2	3	1	2	3	1	2	2	3	3	3
3월(윤)	3	2	1	2	1	1	2	2	2	1	1	1	3	2	2	3	2	1	2	3	3	2	1	1	1	3	3	3	2	
4월	3	1	2	1	3	3	3	3	1	1	2	1	1	3	2	2	1	1	2	3	3	1	1	2	3	3	1	1	1	
5월	1	1	3	2	3	2	1	1	1	3	2	1	3	1	3	2	1	3	1	1	3	3	2	2	1	1	1		
6월	1	1	3	2	1	1	1	1	2	2	3	2	2	3	3	2	3	2	1	1	3	3	1	2	2	3	1	1	1	2
7월	2	2	2	1	3	2	1	1	3	3	1	1	2	1	3	1	2	2	1	3	3	3	2	2	2	2	2	2	2	2
8월	1	1	2	3	1	2	1	3	2	2	1	3	2	2	3	2	1	2	1	1	2	1	3	3	1	2	3	1	1	
9월	3	3	2	3	2	1	2	1	1	2	1	1	3	2	2	3	2	1	2	3	1	1	1	3	3	1	1	1	3	3
10월	3	2	2	3	1	3	2	3	1	2	1	1	3	3	2	1	3	2	1	1	2	3	1	2	3	1	2		
11월	3	1	1	1	1	3	2	3	1	2	2	1	3	2	3	1	1	3	2	3	1	1	3	2	2	2	2	2	1	
12월	1	1	3	3	1	2	1	3	3	3	1	1	2	1	1	2	2	1	3	3	2	2	3	1	1	2				

2032년(壬子年)

상수(태세수)

나이	임자 1	신해 2	경술 3	기유 4	무신 5	정미 6	병오 7	을사 8	갑진 9	계묘 10	임인 11	신축 12	경자 13	기해 14	무술 15	정유 16	병신 17	을미 18	갑오 19	계사 20
태세수	2	3	4	5	6	7	8	1	2	3	4	5	6	7	8	1	2	3	4	5
나이	임진 21	신묘 22	경인 23	기축 24	무자 25	정해 26	병술 27	을유 28	갑신 29	계미 30	임오 31	신사 32	경진 33	기묘 34	무인 35	정축 36	병자 37	을해 38	갑술 39	계유 40
태세수	6	7	8	1	2	3	4	5	6	7	8	1	2	3	4	5	6	7	8	1
나이	임신 41	신미 42	경오 43	기사 44	무진 45	정묘 46	병인 47	을축 48	갑자 49	계해 50	임술 51	신유 52	경신 53	기미 54	무오 55	정사 56	병진 57	을묘 58	갑인 59	계축 60
태세수	2	3	4	5	6	7	8	1	2	3	4	5	6	7	8	1	2	3	4	5
나이	임자 61	신해 62	경술 63	기유 64	무신 65	정미 66	병오 67	을사 68	갑진 69	계묘 70	임인 71	신축 72	경자 73	기해 74	무술 75	정유 76	병신 77	을미 78	갑오 79	계사 80
태세수	6	7	8	1	2	3	4	5	6	7	8	1	2	3	4	5	6	7	8	1
나이	임진 81	신묘 82	경인 83	기축 84	무자 85	정해 86	병술 87	을유 88	갑신 89	계미 90	임오 91	신사 92	경진 93	기묘 94	무인 95	정축 96	병자 97	을해 98	갑술 99	계유 100
태세수	2	3	4	5	6	7	8	1	2	3	4	5	6	7	8	1	2	3	4	5

중수(월건수)

1월	2월	3월	4월	5월	6월	7월	8월	9월	10월	11월	12월
임인大	계묘小	갑진小	을사大	병오小	정미大	무신大	기유小	경술大	신해大	임자小	계축大
1	4	1	6	3	2	6	2	5	5	2	1

하수(일진수)

	1	2	3	4	5	6	7	8	9	10	11	12	13	14	15	16	17	18	19	20	21	22	23	24	25	26	27	28	29	30
1월	1	1	2	2	2	1	1	3	1	3	3	1	1	3	3	3	2	1	1	2	1	3	1	2	2	1	3	3	3	3
2월	2	2	2	1	1	2	3	2	1	1	1	1	2	1	3	2	2	2	3	3	2	2	1	1	3	3	1	2	2	
3월	1	2	2	3	3	3	3	2	1	2	1	2	2	1	1	1	3	2	2	3	2	1	2	3	3	2	1			
4월	2	2	1	1	1	3	3	1	2	1	3	3	3	1	1	1	1	2	2	1	1	3	3	2	2	3	1			
5월	1	2	3	3	1	1	1	1	3	3	2	2	3	2	2	1	3	1	3	2	3	1	1	3						
6월	3	3	3	2	2	2	1	1	2	3	2	1	1	1	1	2	2	3	2	2	3	3	2	2	1	1	3	3	1	
7월	2	2	3	1	1	2	2	2	1	3	1	3	1	3	3	3	2	1	1	2	1	3	1	2	2	1	3			
8월	3	3	3	2	2	1	1	2	3	2	1	3	2	2	3	2	2	3	3	2	1	1	3	1						
9월	2	3	3	2	3	3	3	3	1	2	1	1	1	3	1	1	3	3	1	1	3	2	2	3	3					
10월	2	1	1	1	3	3	3	2	2	3	1	2	3	3	3	1	1	3	3	2	2	1	1							
11월	2	3	3	1	2	2	3	3	3	2	1	2	1	1	2	2	1	3	2	3	1	2	3							
12월	1	3	2	2	2	1	1	1	3	3	1	2	1	3	3	3	1	1	2	1	1	1	2	2	1	1	3	3	2	

2033년(癸丑年)

상수(태세수)

나이	계축 1	임자 2	신해 3	경술 4	기유 5	무신 6	정미 7	병오 8	을사 9	갑진 10	계묘 11	임인 12	신축 13	경자 14	기해 15	무술 16	정유 17	병신 18	을미 19	갑오 20
태세수	3	4	5	6	7	8	1	2	3	4	5	6	7	8	1	2	3	4	5	6
나이	계사 21	임진 22	신묘 23	경인 24	기축 25	무자 26	정해 27	병술 28	을유 29	갑신 30	계미 31	임오 32	신사 33	경진 34	기묘 35	무인 36	정축 37	병자 38	을해 39	갑술 40
태세수	7	8	1	2	3	4	5	6	7	8	1	2	3	4	5	6	7	8	1	2
나이	계유 41	임신 42	신미 43	경오 44	기사 45	무진 46	정묘 47	병인 48	을축 49	갑자 50	계해 51	임술 52	신유 53	경신 54	기미 55	무오 56	정사 57	병진 58	을묘 59	갑인 60
태세수	3	4	5	6	7	8	1	2	3	4	5	6	7	8	1	2	3	4	5	6
나이	계축 61	임자 62	신해 63	경술 64	기유 65	무신 66	정미 67	병오 68	을사 69	갑진 70	계묘 71	임인 72	신축 73	경자 74	기해 75	무술 76	정유 77	병신 78	을미 79	갑오 80
태세수	7	8	1	2	3	4	5	6	7	8	1	2	3	4	5	6	7	8	1	2
나이	계사 81	임진 82	신묘 83	경인 84	기축 85	무자 86	정해 87	병술 88	을유 89	갑신 90	계미 91	임오 92	신사 93	경진 94	기묘 95	무인 96	정축 97	병자 98	을해 99	갑술 100
태세수	3	4	5	6	7	8	1	2	3	4	5	6	7	8	1	2	3	4	5	6

중수(월건수)

1월	2월	3월	4월	5월	6월	7월	8월	9월	10월	11월	11월(윤)	12월
갑인小	을묘大	병진小	정사小	무오大	기미小	경신大	신유小	임술大	계해大	갑자大	갑자小	을축大
3	2	5	3	2	4	3	6	5	3	3	5	4

하수(일진수)

	1	2	3	4	5	6	7	8	9	10	11	12	13	14	15	16	17	18	19	20	21	22	23	24	25	26	27	28	29	30
1월	2	3	1	1	2	3	3		1	1	1	3	2	3	2	2	3	3	2	2	2	1	3	3	1	3	2	3		
2월	2	2	1	3	3	3	2	2	2	1	1	2	3	2	1	1	1	1	2	2	3	2	2	2	3	3	2	2	1	1
3월	2	3	1	2	2	3	1	1	2	2	2	2	1	3	1	3	1	1	1	3	3	3	2	1	1	2	1	3		
4월	2	3	3	2	1	1	1	3	3	3	2	2	3	1	3	2	2	2	2	3	3	1	3	3	3	1	1	3	3	
5월	3	3	2	2	3	1	1	2	3	3	1	1	1	1	2	2	3	3	3	2	2	1	3	3	1	3				
6월	2	3	1	1	3	2	2	2	1	1	1	3	3	1	2	1	3	3	3	1	1	2	1	1	1	2	2	1		
7월	2	1	1	3	3	1	2	2	3	1	1	2	2	2	1	3	1	3	3	1	1	1	3	3	3	2	1	1	2	
8월	1	3	1	2	1	3	3	3	2	2	1	1	2	3	2	1	1	1	1	2	2	3	2	2	3					
9월	3	3	2	2	1	1	2	3	1	2	2	3	3	3	2	2	1	2	1	1	2	2	1	1	1	3	2	2		
10월	3	2	1	2	3	3	2	1	1	3	3	1	1	1	1	2	2	2	2	3	1	3	3	3	3	1	1			
11월	3	3	2	2	1	1	2	3	1	2	3	3	3	1	2	1	1	2	2	1	1	1	3	2	2					
11월(윤)	3	2	1	2	3	3	2	1	1	1	3	3	3	1	1	1	2	2	2	2	3	1	3	3	3	3	1			
12월	2	1	1	3	3	2	2	3	1	1	2	3	3	1	1	1	1	3	2	3	2	2	3	3	3	2	2	2	1	3

2034년(甲寅年)

상수(태세수)

나이	갑인 1	계축 2	임자 3	신해 4	경술 5	기유 6	무신 7	정미 8	병오 9	을사 10	갑진 11	계묘 12	임인 13	신축 14	경자 15	기해 16	무술 17	정유 18	병신 19	을미 20
태세수	4	5	6	7	8	1	2	3	4	5	6	7	8	1	2	3	4	5	6	7
나이	갑오 21	계사 22	임진 23	신묘 24	경인 25	기축 26	무자 27	정해 28	병술 29	을유 30	갑신 31	계미 32	임오 33	신사 34	경진 35	기묘 36	무인 37	정축 38	병자 39	을해 40
태세수	8	1	2	3	4	5	6	7	8	1	2	3	4	5	6	7	8	1	2	3
나이	갑술 41	계유 42	임신 43	신미 44	경오 45	기사 46	무진 47	정묘 48	병인 49	을축 50	갑자 51	계해 52	임술 53	신유 54	경신 55	기미 56	무오 57	정사 58	병진 59	을묘 60
태세수	4	5	6	7	8	1	2	3	4	5	6	7	8	1	2	3	4	5	6	7
나이	갑인 61	계축 62	임자 63	신해 64	경술 65	기유 66	무신 67	정미 68	병오 69	을사 70	갑진 71	계묘 72	임인 73	신축 74	경자 75	기해 76	무술 77	정유 78	병신 79	을미 80
태세수	8	1	2	3	4	5	6	7	8	1	2	3	4	5	6	7	8	1	2	3
나이	갑오 81	계사 82	임진 83	신묘 84	경인 85	기축 86	무자 87	정해 88	병술 89	을유 90	갑신 91	계미 92	임오 93	신사 94	경진 95	기묘 96	무인 97	정축 98	병자 99	을해 100
태세수	4	5	6	7	8	1	2	3	4	5	6	7	8	1	2	3	4	5	6	7

중수(월건수)

1월	2월	3월	4월	5월	6월	7월	8월	9월	10월	11월	12월
병인小	정묘大	무진小	기사小	경오大	신미小	임신大	계유小	갑술大	을해大	병자大	정축小
1	6	3	6	5	2	1	4	2	6	4	1

하수(일진수)

	1	2	3	4	5	6	7	8	9	10	11	12	13	14	15	16	17	18	19	20	21	22	23	24	25	26	27	28	29	30
1월	3	1	3	2	3	1	1	3	2	2	2	1	1	1	3	3	1	2	1	3	3	3	1	1	2	1	1			
2월	3	3	2	2	1	1	3	3	1	2	2	3	1	1	2	3	3	1	1	1	3	3	3	2						
3월	1	1	2	1	3	1	2	2	1	2	2	3	1	1	1	2	2	1	2	2	3	2	2							
4월	3	1	1	3	2	1	3	3	1	2	2	1	1	3	1	2	1	2	1	2	2	2	1	1						
5월	2	1	3	1	3	2	3	1	2	2	1	1	2	2	1	2	1	3	1	1	2	1								
6월	1	1	1	2	1	3	3	2	2	1	1	1	1	3	2	1	2	2	3	3	2									
7월	3	3	1	2	1	3	3	2	1	2	1	2	1	1	2	2	1	1	2	2	3									
8월	2	2	1	2	3	1	1	2	2	1	3	1	1	1	3	1	1	1												
9월	1	1	1	2	1	2	2	3	2	3	1	2	2	3	3															
10월	1	3	3	3	1	1	3	2	1	1	2	2	1	2	2	2	3	3												
11월	1	1	1	2	2	3	2	1	2	1	3	2	2	2	2	3	3													
12월	1	3	3	3	1	1	3	3	2	1	1	2	3	1	2	2	3	3	3	2	1	2	1	1	2	2				

2035년(乙卯年)

상수(태세수)

나이	을묘 1	갑인 2	계축 3	임자 4	신해 5	경술 6	기유 7	무신 8	정미 9	병오 10	을사 11	갑진 12	계묘 13	임인 14	신축 15	경자 16	기해 17	무술 18	정유 19	병신 20
태세수	3	4	5	6	7	8	1	2	3	4	5	6	7	8	1	2	3	4	5	6
나이	을미 21	갑오 22	계사 23	임진 24	신묘 25	경인 26	기축 27	무자 28	정해 29	병술 30	을유 31	갑신 32	계미 33	임오 34	신사 35	경진 36	기묘 37	무인 38	정축 39	병자 40
태세수	7	8	1	2	3	4	5	6	7	8	1	2	3	4	5	6	7	8	1	2
나이	을해 41	갑술 42	계유 43	임신 44	신미 45	경오 46	기사 47	무진 48	정묘 49	병인 50	을축 51	갑자 52	계해 53	임술 54	신유 55	경신 56	기미 57	무오 58	정사 59	병진 60
태세수	3	4	5	6	7	8	1	2	3	4	5	6	7	8	1	2	3	4	5	6
나이	을묘 61	갑인 62	계축 63	임자 64	신해 65	경술 66	기유 67	무신 68	정미 69	병오 70	을사 71	갑진 72	계묘 73	임인 74	신축 75	경자 76	기해 77	무술 78	정유 79	병신 80
태세수	7	8	1	2	3	4	5	6	7	8	1	2	3	4	5	6	7	8	1	2
나이	을미 81	갑오 82	계사 83	임진 84	신미 85	경인 86	기축 87	무자 88	정해 89	병술 90	을유 91	갑신 92	계미 93	임오 94	신사 95	경진 96	기묘 97	무인 98	정축 99	병자 100
태세수	3	4	5	6	7	8	1	2	3	4	5	6	7	8	1	2	3	4	5	6

중수(월건수)

1월	2월	3월	4월	5월	6월	7월	8월	9월	10월	11월	12월
무인大	기묘小	경진大	신사小	임오小	계미大	갑신小	을유小	병술大	정해大	무자小	기축大
6	2	1	4	2	1	3	1	6	4	1	5

하수(일진수)

	1	2	3	4	5	6	7	8	9	10	11	12	13	14	15	16	17	18	19	20	21	22	23	24	25	26	27	28	29	30
1월	3	2	2	2	1	3	3	1	1	2	3	1	1	3	2	2	1	1	1	3	1	2	1	3	3	3	3	1		
2월	1	2	1	1	1	2	2	1	1	3	3	2	2	3	1	1	2	3	3	1	1	1	3	2	3	2	2	3		
3월	1	1	3	3	3	2	1	1	2	1	3	1	2	1	3	3	2	2	1	1	2	3	2	1	1	1	1	1		
4월	2	2	3	2	2	2	3	3	2	1	3	2	1	3	2	1	2	2	1	2	2	1	3	1	3	3				
5월	2	2	2	1	1	1	3	2	2	2	3	2	1	1	1	3	2	2	3	1	3	2								
6월	3	3	1	2	1	1	1	2	2	1	3	3	2	3	2	1	1	1	1	3	2	3	3	2						
7월	2	3	3	3	2	2	2	1	1	3	1	3	1	3	2	2	2	1	3	1	2	1								
8월	1	1	1	2	3	2	3	2	2	3	1	1	1	1	2	3	2	2	1	2	2	1	3							
9월	2	1	1	2	2	2	1	1	1	3	2	1	3	2	2	3	2	2	1	3										
10월	2	2	2	2	3	1	3	1	2	3	2	3	2	2	1	3	3	3	3	2	1									
11월	2	1	1	2	2	1	1	3	2	2	3	2	1	1	1	3	3	2	2	3	1									
12월	1	3	3	3	3	1	1	2	1	1	1	2	2	1	3	3	2	2	3	1	1	2	3	3	1	1	1	1	3	

2036년(丙辰年)

상수(태세수)

나이	병진 1	을묘 2	갑인 3	계축 4	임자 5	신해 6	경술 7	기유 8	무신 9	정미 10	병오 11	을사 12	갑진 13	계묘 14	임인 15	신축 16	경자 17	기해 18	무술 19	정유 20
태세수	5	6	7	8	1	2	3	4	5	6	7	8	1	2	3	4	5	6	7	8
나이	병신 21	을미 22	갑오 23	계사 24	임진 25	신묘 26	경인 27	기축 28	무자 29	정해 30	병술 31	을유 32	갑신 33	계미 34	임오 35	신사 36	경진 37	기묘 38	무인 39	정축 40
태세수	1	2	3	4	5	6	7	8	1	2	3	4	5	6	7	8	1	2	3	4
나이	병자 41	을해 42	갑술 43	계유 44	임신 45	신미 46	경오 47	기사 48	무진 49	정묘 50	병인 51	을축 52	갑자 53	계해 54	임술 55	신유 56	경신 57	기미 58	무오 59	정사 60
태세수	5	6	7	8	1	2	3	4	5	6	7	8	1	2	3	4	5	6	7	8
나이	병진 61	을묘 62	갑인 63	계축 64	임자 65	신해 66	경술 67	기유 68	무신 69	정미 70	병오 71	을사 72	갑진 73	계묘 74	임인 75	신축 76	경자 77	기해 78	무술 79	정유 80
태세수	1	2	3	4	5	6	7	8	1	2	3	4	5	6	7	8	1	2	3	4
나이	병신 81	을미 82	갑오 83	계사 84	임진 85	신묘 86	경인 87	기축 88	무자 89	정해 90	병술 91	을유 92	갑신 93	계미 94	임오 95	신사 96	경진 97	기묘 98	무인 99	정축 100
태세수	5	6	7	8	1	2	3	4	5	6	7	8	1	2	3	4	5	6	7	8

중수(월건수)

1월	2월	3월	4월	5월	6월	6월(윤)	7월	8월	9월	10월	11월	12월
경인大	신묘大	임진小	계사大	갑오小	을미小	을미大	병신小	정유小	무술大	기해大	경자小	신축大
3	1	4	3	5	3	4	1	5	4	1	4	3

하수(일진수)

	1	2	3	4	5	6	7	8	9	10	11	12	13	14	15	16	17	18	19	20	21	22	23	24	25	26	27	28	29	30
1월	2	3	2	2	3	3	2	2	2	1	3	3	1	3	2	3	1	3	2	2	2	1	1	1	3	3	1	2		
2월	1	3	3	3	1	1	1	2	1	1	1	2	1	1	3	3	2	2	3	1	1	2	3	3	1	1	1	1	3	
3월	2	3	2	2	3	3	2	2	2	1	3	3	1	3	2	3	1	3	2	2	2	1	1	1	3	3	1			
4월	3	2	1	1	1	1	2	2	3	2	2	2	1	3	2	2	1	1	3	2	2	3	1	1	2	2	2	2		
5월	1	3	1	3	1	3	1	1	1	3	3	3	2	1	1	2	1	1	2	1	3	3	3	2	2	1	1			
6월	3	1	2	2	3	2	2	3	3	1	3	2	3	1	3	2	1	1	2	3	1	3	1	2	2	3	3			
6월(윤)	1	1	3	2	3	2	2	3	3	3	2	3	1	3	2	1	3	2	3	1	1	3	2	2	1	1	1	1	3	
7월	3	1	2	1	3	3	3	1	1	2	1	1	1	3	1	2	1	1	3	2	3	1	1	2	3	3	1			
8월	2	2	2	3	1	3	3	1	1	1	3	3	1	2	2	1	1	2	1	3	3	2	1	3	3	2				
9월	3	2	2	3	1	2	3	1	1	2	1	2	2	1	1	2	1	3	1	2	2	1	3	2						
10월	3	3	3	3	2	1	2	1	1	2	2	1	1	3	1	2	1	1	3	3										
11월	3	2	2	3	1	3	2	2	2	2	1	3	1	2	2	1	1	2	3	3	1	2								
12월	3	1	1	1	1	3	2	3	2	2	3	3	3	2	2	1	1	3	3	1	3	2	3	1	1	1	3	2	2	1

2037년(丁巳年)

상수(태세수)

나이	정사1	병진2	을묘3	갑인4	계축5	임자6	신해7	경술8	기유9	무신10	정미11	병오12	을사13	갑진14	계묘15	임인16	신축17	경자18	기해19	무술20
태세수	8	1	2	3	4	5	6	7	8	1	2	3	4	5	6	7	8	1	2	3
나이	정유21	병신22	을미23	갑오24	계사25	임진26	신묘27	경인28	기축29	무자30	정해31	병술32	을유33	갑신34	계미35	임오36	신사37	경진38	기묘39	무인40
태세수	4	5	6	7	8	1	2	3	4	5	6	7	8	1	2	3	4	5	6	7
나이	정축41	병자42	을해43	갑술44	계유45	임신46	신미47	경오48	기사49	무진50	정묘51	병인52	을축53	갑자54	계해55	임술56	신유57	경신58	기미59	무오60
태세수	8	1	2	3	4	5	6	7	8	1	2	3	4	5	6	7	8	1	2	3
나이	정사61	병진62	을묘63	갑인64	계축65	임자66	신해67	경술68	기유69	무신70	정미71	병오72	을사73	갑진74	계묘75	임인76	신축77	경자78	기해79	무술80
태세수	4	5	6	7	8	1	2	3	4	5	6	7	8	1	2	3	4	5	6	7
나이	정유81	병신82	을미83	갑오84	계사85	임진86	신묘87	경인88	기축89	무자90	정해91	병술92	을유93	갑신94	계미95	임오96	신사97	경진98	기묘99	무인100
태세수	8	1	2	3	4	5	6	7	8	1	2	3	4	5	6	7	8	1	2	3

중수(월건수)

1월	2월	3월	4월	5월	6월	7월	8월	9월	10월	11월	12월
임인大	계묘大	갑진小	을사大	병오小	정미小	무신大	기유小	경술小	신해大	임자小	계축大
1	5	1	6	3	1	6	2	6	5	2	1

하수(일진수)

	1	2	3	4	5	6	7	8	9	10	11	12	13	14	15	16	17	18	19	20	21	22	23	24	25	26	27	28	29	30
1월	1	1	3	3	1	2	1	3	3	3	3	1	1	2	1	1	1	2	1	1	3	3	2	2	3	1	1	2	3	
2월	3	1	1	1	1	3	2	3	2	2	3	3	3	2	2	1	3	3	1	3	2	3	1	1	3	2	2	2	1	
3월	1	1	3	3	1	2	1	3	3	3	3	1	1	2	1	1	1	2	1	1	3	3	2	3	1	1	1	2		
4월	1	1	2	2	2	2	1	3	1	3	3	1	1	1	3	3	3	2	1	1	2	1	3	1	2	2	1	3	3	3
5월	2	2	2	1	1	2	3	2	1	1	1	2	2	3	2	2	2	3	2	1	1	1	3	3	1	2	2	1		
6월	1	2	2	3	3	3	3	2	1	2	1	1	2	2	1	1	1	3	2	2	3	2	1	1	3	3	2	1		
7월	2	2	1	1	1	3	3	1	2	1	3	3	3	3	1	1	2	1	1	1	2	1	1	3	3	2	2	3	1	
8월	1	2	3	3	1	1	1	2	1	3	2	2	3	3	3	2	2	1	3	1	1	1	2	1	1	3	1	1	3	
9월	3	3	3	2	2	2	1	1	1	1	1	2	2	3	2	2	2	2	3	2	1	1	3	1	2	2	2	1	3	
10월	2	3	3	1	2	2	3	3	3	1	2	1	1	1	2	1	1	2	3	2	2	3	2	1	2	2	3	3	3	
11월	2	1	1	1	3	3	3	2	2	1	3	2	2	2	3	1	3	3	3	1	1	3	3	2	2	1				
12월	2	3	1	1	2	3	3	1	1	1	1	3	2	2	2	3	3	2	2	1	3	1	3	2	3	1				

2038년(戊午年)

상수(태세수)

나이	무오 1	정사 2	병진 3	을묘 4	갑인 5	계축 6	임자 7	신해 8	경술 9	기유 10	무신 11	정미 12	병오 13	을사 14	갑진 15	계묘 16	임인 17	신축 18	경자 19	기해 20
태세수	7	8	1	2	3	4	5	6	7	8	1	2	3	4	5	6	7	8	1	2
나이	무술 21	정유 22	병신 23	을미 24	갑오 25	계사 26	임진 27	신묘 28	경인 29	기축 30	무자 31	정해 32	병술 33	을유 34	갑신 35	계미 36	임오 37	신사 38	경진 39	기묘 40
태세수	3	4	5	6	7	8	1	2	3	4	5	6	7	8	1	2	3	4	5	6
나이	무인 41	정축 42	병자 43	을해 44	갑술 45	계유 46	임신 47	신미 48	경오 49	기사 50	무진 51	정묘 52	병인 53	을축 54	갑자 55	계해 56	임술 57	신유 58	경신 59	기미 60
태세수	7	8	1	2	3	4	5	6	7	8	1	2	3	4	5	6	7	8	1	2
나이	무오 61	정사 62	병진 63	을묘 64	갑인 65	계축 66	임자 67	신해 68	경술 69	기유 70	무신 71	정미 72	병오 73	을사 74	갑진 75	계묘 76	임인 77	신축 78	경자 79	기해 80
태세수	3	4	5	6	7	8	1	2	3	4	5	6	7	8	1	2	3	4	5	6
나이	무술 81	정유 82	병신 83	을미 84	갑오 85	계사 86	임진 87	신묘 88	경인 89	기축 90	무자 91	정해 92	병술 93	을유 94	갑신 95	계미 96	임오 97	신사 98	경진 99	기묘 100
태세수	7	8	1	2	3	4	5	6	7	8	1	2	3	4	5	6	7	8	1	2

중수(월건수)

1월	2월	3월	4월	5월	6월	7월	8월	9월	10월	11월	12월
갑인大	을묘大	병진小	정사大	무오小	기미大	경신小	신유大	임술小	계해小	갑자大	을축小
4	2	5	4	1	5	2	1	4	5	6	3

하수(일진수)

	1	2	3	4	5	6	7	8	9	10	11	12	13	14	15	16	17	18	19	20	21	22	23	24	25	26	27	28	29	30
1월	1	3	2	2	2	1	1	1	3	3	1	2	1	3	3	3	1	1	2	1	1	1	2	2	1	1	3	3	2	
2월	2	3	1	1	2	3	1	1	1	1	3	2	3	2	2	3	3	2	2	2	1	3	3	1	3	2	3	1		
3월	1	3	2	2	2	1	1	1	3	3	1	2	1	3	3	3	1	1	2	1	1	1	2	2	1	1	3	3		
4월	3	3	1	2	2	1	1	2	2	2	2	1	3	1	3	1	1	3	3	3	2	1	1	2	1	3	1			
5월	2	2	1	3	3	3	2	2	2	1	1	2	3	2	1	1	1	2	2	3	2	2	3	3	2	2	1			
6월	2	1	1	2	3	3	1	2	2	3	3	3	1	2	1	2	1	2	2	1	1	1	3	2	2	3	2	1		
7월	2	3	3	2	1	1	1	3	3	3	2	3	2	1	3	2	2	2	3	3	1	3	3	3	1	1	3			
8월	3	3	2	2	1	1	1	2	3	3	1	1	1	3	2	3	2	3	3	2	2	2	1	3	3	1	3	1	3	
9월	2	3	1	1	3	2	2	2	1	1	3	3	2	1	3	3	3	1	1	2	1	1	1	2	2	1				
10월	2	1	1	3	3	1	2	2	3	1	1	1	3	2	3	3	1	1	1	3	3	3	2	1						
11월	3	2	1	2	3	3	2	1	1	1	3	3	3	1	2	3	2	2	2	3	1	1	3	3	1	1				
12월	3	3	2	2	1	1	1	3	3	1	2	2	3	3	3	3	2	1	2	1	1	2	2	2	1	1	3	2		

2039년(己未年)

상수(태세수)

나이	기미 1	무오 2	정사 3	병진 4	을묘 5	갑인 6	계축 7	임자 8	신해 9	경술 10	기유 11	무신 12	정미 13	병오 14	을사 15	갑진 16	계묘 17	임인 18	신축 19	경자 20
태세수	7	8	1	2	3	4	5	6	7	8	1	2	3	4	5	6	7	8	1	2
나이	기해 21	무술 22	정유 23	병신 24	을미 25	갑오 26	계사 27	임진 28	신묘 29	경인 30	기축 31	무자 32	정해 33	병술 34	을유 35	갑신 36	계미 37	임오 38	신사 39	경진 40
태세수	3	4	5	6	7	8	1	2	3	4	5	6	7	8	1	2	3	4	5	6
나이	기묘 41	무인 42	정축 43	병자 44	을해 45	갑술 46	계유 47	임신 48	신미 49	경오 50	기사 51	무진 52	정묘 53	병인 54	을축 55	갑자 56	계해 57	임술 58	신유 59	경신 60
태세수	7	8	1	2	3	4	5	6	7	8	1	2	3	4	5	6	7	8	1	2
나이	기미 61	무오 62	정사 63	병진 64	을묘 65	갑인 66	계축 67	임자 68	신해 69	경술 70	기유 71	무신 72	정미 73	병오 74	을사 75	갑진 76	계묘 77	임인 78	신축 79	경자 80
태세수	3	4	5	6	7	8	1	2	3	4	5	6	7	8	1	2	3	4	5	6
나이	기해 81	무술 82	정유 83	병신 84	을미 85	갑오 86	계사 87	임진 88	신묘 89	경인 90	기축 91	무자 92	정해 93	병술 94	을유 95	갑신 96	계미 97	임오 98	신사 99	경진 100
태세수	7	8	1	2	3	4	5	6	7	8	1	2	3	4	5	6	7	8	1	2

중수(월건수)

1월	2월	3월	4월	5월	5월(윤)	6월	7월	8월	9월	10월	11월	12월
병인大	정묘大	무진小	기사大	경오大	경오小	신미大	임신小	계유大	갑술小	을해大	병자小	정축小
2	6	3	1	5	4	3	6	5	1	6	3	1

하수(일진수)

	1	2	3	4	5	6	7	8	9	10	11	12	13	14	15	16	17	18	19	20	21	22	23	24	25	26	27	28	29	30
1월	3	1	3	2	3	1	1	3	2	2	2	1	1	1	3	3	1	2	1	3	3	3	3	1	1	2	1	1	1	2
2월	2	1	1	3	3	2	2	3	1	1	2	3	3	1	1	1	3	2	3	2	2	3	3	3	2	2	2	1	3	
3월	3	1	3	2	3	1	1	3	2	2	2	1	1	1	3	3	1	2	1	1	2	1	1							
4월	3	3	2	2	1	1	3	3	1	2	2	3	1	1	2	2	2	1	3	1	3	3	1	1	3	3	3	2		
5월	1	1	2	1	3	1	2	2	1	3	3	3	2	2	1	1	2	3	1	1	1	2	2	3	2	3	2	2		
5월(윤)	3	3	2	2	1	1	3	3	1	2	2	3	1	1	2	2	2	1	3	1	3	3	1	1	3	3	3			
6월	3	2	2	3	2	1	2	3	3	2	1	1	1	3	3	3	2	2	3	1	3	2	2	2	2	3	3	1	3	3
7월	3	1	1	3	3	3	2	1	1	2	3	3	1	2	3	3	3	2	1	2	1	1	2	2	1	1				
8월	2	1	3	3	1	3	2	3	1	1	3	2	2	2	1	1	1	3	3	3	1	2	3	3	3	3	1	1	2	1
9월	1	1	2	1	1	3	2	1	1	3	2	3	1	1	3	2	3	2	2	3	3	3	2							
10월	3	3	2	1	1	2	1	2	1	1	2	3	3	1	1	2	1	1	1	2	2	3								
11월	2	2	2	3	3	2	2	1	1	3	3	2	2	3	1	1	2	2	2	1	3	1	3	3	1	1	1			
12월	1	1	1	3	2	2	3	2	1	2	3	3	2	1	1	1	3	3	3	2	2	3	1	3	2	2	2	2	3	

2040년(庚申年)

상수(태세수)

나이	경신 1	기미 2	무오 3	정사 4	병진 5	을묘 6	갑인 7	계축 8	임자 9	신해 10	경술 11	기유 12	무신 13	정미 14	병오 15	을사 16	갑진 17	계묘 18	임인 19	신축 20
태세수	5	6	7	8	1	2	3	4	5	6	7	8	1	2	3	4	5	6	7	8
나이	경자 21	기해 22	무술 23	정유 24	병신 25	을미 26	갑오 27	계사 28	임진 29	신묘 30	경인 31	기축 32	무자 33	정해 34	병술 35	을유 36	갑신 37	계미 38	임오 39	신사 40
태세수	1	2	3	4	5	6	7	8	1	2	3	4	5	6	7	8	1	2	3	4
나이	경진 41	기묘 42	무인 43	정축 44	병자 45	을해 46	갑술 47	계유 48	임신 49	신미 50	경오 51	기사 52	무진 53	정묘 54	병인 55	을축 56	갑자 57	계해 58	임술 59	신유 60
태세수	5	6	7	8	1	2	3	4	5	6	7	8	1	2	3	4	5	6	7	8
나이	경신 61	기미 62	무오 63	정사 64	병진 65	을묘 66	갑인 67	계축 68	임자 69	신해 70	경술 71	기유 72	무신 73	정미 74	병오 75	을사 76	갑진 77	계묘 78	임인 79	신축 80
태세수	1	2	3	4	5	6	7	8	1	2	3	4	5	6	7	8	1	2	3	4
나이	경자 81	기해 82	무술 83	정유 84	병신 85	을미 86	갑오 87	계사 88	임진 89	신묘 90	경인 91	기축 92	무자 93	정해 94	병술 95	을유 96	갑신 97	계미 98	임오 99	신사 100
태세수	5	6	7	8	1	2	3	4	5	6	7	8	1	2	3	4	5	6	7	8

중수(월건수)

1월	2월	3월	4월	5월	6월	7월	8월	9월	10월	11월	12월
무인大	기묘小	경진大	신사大	임오小	계미大	갑신大	을유小	병술大	정해小	무자大	기축小
6	2	1	5	2		4		6	3	2	4

하수(일진수)

	1	2	3	4	5	6	7	8	9	10	11	12	13	14	15	16	17	18	19	20	21	22	23	24	25	26	27	28	29	30
1월	1	2	1	1	1	2	2	1	1	3	3	1	1	1	1	2	3	3	1	1	1	1	3	2	3	2	2	3	3	
2월	3	2	2	2	1	3	3	1	2	1	3	2	1	3	1	2	1	1	3	1	2	1	3	3	3					
3월	2	2	2	2	2	3	2	1	3	1	2	1	2	2	2	1	3	1	3	3	1									
4월	1	1	3	3	3	1	1	1	2	2	1	3	2	2	1	1	2	3	2	1	1	1	1							
5월	2	2	3	2	2	1	3	1	2	1	2	2	1	1	3	1	3	3												
6월	2	2	2	1	1	1	3	2	3	2	1	1	1	3	3	2	2	1	3	2	2	2								
7월	2	3	3	1	3	3	1	3	2	2	3	1	2	3	3	2	1	2	1	1										
8월	2	2	2	1	3	2	1	2	1	2	1	1	3	3	2	2	1	1	3	2	2									
9월	3	3	1	2	1	1	1	2	2	3	2	1	1	2	3	1	2	1	3	2	1	3								
10월	2	3	3	2	2	1	3	1	3	3	1	1	1	2	2	1	2	3	1	2	3	1								
11월	1	1	2	2	3	2	2	3	2	3	3	3	1	1	2	2	2	3	2	1	1	3	1							
12월	3	3	1	1	1	3	3	3	2	1	1	2	1	3	2	1	3	3	3	2	2	2	1	1	2	3	2			

2041년(辛酉年)

상수(태세수)

나이	신유 1	경신 2	기미 3	무오 4	정사 5	병진 6	을묘 7	갑인 8	계축 9	임자 10	신해 11	경술 12	기유 13	무신 14	정미 15	병오 16	을사 17	갑진 18	계묘 19	임인 20
태세수	4	5	6	7	8	1	2	3	4	5	6	7	8	1	2	3	4	5	6	7
나이	신축 21	경자 22	기해 23	무술 24	정유 25	병신 26	을미 27	갑오 28	계사 29	임진 30	신묘 31	경인 32	기축 33	무자 34	정해 35	병술 36	을유 37	갑신 38	계미 39	임오 40
태세수	8	1	2	3	4	5	6	7	8	1	2	3	4	5	6	7	8	1	2	3
나이	신사 41	경진 42	기묘 43	무인 44	정축 45	병자 46	을해 47	갑술 48	계유 49	임신 50	신미 51	경오 52	기사 53	무진 54	정묘 55	병인 56	을축 57	갑자 58	계해 59	임술 60
태세수	4	5	6	7	8	1	2	3	4	5	6	7	8	1	2	3	4	5	6	7
나이	신유 61	경신 62	기미 63	무오 64	정사 65	병진 66	을묘 67	갑인 68	계축 69	임자 70	신해 71	경술 72	기유 73	무신 74	정미 75	병오 76	을사 77	갑진 78	계묘 79	임인 80
태세수	8	1	2	3	4	5	6	7	8	1	2	3	4	5	6	7	8	1	2	3
나이	신축 81	경자 82	기해 83	무술 84	정유 85	병신 86	을미 87	갑오 88	계사 89	임진 90	신묘 91	경인 92	기축 93	무자 94	정해 95	병술 96	을유 97	갑신 98	계미 99	임오 100
태세수	4	5	6	7	8	1	2	3	4	5	6	7	8	1	2	3	4	5	6	7

중수(월건수)

1월	2월	3월	4월	5월	6월	7월	8월	9월	10월	11월	12월
경인大	신묘小	임진小	계사大	갑오小	을미大	병신大	정유小	무술大	기해大	경자小	신축大
3	6	4	3	5	4	2	5	4	1	4	3

하수(일진수)

	1	2	3	4	5	6	7	8	9	10	11	12	13	14	15	16	17	18	19	20	21	22	23	24	25	26	27	28	29	30
1월	2	2	2	2	3	3	1	3	3	3	1	1	3	3	2	2	1	1	2	3	3	1	2	2	3	3	3	3	2	1
2월	2	1	1	2	2	2	1	1	1	3	2	2	3	2	1	2	3	3	2	1	1	1	3	3	3	2	2	3	1	
3월	1	3	3	3	1	1	2	1	1	2	1	2	2	1	1	3	3	2	2	3	1	1	2	3	3	1	1	1	1	
4월	1	3	1	3	3	1	1	1	3	3	3	2	1	1	2	1	1	2	1	3	3	3	2	2	2	1	1	1	1	2
5월	3	2	1	1	1	1	2	2	3	2	2	2	3	2	1	1	1	3	1	2	2	3	1	1	2	2	2			
6월	3	2	1	2	1	1	2	2	1	1	3	2	3	2	1	2	3	3	2	1	1	1	3	3	3	2	2			
7월	3	1	3	2	2	2	2	3	3	1	3	3	3	2	1	1	3	3	1	2	2	3	3	1	2	2	3	3	3	
8월	3	2	1	1	1	1	2	2	1	1	3	2	3	3	2	1	2	3	3	2	1	1	1	3	2	2	3	3		
9월	3	1	2	1	3	3	3	3	1	1	2	1	2	2	3	2	1	1	2	3	2	1	1	2	3	2	1	1	1	
10월	1	1	3	2	3	2	2	3	1	2	2	2	1	1	2	1	2	1	1	1	3	2	2	2	1	1	1	1	3	
11월	3	1	2	1	3	1	3	3	3	1	1	2	1	2	3	1	2	2	3	2	1	1	3	2	3	1			
12월	2	2	2	1	3	1	3	3	1	1	1	3	3	2	1	2	1	3	1	2	2	3	1	3	3	2	2	2		

2042년(壬戌年)

상수(태세수)

나이	임술 1	신유 2	경신 3	기미 4	무오 5	정사 6	병진 7	을묘 8	갑인 9	계축 10	임자 11	신해 12	경술 13	기유 14	무신 15	정미 16	병오 17	을사 18	갑진 19	계묘 20
태세수	4	5	6	7	8	1	2	3	4	5	6	7	8	1	2	3	4	5	6	7
나이	임인 21	신축 22	경자 23	기해 24	무술 25	정유 26	병신 27	을미 28	갑오 29	계사 30	임진 31	신묘 32	경인 33	기축 34	무자 35	정해 36	병술 37	을유 38	갑신 39	계미 40
태세수	8	1	2	3	4	5	6	7	8	1	2	3	4	5	6	7	8	1	2	3
나이	임오 41	신사 42	경진 43	기묘 44	무인 45	정축 46	병자 47	을해 48	갑술 49	계유 50	임신 51	신미 52	경오 53	기사 54	무진 55	정묘 56	병인 57	을축 58	갑자 59	계해 60
태세수	4	5	6	7	8	1	2	3	4	5	6	7	8	1	2	3	4	5	6	7
나이	임술 61	신유 62	경신 63	기미 64	무오 65	정사 66	병진 67	을묘 68	갑인 69	계축 70	임자 71	신해 72	경술 73	기유 74	무신 75	정미 76	병오 77	을사 78	갑진 79	계묘 80
태세수	8	1	2	3	4	5	6	7	8	1	2	3	4	5	6	7	8	1	2	3
나이	임인 81	신축 82	경자 83	기해 84	무술 85	정유 86	병신 87	을미 88	갑오 89	계사 90	임진 91	신묘 92	경인 93	기축 94	무자 95	정해 96	병술 97	을유 98	갑신 99	계미 100
태세수	4	5	6	7	8	1	2	3	4	5	6	7	8	1	2	3	4	5	6	7

중수(월건수)

1월	2월	2월(윤)	3월	4월	5월	6월	7월	8월	9월	10월	11월	12월
임인小	계묘大	계묘小	갑진小	을사大	병오小	정미大	무신小	기유大	경술大	신해小	임자大	계축大
6	5	4	1	6	3	2	5	3	1	4	3	1

하수(일진수)

	1	2	3	4	5	6	7	8	9	10	11	12	13	14	15	16	17	18	19	20	21	22	23	24	25	26	27	28	29	30
1월	1	1	2	3	2	1	1	1	1	2	3	2	2	3	3	2	1	1	3	1	3	1	2	2	3	1	1	3	1	1
2월	3	3	3	3	2	1	1	1	2	2	2	1	1	1	3	2	2	3	1	2	3	3	2	1	1	1	1	3	3	
2월(윤)	3	2	2	3	1	3	2	2	2	2	3	1	1	3	1	3	2	2	1	2	3	3	1	2	3	1	2			
3월	3	1	1	1	1	3	2	3	1	2	1	3	3	3	2	1	3	3	2	1	3	1	1	3	2	2	2			
4월	2	2	2	1	1	3	2	3	1	3	1	3	3	3	2	3	3	2	1	1	1	3	1	2	2	3				
5월	1	1	2	3	2	2	1	3	1	2	1	3	3	3	1	2	3	3	1	3	2	1	1	2	2	3				
6월	2	2	2	3	1	2	2	2	1	3	3	1	3	3	1	3	3	2	2	1	1	1	2	3	3					
7월	1	1	2	3	1	3	2	3	1	3	1	2	3	3	1	2	3	3	2	1	3	3	3	2	1					
8월	2	2	1	1	3	2	3	1	2	3	3	1	2	3	3	1	2	3	3	2	2	3	1							
9월	1	2	3	3	2	1	3	2	3	3	2	1	2	3	3	2	1	3	1	3	2	3	1	1	3	2				
10월	2	2	1	1	3	2	2	3	1	2	3	3	1	2	3	3	2	1	3	3	3	2	2							
11월	2	2	3	1	1	2	2	2	1	2	3	3	3	1	1	1	2	3	3	2	1	2	2	1						
12월	3	3	3	2	2	2	1	1	2	3	2	1	1	1	2	2	3	2	2	3	3	2	2	1	1	3	3	1		

2043년(癸亥年)

상수(태세수)

나이	계해 1	임술 2	신유 3	경신 4	기미 5	무오 6	정사 7	병진 8	을묘 9	갑인 10	계축 11	임자 12	신해 13	경술 14	기유 15	무신 16	정미 17	병오 18	을사 19	갑진 20
태세수	1	2	3	4	5	6	7	8	1	2	3	4	5	6	7	8	1	2	3	4
나이	계묘 21	임인 22	신축 23	경자 24	기해 25	무술 26	정유 27	병신 28	을미 29	갑오 30	계사 31	임진 32	신묘 33	경인 34	기축 35	무자 36	정해 37	병술 38	을유 39	갑신 40
태세수	5	6	7	8	1	2	3	4	5	6	7	8	1	2	3	4	5	6	7	8
나이	계미 41	임오 42	신사 43	경진 44	기묘 45	무인 46	정축 47	병자 48	을해 49	갑술 50	계유 51	임신 52	신미 53	경오 54	기사 55	무진 56	정묘 57	병인 58	을축 59	갑자 60
태세수	1	2	3	4	5	6	7	8	1	2	3	4	5	6	7	8	1	2	3	4
나이	계해 61	임술 62	신유 63	경신 64	기미 65	무오 66	정사 67	병진 68	을묘 69	갑인 70	계축 71	임자 72	신해 73	경술 74	기유 75	무신 76	정미 77	병오 78	을사 79	갑진 80
태세수	5	6	7	8	1	2	3	4	5	6	7	8	1	2	3	4	5	6	7	8
나이	계묘 81	임인 82	신축 83	경자 84	기해 85	무술 86	정유 87	병신 88	을미 89	갑오 90	계사 91	임진 92	신묘 93	경인 94	기축 95	무자 96	정해 97	병술 98	을유 99	갑신 100
태세수	1	2	3	4	5	6	7	8	1	2	3	4	5	6	7	8	1	2	3	4

중수(월건수)

1월	2월	3월	4월	5월	6월	7월	8월	9월	10월	11월	12월
갑인小	을묘大	병진小	정사大	무오大	기미小	경신小	신유大	임술大	계해小	갑자大	을축大
3	2	5	3	2	4	2	1	5	2	6	4

하수(일진수)

	1	2	3	4	5	6	7	8	9	10	11	12	13	14	15	16	17	18	19	20	21	22	23	24	25	26	27	28	29	30
1월	2	2	3	1	1	2	2	2	2	1	3	1	3	3	1	1	1	3	3	3	2	1	1	2	1	3	1	2	2	
2월	2	1	1	1	3	3	3	2	2	3	1	3	2	2	2	3	1	3	1	1	3	3	1	1	3	3	2	2	1	1
3월	2	3	3	1	2	2	3	3	3	3	2	1	1	1	2	2	1	1	1	3	2	2	3	2	1	2	3			
4월	1	3	2	2	2	1	1	1	3	1	2	1	3	3	1	1	2	1	1	1	2	2	1	1	3	3				
5월	3	3	1	2	2	3	1	1	3	1	3	1	1	3	3	3	1	3	1	2	1	3	1							
6월	2	2	1	3	3	3	2	2	2	1	1	3	2	3	1	1	1	2	2	3	2	2	2	3	2	1				
7월	2	1	1	2	3	1	2	2	3	3	3	2	1	1	2	2	1	1	1	3	2	2	3	2						
8월	2	3	1	2	2	2	1	1	1	2	1	1	3	3	3	1	1	1	2	1	1									
9월	3	3	2	2	1	3	3	2	2	3	2	2	1	2	2	2	3	1	3	3										
10월	2	3	1	1	2	2	1	1	1	1	2	3	1	1	1	3	1	1	1	3	3	3	2	1	1	2				
11월	2	1	1	3	3	2	2	3	1	1	2	3	3	1	1	1	3	3	3	2	1	1	2							
12월	1	3	1	2	2	1	3	3	3	2	2	2	1	1	2	3	1	1	1	2	2	3	2	2	3	3	2			

2044년(甲子年)

상수(태세수)

나이	갑자 1	계해 2	임술 3	신유 4	경신 5	기미 6	무오 7	정사 8	병진 9	을묘 10	갑인 11	계축 12	임자 13	신해 14	경술 15	기유 16	무신 17	정미 18	병오 19	을사 20
태세수	5	6	7	8	1	2	3	4	5	6	7	8	1	2	3	4	5	6	7	8
나이	갑진 21	계묘 22	임인 23	신축 24	경자 25	기해 26	무술 27	정유 28	병신 29	을미 30	갑오 31	계사 32	임진 33	신묘 34	경인 35	기축 36	무자 37	정해 38	병술 39	을유 40
태세수	1	2	3	4	5	6	7	8	1	2	3	4	5	6	7	8	1	2	3	4
나이	갑신 41	계미 42	임오 43	신사 44	경진 45	기묘 46	무인 47	정축 48	병자 49	을해 50	갑술 51	계유 52	임신 53	신미 54	경오 55	기사 56	무진 57	정묘 58	병인 59	을축 60
태세수	5	6	7	8	1	2	3	4	5	6	7	8	1	2	3	4	5	6	7	8
나이	갑자 61	계해 62	임술 63	신유 64	경신 65	기미 66	무오 67	정사 68	병진 69	을묘 70	갑인 71	계축 72	임자 73	신해 74	경술 75	기유 76	무신 77	정미 78	병오 79	을사 80
태세수	1	2	3	4	5	6	7	8	1	2	3	4	5	6	7	8	1	2	3	4
나이	갑진 81	계묘 82	임인 83	신축 84	경자 85	기해 86	무술 87	정유 88	병신 89	을미 90	갑오 91	계사 92	임진 93	신묘 94	경인 95	기축 96	무자 97	정해 98	병술 99	을유 100
태세수	5	6	7	8	1	2	3	4	5	6	7	8	1	2	3	4	5	6	7	8

중수(월건수)

1월	2월	3월	4월	5월	6월	7월	7월(윤)	8월	9월	10월	11월	12월
병인大	정묘小	무진大	기사小	경오小	신미大	임신小	임신小	계유大	갑술小	을해大	병자大	정축大
2	5	4	6		3	6	5	1	6	4	2	

하수(일진수)

	1	2	3	4	5	6	7	8	9	10	11	12	13	14	15	16	17	18	19	20	21	22	23	24	25	26	27	28	29	30
1월	2	1	1	3	3	1	2	2	3	1	1	2	2	2	1	3	1	3	3	1	1	1	3	3	3	2	1	2	2	2
2월	1	3	1	2	2	1	3	3	2	1	1	2	1	1	1	1	2	3	2	2	2	3	3	2	2	2	3	3		
3월	3	3	2	2	1	1	2	3	3	2	1	2	3	3	3	2	1	1	2	2	2	1	1	3	3	2				
4월	3	2	1	2	3	3	2	3	1	1	2	2	3	3	3	2	2	3	3	1	3	3	3							
5월	2	1	3	3	3	2	1	2	1	1	2	2	2	3	3	3	2	2	1											
6월	1	1	2	2	2	1	1	3	3	2	1	2	3	3	1	1	1	3	3	2	2	3	3	2						
7월	3	2	1	2	1	3	3	1	2	2	3	3	2	2	1	3	1	3	3	2	2	2								
7월(윤)	3	2	2	1	2	2	3	1	3	3	2	2	3	2	2	3	1	3	3	2	2									
8월	1	1	2	2	3	1	1	1	2	2	2	1	3	3	3	2	2	3												
9월	2	1	3	3	2	2	2	2	3	3	3	1	2																	
10월	2	2	2	2	3	1	2	3	1	1	3	3	1																	
11월	3	3	2	1	1	2	1	3	1	2	2	3	3	2	2	1	1	2	3	2										
12월	2	2	2	3	2	3	2	1	1	3	3	1	2	2	3	1	1	2	2	2	2	1	3	1	3	3	1	1	1	3

2045년(乙丑年)

상수(태세수)

나이	을축 1	갑자 2	계해 3	임술 4	신유 5	경신 6	기미 7	무오 8	정사 9	병진 10	을묘 11	갑인 12	계축 13	임자 14	신해 15	경술 16	기유 17	무신 18	정미 19	병오 20
태세수	6	7	8	1	2	3	4	5	6	7	8	1	2	3	4	5	6	7	8	1
나이	을사 21	갑진 22	계묘 23	임인 24	신축 25	경자 26	기해 27	무술 28	정유 29	병신 30	을미 31	갑오 32	계사 33	임진 34	신묘 35	경인 36	기축 37	무자 38	정해 39	병술 40
태세수	2	3	4	5	6	7	8	1	2	3	4	5	6	7	8	1	2	3	4	5
나이	을유 41	갑신 42	계미 43	임오 44	신사 45	경진 46	기묘 47	무인 48	정축 49	병자 50	을해 51	갑술 52	계유 53	임신 54	신미 55	경오 56	기사 57	무진 58	정묘 59	병인 60
태세수	6	7	8	1	2	3	4	5	6	7	8	1	2	3	4	5	6	7	8	1
나이	을축 61	갑자 62	계해 63	임술 64	신유 65	경신 66	기미 67	무오 68	정사 69	병진 70	을묘 71	갑인 72	계축 73	임자 74	신해 75	경술 76	기유 77	무신 78	정미 79	병오 80
태세수	2	3	4	5	6	7	8	1	2	3	4	5	6	7	8	1	2	3	4	5
나이	을사 81	갑진 82	계묘 83	임인 84	신축 85	경자 86	기해 87	무술 88	정유 89	병신 90	을미 91	갑오 92	계사 93	임진 94	신묘 95	경인 96	기축 97	무자 98	정해 99	병술 100
태세수	6	7	8	1	2	3	4	5	6	7	8	1	2	3	4	5	6	7	8	1

중수(월건수)

1월	2월	3월	4월	5월	6월	7월	8월	9월	10월	11월	12월
무인大	기묘小	경진大	신사小	임오小	계미大	갑신小	을유小	병술大	정해小	무자大	기축大
6	2	1	4	2	1	3	1	6	3	2	5

하수(일진수)

	1	2	3	4	5	6	7	8	9	10	11	12	13	14	15	16	17	18	19	20	21	22	23	24	25	26	27	28	29	30
1월	3	3	2	1	1	2	1	3	1	2	2	1	3	3	3	2	2	1	1	2	3	2	1	1	1	1	2	2	3	
2월	2	2	2	3	3	2	2	1	1	3	3	1	2	2	3	1	1	2	2	2	2	1	3	1	3	3	1	1	1	
3월	1	1	1	3	2	2	3	2	1	2	3	2	1	1	1	3	3	3	2	2	3	1	3	2	2	2	2	3	3	3
4월	1	3	3	3	1	1	3	3	2	2	1	1	2	3	2	2	3	3	3	3	2	1	2	1	1	2	2			
5월	3	2	2	2	1	3	2	2	3	2	1	1	2	1	1	3	3	1	2	1	3	1	2	1	3	3	3	3		
6월	2	2	3	2	2	2	3	3	2	1	1	3	3	1	2	2	3	1	1	2	2	2	1	3	1	3	1	3	3	1
7월	1	1	3	3	3	2	1	1	2	1	3	1	2	2	1	3	3	2	2	1	1	2	3	2	1	1	1			
8월	2	3	1	3	3	3	1	1	2	3	2	1	1	2	2	3	3	2	2	3	2	1	2	1						
9월	2	3	3	2	2	2	3	1	3	1	2	2	1	1	2	2	3	1	1	2	3	1	3	3						
10월	3	3	1	1	2	1	1	1	2	3	2	1	1	3	3	2	2	1	1	1	1	3	2	3						
11월	3	3	1	1	1	3	3	3	2	1	2	1	3	3	3	2	2	1	1	1	2	3	2	1						
12월	1	1	1	2	2	3	2	2	2	3	3	2	2	1	1	3	3	1	2	2	3	1	1	2	2	2	2	1	3	1

40

2046년(丙寅年)

상수(태세수)

나이	병인1	을축2	갑자3	계해4	임술5	신유6	경신7	기미8	무오9	정사10	병진11	을묘12	갑인13	계축14	임자15	신해16	경술17	기유18	무신19	정미20
태세수	2	3	4	5	6	7	8	1	2	3	4	5	6	7	8	1	2	3	4	5
나이	병오21	을사22	갑진23	계묘24	임인25	신축26	경자27	기해28	무술29	정유30	병신31	을미32	갑오33	계사34	임진35	신묘36	경인37	기축38	무자39	정해40
태세수	6	7	8	1	2	3	4	5	6	7	8	1	2	3	4	5	6	7	8	1
나이	병술41	을유42	갑신43	계미44	임오45	신사46	경진47	기묘48	무인49	정축50	병자51	을해52	갑술53	계유54	임신55	신미56	경오57	기사58	무진59	정묘60
태세수	2	3	4	5	6	7	8	1	2	3	4	5	6	7	8	1	2	3	4	5
나이	병인61	을축62	갑자63	계해64	임술65	신유66	경신67	기미68	무오69	정사70	병진71	을묘72	갑인73	계축74	임자75	신해76	경술77	기유78	무신79	정미80
태세수	6	7	8	1	2	3	4	5	6	7	8	1	2	3	4	5	6	7	8	1
나이	병오81	을사82	갑진83	계묘84	임인85	신축86	경자87	기해88	무술89	정유90	병신91	을미92	갑오93	계사94	임진95	신묘96	경인97	기축98	무자99	정해100
태세수	2	3	4	5	6	7	8	1	2	3	4	5	6	7	8	1	2	3	4	5

중수(월건수)

1월	2월	3월	4월	5월	6월	7월	8월	9월	10월	11월	12월
경인大	신묘小	임진大	계사大	갑오小	을미小	병신大	정유小	무술小	기해大	경자小	신축大
3	6	5	3	5	3	2	5	3	1	4	3

하수(일진수)

	1	2	3	4	5	6	7	8	9	10	11	12	13	14	15	16	17	18	19	20	21	22	23	24	25	26	27	28	29	30
1월	3	3	1	1	1	3	3	3	2	1	1	2	1	3	1	2	2	1	3	3	2	2	1	1	2	3	2	1		
2월	1	1	1	2	2	3	2	2	2	3	3	2	2	1	1	3	3	1	2	3	1	1	2	2	2	1	3			
3월	2	1	1	2	2	2	1	1	1	3	2	2	3	2	1	2	3	1	1	3	3	3	2	2	1	3				3
4월	2	2	2	2	3	3	3	1	1	3	3	2	2	1	1	2	3	1	3	1	1	3	3	3	3	1				
5월	2	1	1	2	2	3	3	1	1	1	2	3	2	1	1	3	3	3	2	2	3	1								
6월	1	3	3	3	3	1	1	1	2	1	1	1	3	2	2	3	1	1	3	3	1	1	1							
7월	1	3	1	3	1	1	1	3	3	1	1	2	1	3	3	3	3	2	2	1	1	2								2
8월	3	2	1	1	1	2	3	2	2	1	1	3	3	1	3	1	3	3	1	2	2	2								
9월	3	2	1	2	1	2	2	3	2	1	1	2	2	3	1	1	3	3	3	1	2									
10월	3	1	2	3	3	3	1	2	2	3	3	2	2	2	3	3	1	1	2	3	3	1	1							
11월	1	1	3	2	3	2	2	3	1	3	1	3	2	3	1	3	2	2	2	1	1	1								
12월	1	1	2	3	2	1	1	1	1	2	2	3	2	2	3	3	2	2	1	1	3	3	1	2	2	3	1	1	2	

2047년(丁卯年)

상수(태세수)

나이	정묘 1	병인 2	을축 3	갑자 4	계해 5	임술 6	신유 7	경신 8	기미 9	무오 10	정사 11	병진 12	을묘 13	갑인 14	계축 15	임자 16	신해 17	경술 18	기유 19	무신 20
태세수	1	2	3	4	5	6	7	8	1	2	3	4	5	6	7	8	1	2	3	4
나이	정미 21	병오 22	을사 23	갑진 24	계묘 25	임인 26	신축 27	경자 28	기해 29	무술 30	정유 31	병신 32	을미 33	갑오 34	계사 35	임진 36	신묘 37	경인 38	기축 39	무자 40
태세수	5	6	7	8	1	2	3	4	5	6	7	8	1	2	3	4	5	6	7	8
나이	정해 41	병술 42	을유 43	갑신 44	계미 45	임오 46	신사 47	경진 48	기묘 49	무인 50	정축 51	병자 52	을해 53	갑술 54	계유 55	임신 56	신미 57	경오 58	기사 59	무진 60
태세수	1	2	3	4	5	6	7	8	1	2	3	4	5	6	7	8	1	2	3	4
나이	정묘 61	병인 62	을축 63	갑자 64	계해 65	임술 66	신유 67	경신 68	기미 69	무오 70	정사 71	병진 72	을묘 73	갑인 74	계축 75	임자 76	신해 77	경술 78	기유 79	무신 80
태세수	5	6	7	8	1	2	3	4	5	6	7	8	1	2	3	4	5	6	7	8
나이	정미 81	병오 82	을사 83	갑진 84	계묘 85	임인 86	신축 87	경자 88	기해 89	무술 90	정유 91	병신 92	을미 93	갑오 94	계사 95	임진 96	신묘 97	경인 98	기축 99	무자 100
태세수	1	2	3	4	5	6	7	8	1	2	3	4	5	6	7	8	1	2	3	4

중수(월건수)

1월	2월	3월	4월	5월	5월(윤)	6월	7월	8월	9월	10월	11월	12월
임인大	계묘小	갑진大	을사大	병오小	병오大	정미小	무신大	기유小	경술小	신해大	임자小	계축大
1	4	2	6	3	1	4	1	6	2	6	5	2

하수(일진수)

	1	2	3	4	5	6	7	8	9	10	11	12	13	14	15	16	17	18	19	20	21	22	23	24	25	26	27	28	29	30
1월	2	2	2	1	3	1	3	3	1	1	1	3	3	3	2	1	1	2	1	3	1	2	2	1	3	3	3	2	2	2
2월	1	1	2	3	2	1	1	1	1	2	3	2	2	2	3	3	2	1	1	3	3	1	2	2	3	1	1	1	1	
3월	3	3	3	3	2	1	2	1	2	2	1	1	1	3	2	2	3	2	1	2	3	3	2	1	1	1	3	1	1	3
4월	3	2	2	1	3	2	2	2	3	2	2	2	3	1	1	3	2	2	2	1	2	3	3	1	2	2	3	1	2	2
5월	3	3	3	3	2	1	2	1	2	2	1	1	1	3	2	2	3	2	1	2	3	3	2	1	1	1	2	1	1	
5월(윤)	1	1	3	2	1	3	3	3	1	1	3	1	1	1	3	3	2	3	1	2	2	3	2	3	2	3	1	1	2	3
6월	3	1	1	1	3	3	2	3	2	2	3	3	1	2	3	2	1	1	1	3	2	3	1	1	3	2	2	2	2	
7월	2	2	2	1	3	2	1	1	1	2	3	3	2	3	3	3	2	1	1	2	1	2	2	3	3	2	1	1	2	3
8월	1	1	2	2	2	3	1	3	3	1	1	3	3	2	1	1	2	3	1	1	2	1	3	1	1	2	1	3	3	
9월	1	3	3	3	2	1	3	2	1	3	3	2	2	3	2	1	1	1	2	1	3	3	2	2	3	2	2	2	3	
10월	1	2	3	3	1	1	1	3	2	1	2	2	3	2	1	1	2	3	1	1	3	1	3	2	3	2	1	1	3	2
11월	2	2	1	1	1	3	3	1	2	3	3	3	1	1	2	1	1	2	2	1	3	3	2	2	3	3	2	2	3	
12월	2	2	3	1	1	2	2	2	2	1	3	1	3	3	1	1	1	3	3	3	2	1	1	2	1	3	1	2	2	1

2048년(戊辰年)

상수(태세수)

나이	무진1	정묘2	병인3	을축4	갑자5	계해6	임술7	신유8	경신9	기미10	무오11	정사12	병진13	을묘14	갑인15	계축16	임자17	신해18	경술19	기유20
태세수	3	4	5	6	7	8	1	2	3	4	5	6	7	8	1	2	3	4	5	6
나이	무신21	정미22	병오23	을사24	갑진25	계묘26	임인27	신축28	경자29	기해30	무술31	정유32	병신33	을미34	갑오35	계사36	임진37	신묘38	경인39	기축40
태세수	7	8	1	2	3	4	5	6	7	8	1	2	3	4	5	6	7	8	1	2
나이	무자41	정해42	병술43	을유44	갑신45	계미46	임오47	신사48	경진49	기묘50	무인51	정축52	병자53	을해54	갑술55	계유56	임신57	신미58	경오59	기사60
태세수	3	4	5	6	7	8	1	2	3	4	5	6	7	8	1	2	3	4	5	6
나이	무진61	정묘62	병인63	을축64	갑자65	계해66	임술67	신유68	경신69	기미70	무오71	정사72	병진73	을묘74	갑인75	계축76	임자77	신해78	경술79	기유80
태세수	7	8	1	2	3	4	5	6	7	8	1	2	3	4	5	6	7	8	1	2
나이	무신81	정미82	병오83	을사84	갑진85	계묘86	임인87	신축88	경자89	기해90	무술91	정유92	병신93	을미94	갑오95	계사96	임진97	신묘98	경인99	기축100
태세수	3	4	5	6	7	8	1	2	3	4	5	6	7	8	1	2	3	4	5	6

중수(월건수)

1월	2월	3월	4월	5월	6월	7월	8월	9월	10월	11월	12월
갑인小	을묘大	병진大	정사小	무오大	기미大	경신小	신유大	임술小	계해大	갑자小	을축小
3	2	6	3	2	5	2	1	4	3	5	3

하수(일진수)

	1	2	3	4	5	6	7	8	9	10	11	12	13	14	15	16	17	18	19	20	21	22	23	24	25	26	27	28	29	30
1월	3	3	3	2	2	2	1	1	2	3	3	1	1	1	1	2	2	3	2	2	2	3	3	2	2	1	1	1	3	3
2월	2	3	3	1	2	2	3	3	3	3	2	1	1	1	2	2	1	1	3	2	2	2	3	2	1	2	3	2	1	3
3월	2	1	1	1	3	3	3	2	2	3	2	1	1	2	2	3	3	1	1	3	3	2	2	1	1					
4월	2	3	3	1	2	2	3	3	1	1	2	2	3	3	1	1	1	3	2	2	3	3	1	1	2	2	3	2	1	
5월	1	3	2	2	2	1	1	1	2	2	2	3	3	3	1	1	1	1	1	2	2	1	1	3	3	3	2			
6월	2	3	1	1	2	3	3	1	1	1	1	3	3	3	1	1	3	2	2	3	3	1	1	2	2	3	1	1		
7월	1	3	2	2	1	1	2	3	3	1	1	2	2	3	3	1	1	3	1	2	2	3	1	1	1					
8월	3	3	1	1	3	3	3	2	2	2	2	3	3	1	1	3	3	2	2	1	1	1	2	1	1	3	1			
9월	2	2	1	3	3	3	2	2	2	1	1	1	3	3	1	1	3	3	2	2	3	3	2	2	3					
10월	2	1	1	2	3	3	2	2	1	1	1	3	3	2	2	1	1	2	1	1	1	3	2	2	3	2	1			
11월	2	3	3	2	1	1	1	3	3	2	2	1	1	3	2	2	2	2	2	3	1	1	3	3	3	1	1			
12월	3	3	2	2	2	1	1	2	3	3	1	1	1	1	3	2	3	2	2	3	3	3	2	2	2	1	1	3	3	1

2049년(己巳年)

상수(태세수)

나이	기사 1	무진 2	정묘 3	병인 4	을축 5	갑자 6	계해 7	임술 8	신유 9	경신 10	기미 11	무오 12	정사 13	병진 14	을묘 15	갑인 16	계축 17	임자 18	신해 19	경술 20
태세수	3	4	5	6	7	8	1	2	3	4	5	6	7	8	1	2	3	4	5	6
나이	기유 21	무신 22	정미 23	병오 24	을사 25	갑진 26	계묘 27	임인 28	신축 29	경자 30	기해 31	무술 32	정유 33	병신 34	을미 35	갑오 36	계사 37	임진 38	신묘 39	경인 40
태세수	7	8	1	2	3	4	5	6	7	8	1	2	3	4	5	6	7	8	1	2
나이	기축 41	무자 42	정해 43	병술 44	을유 45	갑신 46	계미 47	임오 48	신사 49	경진 50	기묘 51	무인 52	정축 53	병자 54	을해 55	갑술 56	계유 57	임신 58	신미 59	경오 60
태세수	3	4	5	6	7	8	1	2	3	4	5	6	7	8	1	2	3	4	5	6
나이	기사 61	무진 62	정묘 63	병인 64	을축 65	갑자 66	계해 67	임술 68	신유 69	경신 70	기미 71	무오 72	정사 73	병진 74	을묘 75	갑인 76	계축 77	임자 78	신해 79	경술 80
태세수	7	8	1	2	3	4	5	6	7	8	1	2	3	4	5	6	7	8	1	2
나이	기유 81	무신 82	정미 83	병오 84	을사 85	갑진 86	계묘 87	임인 88	신축 89	경자 90	기해 91	무술 92	정유 93	병신 94	을미 95	갑오 96	계사 97	임진 98	신묘 99	경인 100
태세수	3	4	5	6	7	8	1	2	3	4	5	6	7	8	1	2	3	4	5	6

중수(월건수)

1월	2월	3월	4월	5월	6월	7월	8월	9월	10월	11월	12월
병인大	정묘小	무진大	기사小	경오大	신미大	임신小	계유大	갑술大	을해小	병자大	정축小
2	5	4	6	5	3	6	5	2	5	4	1

하수(일진수)

	1	2	3	4	5	6	7	8	9	10	11	12	13	14	15	16	17	18	19	20	21	22	23	24	25	26	27	28	29	30
1월	1	3	1	2	2	1	3	3	3	2	2	2	1	1	2	3	2	1	1	1	1	2	2	3	2	2	2	3	3	2
2월	2	1	1	3	3	1	2	2	3	1	1	2	2	2	1	3	1	3	1	1	1	3	3	2	1	1				
3월	3	2	1	2	3	3	1	1	3	2	3	3	2	1	3	2	2	2	2	3	3	1	3	3	1	3	3	1	1	
4월	3	3	2	2	1	2	3	1	3	1	2	3	3	1	1	2	1	1	2	2	1	1	1	3	2					
5월	3	1	3	2	3	1	1	3	2	1	3	3	1	2	1	3	2	1	3	1	1	2	1	1	1	2				
6월	2	1	1	3	3	2	2	1	1	3	3	1	1	3	2	1	3	2	2	3	3	3	2	2	1	1	2	1		3
7월	3	1	3	2	3	1	1	3	2	1	3	3	1	2	1	3	3	1	1	2	1	1	1							
8월	3	3	2	1	1	3	3	2	1	1	2	2	1	2	2	3	1	2	1	3	1	1	1	3	3	2				
9월	1	1	2	1	2	1	1	3	3	2	2	1	3	3	2	2	1	1	1	2	2	3	2	3	2	2	2			
10월	3	3	2	1	1	3	1	2	2	1	2	3	3	2	1	1	1	3	3											
11월	3	2	2	3	2	1	2	3	3	2	1	1	1	3	2	2	1	3	2	2	2	3	3	1	3	3				
12월	3	1	1	3	3	2	2	1	1	2	3	3	1	3	3	3	2	1	2	1	1	2	2	2	1	1				

2050년(庚午年)

상수(태세수)

나이	경오 1	기사 2	무진 3	정묘 4	병인 5	을축 6	갑자 7	계해 8	임술 9	신유 10	경신 11	기미 12	무오 13	정사 14	병진 15	을묘 16	갑인 17	계축 18	임자 19	신해 20
태세수	2	3	4	5	6	7	8	1	2	3	4	5	6	7	8	1	2	3	4	5
나이	경술 21	기유 22	무신 23	정미 24	병오 25	을사 26	갑진 27	계묘 28	임인 29	신축 30	경자 31	기해 32	무술 33	정유 34	병신 35	을미 36	갑오 37	계사 38	임진 39	신묘 40
태세수	6	7	8	1	2	3	4	5	6	7	8	1	2	3	4	5	6	7	8	1
나이	경인 41	기축 42	무자 43	정해 44	병술 45	을유 46	갑신 47	계미 48	임오 49	신사 50	경진 51	기묘 52	무인 53	정축 54	병자 55	을해 56	갑술 57	계유 58	임신 59	신미 60
태세수	2	3	4	5	6	7	8	1	2	3	4	5	6	7	8	1	2	3	4	5
나이	경오 61	기사 62	무진 63	정묘 64	병인 65	을축 66	갑자 67	계해 68	임술 69	신유 70	경신 71	기미 72	무오 73	정사 74	병진 75	을묘 76	갑인 77	계축 78	임자 79	신해 80
태세수	6	7	8	1	2	3	4	5	6	7	8	1	2	3	4	5	6	7	8	1
나이	경술 81	기유 82	무신 83	정미 84	병오 85	을사 86	갑진 87	계묘 88	임인 89	신축 90	경자 91	기해 92	무술 93	정유 94	병신 95	을미 96	갑오 97	계사 98	임진 99	신묘 100
태세수	2	3	4	5	6	7	8	1	2	3	4	5	6	7	8	1	2	3	4	5

중수(월건수)

1월	2월	3월	3월(윤)	4월	5월	6월	7월	8월	9월	10월	11월	12월
무인大	기묘小	경진小	경진大	신사小	임오大	계미小	갑신大	을유大	병술小	정해大	무자大	기축小
6	2	6	1		3	6		2	5	4	2	4

하수(일진수)

	1	2	3	4	5	6	7	8	9	10	11	12	13	14	15	16	17	18	19	20	21	22	23	24	25	26	27	28	29	30
1월	2	1	3	3	1	3	2	3	1	1	3	2	2	1	1	1	3	3	1	2	1	3	3	3	1	1	2	1	2	1
2월	1	1	2	2	1	1	3	3	2	2	3	1	1	2	3	3	1	1	1	3	1	2	3	2	2	3	3	2		
3월	3	3	2	1	1	1	3	2	2	1	3	3	3	2	2	2	1	1	2	3	2	1	1	1	1	2	2			
3월(윤)	1	3	3	3	1	1	3	3	2	2	1	2	3	3	1	2	1	3	2	3	3	3	2	1	2	1	1	2	2	2
4월	1	1	1	3	2	3	2	1	1	1	3	3	2	2	3	2	1	1	2	1	1	3	2	2	2	2	3			
5월	1	2	1	1	2	2	3	2	1	3	2	2	3	1	1	3	1	1	1	1	3	1	2	2	3	2	3	3	3	
6월	3	2	2	1	2	3	2	1	2	2	1	1	3	2	2	2	1	3	1	3	1	2	1	2	2	2	3	1	2	
7월	2	2	3	2	3	2	3	1	1	3	2	3	1	2	2	3	1	1	2	1	3	1	2	2	1	3	3	1		
8월	1	1	3	3	3	1	1	3	2	2	2	3	2	1	1	2	3	2	2	2	1	2	3	1	1	2	1	1		
9월	2	2	3	2	2	3	2	1	2	3	2	2	2	1	2	1	1	2	2	3	1	1	2	3	2	2	2	3		
10월	2	2	2	1	1	1	3	2	2	2	3	1	1	2	3	3	2	2	2	2	3	2	1	2	2	2	1	1		
11월	2	3	3	1	3	3	3	1	1	3	2	2	1	1	1	2	3	3	2	1	2	1	1	2	3	2	1	2	1	1
12월	2	2	2	1	1	1	3	2	2	3	2	1	2	3	3	2	1	1	1	3	3	3	2	2	3	1	3	2	2	

111 유변화지의(有變化之意)

밤새 얼어붙었던 가슴 섶을 풀어헤치고
훈훈한 숨을 토해내며 마침내 아침이 기지개를 켠다.

언 강물 위에 하얀 발목 조심스레 내디디며 봄이 찾아오니
마침내 얼었던 강물도 풀리고 마른 나뭇가지마다 꽃이 만개한다.

봄은 작은 씨앗 하나만 가지고도
풍요로운 가을의 수확을 꿈꾸는 부푼 처녀의 가슴이다.
작은 것으로 큰 것을 이루리라.

달빛이 밤하늘에 가득하니 하늘과 땅이 다 같이 환하다.
이월에는 봄빛이 무르익어 언 땅을 두드리니
귀한 손(孫)을 보게 된다.

큰 일을 하려는 사람은 작은 근심을 버리니
귀인(貴人)이 절로 찾아오고 마음도 몸도 편안해진다.

봄은 뱀도 겨울잠에서 깨어나는 계절이니
힘써 일하되 행여 소득이 적더라도 탓하지 마라.

1

봄빛이 무르익고 새들이 침상 위의 곤한 잠을 깨운다.
만물은 모두 다 일어나 씨를 뿌리고 있는데,
그대는 어찌하여 아직도 추위만 탓하고 있는가.
아서라. 이제 어둡고 추운 겨울이 물러갔으니
마음의 문을 활짝 열고 기쁜 마음으로 손님을 맞아라.

2 마당에 오얏꽃이 만발하였다.
꽃이란 때를 보아 피어나는 것이니
이제 때가 되었음을 알리는구나.
운수가 활짝 열려 있으니 재물이 몰려와 문을 두드린다.
대문 여는 수고쯤이야 못할쏘냐.
문 여는 수고도 아니하고 낮잠만 즐긴다면
이 어찌 어리석다 하지 않겠는가.

3 씨앗은 묻었지만 결실이 안 보이니 마음이 초조하다.
빗방울이 뭉쳐야 구름도 비를 뿌릴 수 있는 법.
아직은 때가 아니니 서두르지 마라.
산을 오르는 마음으로 하늘을 우러러보며 때를 기다려라.

4 좋은 일이 따르리라.
그러나 시기하는 말 또한 그 뒤를 따르리라.
구설에 얽매이지 말고 앞으로 나아가라.
운수(運數)가 큰 걸음으로 성큼성큼 다가오리니
모든 일이 좁은 오솔길에서 한길로 나아가는 격이다.

5 때아닌 한파가 몰아치리니 입을 무겁게 하고 시비를 피하라.
진퇴양난의 계곡길이니 승부에 뛰어들면 반드시 패하리라.
객지에서 만난 친구도 이와 같을지니 친구 삼기에 신중해야 한다.

6 외로운가. 아서라, 여자를 가까이하지 마라. 구설이 뒤따른다.
집 밖에는 한파가 도사리고 있다.
행여 밖으로 나가지 말고 안에서 편함을 구하는 게 제일이다.
안(安)씨를 가까이하면 불리하리라.

7

복숭아와 오얏이 봄을 만나니 꽃이 벙글고 열매가 열린다.
관록(官祿)이 찾아들거나 자손에게 경사가 생기리라.
그렇지 않으면 횡액(橫厄)의 그림자가 드리울 것인즉,
두려운 마음으로 잘 구별하여 맞아들이도록 하라.

8

있다가도 없고 없다가도 있으리라.
처음은 힘들지만 참고 기다리면 좋은 일이 있다.
재물이 저절로 들어오니 일신이 편안해진다.

9

세월이 흘러가듯 재물이 스스로 흘러나간다.
송사(訟事)를 가까이하지 마라. 손재(損財)가 있을까 두렵다.
금성(金姓)을 가까이하지 마라. 해를 끼칠까 염려된다.

10

어디를 가려는가. 역마수(驛馬數)가 있으니 몸이 분주하구나.
신수(身數)가 불리하니 질병을 조심하라.
만일 그렇지 않으면 부모에게 변고가 생기리라.

11

거친 산에 달이 지니 우울한 영혼 달랠 길 없구나.
재수가 불길하고 마음 또한 편치 못하다.
가을 찬바람을 타고 동북 지방에 불길함이 깃들이리니
집에 들어앉아 분수를 지키는 것이 좋으리라.

12

찬바람 부니 나뭇잎이 떨어진다.
새로운 일을 꾀하지 마라.
많이 나가고 적게 돌아오니 도리어 손해를 보리라.
몸은 푸른 하늘처럼 쾌청하나 재물이 없으니 길흉이 교차되리라.

둥근 보름달도 언젠가는 스러지나니
비리를 탐내지 마라.
처음엔 얻더라도 나중에 결국 잃게 된다.
성심을 다해 노력하면 뜻한 바를 반드시 이루리라.

봄 석 달은 재물이 성하나 가을 석 달은 일마다 많이 막힌다.
처음엔 웃어도 나중에 찌푸리게 되니 마침내 손재(損財)를 당하리라.
가화만사성(家和萬事成)이다. 집안을 잘 다스려라.

가운(家運)이 비색(否塞)하니 근심이 떠나지 않는다.
집에 작은 근심이 있고 집안 사람이 불화한다.
가을풀이 서리를 만나니 무슨 일인들 유익하리요.
상가(喪家)에 가까이 가지 마라. 조살(弔殺)이 침노한다.

1
산에 들어가 고기를 구하니 끝내 얻지 못하리라.
처음엔 길하나 나중에 흉하니 모든 일에 신중을 기하라.
운수(運數)가 평평하니 해로울 것도 없고 이로울 것도 없구나.

2
따뜻한 봄바람 불듯 동북 지역에서 재물이 저절로 들어온다.
헛된 일 중에 실속이 있으니 마음이 저절로 편안해진다.
작은 것으로 큰 것을 얻으니 요행이 따라오리라.

3
도둑이 들지 않으면 근심이 찾아들리니 도둑을 조심하라.
외롭구나. 산도 설고 물도 선데 친한 벗은 없구나.
관재(官災)가 있을 수니 조심하라.

4

재수(財數)는 있으나 구설이 따를까 염려된다.

화성(火姓)을 가까이하지 마라. 재물을 잃을 염려가 있다.

비록 재물을 얻어도 물처럼 금세 새어나간다.

5

길을 가려고 문을 나서는데 때아닌 폭우가 쏟아짐은 웬일인가.

까닭도 모르는 일로 구설이 들려온다.

몸이 타향에 나가고 없으니 친한 벗이 안방에 들어앉으려 한다.

6

집에 있으면 심란하다.

밖에 나가도 이익을 얻지 못하고 무거운 그림자만 끌고 돌아온다.

남은 불리하니 나가지 마라.

오뉴월에는 아무 일 없이 억울한 비방(誹謗)만 듣는다.

7

넓은 바다에 한 점 조각배를 띄우니

바람이 불지 않아도 위태위태하다.

처음엔 힘들지만 나중엔 일어나 마침내 성공한다.

정성이 하늘에 닿으니 마침내 일을 이루리라.

8

재물이 따를 수나 질병도 함께 따라온다.

분수 밖의 것을 탐내면 반드시 허황하리라.

관귀(官鬼)의 움직임이 분주하니 관재가 따를까 두렵다.

9

옥이 돌 속에 있으니 광채를 내지 못하는구나.

일을 꾀하나 허황되고 근심만 날로 늘어간다.

시비거리가 있어도 따지지 마라.

몸이 상할까 염려된다.

10

깊은 산골짜기에서 길을 잃으니
달빛은 구름에 가렸는데 승냥이 울음소리 처절하구나.
만일 부모에게 근심이 찾아오지 않으면 신수(身數)가 불리하리라.
어디로든 떠나고 싶구나. 역마(驛馬)가 찾아들어 동분서주한다.
아서라, 떠나지 마라.
집에 있어야 편안하다. 출행(出行)하면 해롭다.

11

침착하게 앉아서 분수를 지켜라. 움직이면 후회하게 된다.
북쪽에 먹구름이 끼었으니 그쪽을 피하라.
어찌할까. 운수가 막혔으니 재수 또한 좋지 않구나.

12

가고자 하나 가지 못하니 이를 어찌할까.
몸은 활기 차서 새 일을 꾀하려 하나
돈이 없으니 성사시키지 못한다.
새로이 친구를 사귀지 마라. 손해만 끼치리라.

꾀꼬리가 버들가지 위에서 깃을 치니 조각조각 황금이구나.
재물이 생기지 않으면 슬하에 영화가 있을 것이다.
돌을 쪼아 옥을 보니 힘써 노력하면 반드시 얻는 바가 있으리라.

이사하라. 그렇지 않으면 상복(喪服)을 입게 될까 두렵다.
봄 석 달의 운수로는 반드시 기쁜 일이 있다.
한 해 내내 구설을 조심하라.

사람을 사귀며 술자리를 자주 하라. 그 속에서 살아갈 계교를 구할 수 있다.
집안이 화평하니 마음이 안락하다.
목성(木姓)을 가진 이가 도와주리니 가까이 사귀면 횡재를 만난다.

1
봄풀이 비를 만나 파릇하게 자라난다.
재물이 풍성하니 일신이 절로 편해진다.
때가 되면 봄이 돌아오듯 운수도 이와 같으니
집안에 경사가 있을 것이다.

2
일을 도모하면 성취할 운수로다.
집안이 화평하니 모든 일이 순조롭게 이루어지고,
몸이 바깥에 나가 노니 뜻밖의 횡재를 만난다.

3
꽃이 활짝 피어나고 새들이 춤추는구나.
집안에 경사가 있어 마음이 안락하리라.
좋은 배필을 만나 백년가약을 맺을 수며
가정이 있는 자는 옥동자를 얻으리라.
귀인(貴人)이 찾아와 도와주니 어렵던 일이 뜻밖에 이루어진다.

4

물이 마침내 동해로 흘러들어가니 그 기원 장구하여라.
재물도 생기고 몸도 편안해지니 참으로 귀한 운수로다.
다른 사람의 말을 듣지 마라. 도무지 이익이 없으리라.

5

재수가 대길하니 뜻밖에 재물을 얻는다.
질병이 있거든 성심으로 액(厄)을 막아라.
복제(服制)를 당하지 않으면 화재가 날까 두렵다.

6

비바람이 걷히니 달이 얼굴을 내밀고 미소를 짓는구나.
작은 것이 가고 큰 것이 오니 창고에 재물이 가득하다.
배우자에게 정성을 다하여라. 금슬에 금이 갈까 염려된다.

7

청청한 하늘에 햇빛이 찬란하다.
재물운이 대통하니 횡재하여 풍요로워지리라.
호사다마(好事多魔)니 재록(財祿) 뒤에 따라오는 질병을 조심하라.
다른 사람의 도움을 받으면 의외의 성공을 거둔다.

8

귀인이 도와주니 관록(官祿)이 따른다.
일신이 편안하고 식구가 늘어난다.
어두운 밤에 촛불을 얻으니 앞길이 훤해지는구나.

9

때마침 비가 내리니 온갖 풀이 다시 생기를 띤다.
화성(火姓)과 친하게 지내라. 이익이 많으리라.
만일 그렇지 않으면 길이 도리어 흉으로 변한다.

10

하룻밤 광풍에 꽃이 눈처럼 떨어지는구나.
몸은 건강하나 항상 번민이 도사린다.
내환(內患)이 아니면 구설로 친한 이와 다투게 된다.

11

길성(吉星)이 문을 비추니 늦게 벼슬이 생길 수다.
문 밖에는 한파가 도사리고 있으니 나가면 불리하리라.
횡액(橫厄)을 조심하라.
돌을 깨어보니 금이 나올 수로다.
노력하면 반드시 열매를 거두리라.

12

꽃 사이에서 술잔을 드니
낙조(落照)가 붉은 입술로 꽃잎을 희롱하는구나.
집안이 화락(和樂)하니 이익이 그 가운데 있다.
동서 양방향에서 귀인이 와서 도와준다.
만일 과거에 급제하지 않으면 옥동자를 얻으리라.

천강우수평안지의(天降雨水平安之意)

바둑을 두며 소일하니 바둑돌 놓는 소리 쟁쟁하다.
우물의 고기가 바다로 나가니 의기가 양양하다.
집안 사람이 화합하니 집안에 웃음소리가 가득하다.

귀인(貴人)이 서로 도우니 반드시 길하고 이로우리라.
봄에는 근심이 없고 편안하나,
여름철에는 일에 거스르는 것이 많다.

동쪽 정원의 오얏꽃이 때를 만나 활짝 피어난다.
재록(財祿)이 따르니 뜻밖에 횡재를 만나리라.
구름이 흩어지고 달이 나오니 천지가 환하게 밝아진다.

1

화기(和氣)가 문을 들어서니 집안이 한없이 즐겁다.
위아래 사람이 화목하니 웃음소리가 담장 밖까지 흘러나간다.
복덕(福德)이 몸을 따르니 근심이 깃들일 새가 없다.

2

고기가 연못으로 흘러드니 하는 일에 모두 활기가 넘친다.
식구도 늘고 땅도 넓어지니 재물이 저절로 쌓이는구나.
복숭아와 오얏이 봄을 만나니 꽃이 떨어지고 열매가 열린다.

3

겉으로는 화려하나 속으로 근심이 깃들 수다.
시비를 가까이하지 마라. 관재(官災)가 두렵다.
흉이 많고 길이 적은 달이로다.

4

길을 나섰으나 높은 산이 앞을 가로막으니 이를 어찌하랴.
길이 없어 나아가지 못하는구나.

시비를 가까이하지 마라. 구설이 따를까 두렵다.
봄에는 거스름이 많고 여름에는 막힘이 있다.

5

얕은 물에 배를 띄우니 가려 해도 가지를 못한다.
모사(某事)가 불리하니 다른 일을 꾀하지 마라.
여름 석 달은 믿는 도끼에 발등을 찍힐 수다.
가까운 사람을 조심하라.
집에 있으면 별 이익이 없으니 밖으로 나가 활동하라.

6

먼길을 가지 마라. 도둑이 도사리고 있다.
집에 우환이 있으면 집에 머물러라. 그리하면 길(吉)하리라.
몸이 길 위에 있으니 한번은 먼길을 떠나게 될 수다.

7

꽃이 옥 같은 이슬을 머금으니 나비들이 몰려와 희롱한다.
외지(外地)에서 재물을 얻으니 비단옷을 입고 고향으로 돌아가리.
수성(水姓)이 불리하니 거래를 삼가라.
일에 지장이 있으니 미리 조심하고 대비하라.

8

천지가 서로 화합하니 그 가운데 이로움이 있다.
재수(財數)가 대길(大吉)하여 작은 것으로 큰 것을 이룬다.
이 달에는 서쪽으로 가면 불리하다.

9

칠팔구 석 달 동안에는 재물이 생기나 크지는 않다.
사람들이 서로 도와주니 편안하고 태평하다.
어물(魚物)에 이익이 있으니 장사를 하면 길하리라.

10

복성(福星)이 비추니 외부에서 재물이 들어오리라.
여자를 가까이하지 마라. 구설이 떠나지 않는다.
꾀하는 일마다 시작은 화려하나 끝은 흐지부지하다.

11

토성(土姓)이 불리하니 사귀면 해를 입으리라.

재물운이 좋으니 횡재를 만날 수다.

귀인을 만나면 관록(官祿)이 따르리라.

12

서쪽과 남쪽 양방향이 길하다.

길성(吉星)이 문을 비추니 귀인이 와서 도와주리라.

모든 일을 조심하라. 혹 손해를 입을까 염려된다.

122 불성사지의(不成事之意)

범을 그리려다 개를 그리고 말았구나.
일을 도모하나 허황하여 한갓 심력만 허비한다.
이사하지 마라. 혹 집안에 근심이 생길까 걱정된다.

어렵다가 쉬워지고 먼저 손해를 입으나 나중엔 얻게 되리라.
복록(福祿)이 비었으니 재물이 잠깐 막힌다.
재물로 인해 상심하여 밤잠을 이루지 못한다.

첫 단추를 잘 끼워라. 조금 틀린 것이 천리같이 어긋난다.
이사를 하지 마라. 집에 근심이 생길까 걱정된다.
가을 석 달 동안에는 일이 순조로이 이루어지리라.

1
촛불은 촛농을 떨굴지라도 불꽃을 만들어내는데,
바라는 이 마음은 상하기만 하니 어찌 편히 잠을 이룰 수 있을까.
무망(無妄)이 동하니 하는 일이 허망하다.
매사가 많이 막히니 도무지 마음이 편하지 않다.

2
비구름이 공중에 가득하나 아무리 기다려도 비는 내리지 않는다.
질병이 몸에 침노하려 하니 병자가 있는 집에 가지 마라.
시비를 가까이하지 마라. 구설이 따를까 두렵다.

3
운수가 대길하니 큰 일을 성취하리라.
집안 사람의 마음이 서로 통하니 집안이 화평하리라.
어디로 가려는가. 동과 남으로 가라.
길성(吉星)이 그곳을 비추고 있다.

4

일에 막힘이 많고 집안 사람이 불화한다.
여름 석 달에는 액운이 따른다.
명산(明山)에 가 일심으로 기도하면 불길한 수를 면하게 된다.

5

재물은 얻을 수 있으나 사람이 떠나려 하니 이를 어찌할까.
이 달은 처음엔 웃지만 나중엔 울게 될 수다.
심신(心神)이 산란하니 앉지도 못하고 서지도 못한다.

6

비가 내리니 강산에 풀빛이 청청하다.
타인의 도움을 받으면 바야흐로 재물이 생길 수다.
모든 일이 이루어지고 재물이 늘어난다.

7

오랜 가뭄에 단비가 내리듯 뜻밖에 귀인(貴人)을 만나게 된다.
재앙과 병이 사라지니 반드시 좋은 일이 있으리라.
안정하며 분수를 지키면 화가 바뀌어 복이 되리라.

8

뱀이 마루 밑에 똬리를 트니 손재(損財)와 질병이 따를까 두렵다.
토성(土姓)이 불리하니 친하면 해로우리라.
집에 불화가 있고 동과 서에 근심이 있다.

9

추강(秋江)에 서리가 내리니 용이 처소를 잃었구나.
시비를 가까이하지 마라. 구설로 몸이 상한다.
관귀(官鬼)가 기지개를 켜니 관재수(官災數)가 두렵구나.
운수가 따르지 않으니 마음고생이 크다.

10

토지에 이익이 없고 금물(金物)에도 이익이 없다.
권(權)가 김(金)가 두 성(姓)을 가까이하지 마라. 해를 입을까 두렵다.
이름은 떨치나 실리가 없으니 공연히 심력(心力)만 허비한다.

11

밝은 달이 맑은 강을 어우르니 흥이 절로 난다.
운수가 따르니 가히 횡재를 만날 수다.
목성(木姓)이 해를 끼치려 하니 멀리하면 길하게 된다.
이(利)를 찾으려면 서쪽과 북쪽 양방향을 돌아보라.

12

이지러진 달이 다시 둥글게 차오르는 것처럼
저절로 한 해의 재수가 겨울 석 달 동안 찾아들리라.
집안 사람이 마음을 합하니 집안이 화목해진다.
모든 일을 조심하면 복록(福祿)이 스스로 찾아오리라.

비록 하찮은 것이라도 모두 주인이 있다.

허황된 일은 삼가고 행하지 마라.

마음은 있으나 이루지 못하니 이 신수(身數)를 어찌할까.

벼슬을 하면 불리하나 농사를 지으면 이익을 얻는다.

친구를 믿지 마라. 마침내 실패하게 된다.

올해는 옛것을 버리고 새것을 좇아야 길할 수다.

운(雲)자가 붙은 땅으로 가지 마라. 친한 사람이 어질지 않게 대하리라.

일을 꾀하다 갑자기 액을 당할 수니 횡액(橫厄)이 따를까 두렵구나.

시비수가 있으니 송사(訟事)를 삼가라.

1

신운(身運)이 불리하니 내환(內患)이 생길까 두렵다.

재물을 찾아 돌아다녀도 재수(財數)가 형통하지 않으니

끝내 얻지 못하리라.

마음이 급해 일을 서두르나 성공은 하지 못한다.

2

눈 위에 서리가 덧내리니 몸이 편할 날이 없다.

재물을 잃지 않으면 가까운 사람이 떠나리라.

구설과 실물수(失物數)도 조심하라.

3

음지에 봄이 돌아오니 온갖 꽃이 다투어 피어난다.

고목이 봄을 만났으니 빛이 천리에 이를 수로다.

북쪽이 해로우니 조심하라.

현무(玄武)가 발동하니 도둑을 조심하라.

4

녹음방초(綠陰芳草)에 좋은 사람과 함께 누각에 오르니
날이 다 새도록 즐겁기 그지없구나.
분수 밖의 것을 탐내지 마라. 바랄수록 불리해진다.
남의 말을 하지 마라. 후회해도 이미 돌이킬 수 없으리라.

5

운이 불리하니 재물을 구하려 해도 얻지 못한다.
마음이 산란하여 일을 꾀해도 이루지 못한다.
만일 재물을 잃지 않으면 구설로 몸이 괴로울 수다.

6

대명중천(大明中天)에 먹구름이 가득하구나.
운수에 거슬림이 많으니 패하기 십상이다.
친구를 믿지 마라. 그에게 한 말이 구설이 되어 돌아온다.
패할 수가 있으니 모든 일에 조심 또 조심하라.

7

봄풀이 비를 만나니 날로 푸르름을 더하리라.
운수가 평길하고 신수도 훤하다.
옛것을 버리고 새것을 좇으면 길하리라.

8

창파(蒼波)에 낚시를 드리우니
낚싯대 끝에 매달려 나온 저 팔팔한 대어 좀 보소.
동남 지방에서 반드시 재물이 생긴다.
재물운이 왕성하니 태평하게 지낸다.
여자를 가까이하지 마라. 구설이 몸을 해치리라.

9

두꺼운 먹구름이 걷히니 달이 산창(山窓)에 밝게 떠오른다.
토성(土姓)을 가진 사람이 해를 끼치리니 알아서 미리 피하라.
물과 불도 더불어 조심하라.

10

서쪽으로 가라. 반드시 큰 이익을 얻으리라.
목성(木姓)을 가진 이가 이익을 가져다주리라.
화가 변하여 복이 되니 길흉이 상반된다.

11

산에 올라가 고기를 구하니 끝내 허망하리라.
운수가 불길하니 일을 구하여도 이루지 못한다.
송사를 하지 마라. 손해만 본다.

12

관가에 들어가지 마라. 손해가 두렵다.
병이 도는 집에 가까이 가지 마라. 몸에 질병이 생긴다.
기다리면 복이 있나니 섣달 느지막이 경사가 생기리라.

유위고독지의(有危孤獨之意)

노인이 술잔을 기울이니 취하여 졸음이 쏟아진다.
해도 중천에 오르면 기울고 달도 차면 이지러지는 것이 자연의 순리.
이사하면 늦게나마 광명이 생긴다.

만일 이와 같지 않을 때는 직업을 바꾸면 길하리라.
봄에는 다른 경영을 하지 않는 것이 좋다.
여름에는 구설이 분분하리라.

욕은 가히 오래가지 않고 낙(樂)도 극에 이를 수 없다.
아래로써 위를 좇으니 옛것을 고치고 새것을 좇는다.
분수 밖의 일을 구하지 마라. 해만 있고 이익은 없다.

1
잔설이 사라지지 않으니 온갖 풀이 아직도 추위에 떨고 있구나.
몸이 산골에 있으니 마음이 심하게 고달프다.
집안 사람이 불화하니 은인이 도리어 원수가 된다.

2
몸에 역마(驛馬)가 붙었으니 한번 먼 곳으로 떠난다.
다른 일을 시작하지 마라. 무익하리라.
하는 일에 머리만 있고 꼬리가 없는 격이다.

3
고기가 물을 만나니 의기가 양양하구나.
뜻밖에 성공하여 이름을 사해에 떨치리라.
귀인이 도와주니 반드시 성공한다.
동과 남이 길한 쪽이다.

4

봄풀이 서리를 만나니 자라기도 전에 시드는구나.
재물을 잃지 않으면 구설이 떠나지 않는다.
어린 소녀가 길을 잃고 동서를 분간하지 못한다.

5

사람들과 더불어 노니 길흉이 교차한다.
시비가 일어날 수다. 입을 무겁게 가져라.
집에 있으면 횡재가 찾아올 수로다.

6

명성이 천리에 이르나 이름만 나고 실상은 없다.
신수(身數)는 평길하나 재수(財數)는 그리 좋지 못하다.
집안에서 일어나는 일을 밖에서 말하지 마라.

7

강남으로 돌아가는 기러기가 서신을 전해준다.
모든 일이 길하고 관록(官祿)이 몸을 따르리라.
동토(動土)가 불리하니 조심하고 또 조심하라.

8

조용히 처신하면 대길하고, 분주히 움직이면 불리하다.
직분을 지키며 편안히 지내면 재물이 우연히 들어오리라.
무실무가(無室無家)하니 가인(佳人)을 짝하지 못한다.

9

모든 물이 서로 합하니 작은 내〔川〕가 바다를 이룬다.
밖은 찼으나 안은 비었으니 뉘라서 알 수 있을까.
신수는 평길하나 재물은 모으지 못한다.

10

삿갓을 쓰고 하늘을 쳐다보니 어찌 달을 볼 수 있으랴.
이익을 구하려 하는가. 동쪽을 주시하라.
화성(火姓)이 해를 입히리라.

11

어린 새가 높이 날려고 힘들여 날갯짓을 해도 멀리 가지 못한다.
힘들여 노력해도 도대체 공을 얻지 못한다.
바른 마음으로 분수를 지키면 흉이 길하게 변하리라.
동짓달에는 물과 불을 조심하라.

12

가을에 쥐가 창고를 만난 격이니 식록(食祿)이 쌓이리라.
귀인이 곁에 있으니 모든 일이 대통한다.
길은 많고 흉은 없으니 좋은 달이로다.

푸른 풀이 강변에 무성하구나.
명리(名利)가 함께 따르니 집안에 화기(和氣)가 가득하다.
가정이 화평하니 반드시 경사가 찾아들리라.

비록 조금 길하기는 하나 가슴 속엔 항상 수심이 가득하다.
봄 석 달에는 뜻밖에 성공할 수다.
오월과 유월에는 일을 순조로이 이루리라.

목마른 용이 물을 마시니 기쁜 일이 겹칠 것이다.
횡재수가 있고, 식구가 늘어난다.
재수(財數)나 신수(身數)가 다시 새로워진다.

1
재물운이 왕성하니 몸이 꽃 사이에서 노닌다.
식구가 늘고 널리 논밭을 장만한다.
옛것이 가고 새것이 오니 작은 것으로 큰 것을 이루리라.

2
봄날이 화창하니 온갖 꽃이 다투어 피어난다.
식구가 늘고 재수 또한 홍왕하리라.
어룡(魚龍)이 물을 얻으니 그 변화가 무쌍하다.

3
멀리서 귀인(貴人)이 찾아와 도와주니 하는 일마다 큰 이익을 얻는다.
뜻밖에 성공하여 이름을 사방에 떨치리라.
도덕과 명예가 높아지니 가산이 풍족해진다.

4
북쪽이 불리하며 구설을 조심하라.
덕을 쌓은 집에는 반드시 경사가 찾아온다.

남과 시비를 하면 불리하니 조심해야 한다.

5

동풍이 솔솔 부니 하는 일마다 순조롭구나. 새일을 시작하라.
이익은 어느 곳에 있는가. 동북쪽을 주시하라.
관록(官祿)이 생기지 않으면 뜻밖의 횡재를 만나리라.

6

친한 벗과 산에 올라 술잔을 기울이니
녹음(綠陰) 깊은 곳에 울려퍼지는 꾀꼬리 울음소리 아름답구나.
일신이 평안하고 재수가 흥왕하리라.
멀리 떠나면 불리하니 집에 머물러라.

7

갠 하늘에 뽀얀 달이 얼굴을 내미는구나.
세상이 화평하고 재수 또한 대길한 달이다.
동서 양쪽에 반드시 좋은 일이 있으리라.

8

돌을 쪼아 옥을 얻으니 천금이 저절로 들어오리라.
관록이 생기거나 아들을 얻을 수다.
처궁(妻宮)에 경사가 있으니 집안에 봄기운이 가득하다.

9

맑은 달, 시원한 바람 속에 한가로이 앉아 거문고를 타니
그 소리 가닥가닥 옥구슬이로다.
길성(吉星)이 집안을 비추니 재수가 흥왕하다.
봄을 부르는 가는 비와 따스한 봄바람에 흰 눈이 저절로 스러진다.

10

봄비가 촉촉이 풀잎을 적시니 그 빛이 날로 푸르러진다.
몸을 동쪽으로 향하라. 귀인이 도와주리라.
겨울 석 달 동안엔 재물을 얻을 수다.

11 비가 순하고 바람이 고르니 꽃이 지고 열매를 맺는다.
재수가 대길한 달이로다.
일을 꾀하면 뜻대로 이루어질 운수다.

12 두 소가 서로 다투는 동안 풀이 저 홀로 무성하다.
시비를 가까이하지 마라. 구설이 분분하리라.
재물운이 대길한 달이다. 출행(出行)하면 길한 일이 생긴다.
운수가 형통하고 일신이 저절로 편안해진다.

유친상별지의(有親相別之意)

으슥하고 쓸쓸한 구석에 눈이 가득 내리는데 소나무 한 그루 홀로 서 있다.
비록 고적하기는 하나 마음은 편안하다.
사방으로 널리 활동하니 신상에 기쁨이 있으리라.

비록 재물은 생겨도 손에 들어오면 곧 사라진다.
혈혈단신의 처지라 고독하고 의지할 곳조차 없구나.
시비를 피해야 할 수로다.

게를 잡아 물에 넣으니 그 공(功)이 서천(西天)으로 돌아간다.
마른 나무가 불을 만나니 그 위태로움,
털끝에 온몸이 매달려 있는 것과 같다.

1
깊은 산속에서 길을 잃으니 동서를 분간할 수 없구나.
남쪽이 해로우니 그쪽에는 가지 마라.
집에 있으면 길하고 나가면 불리하리라.

2
사람들이 믿지 않으니 억지로 구하려 하지 마라.
다행히 귀인을 만나면 쓴것이 가고 단것이 오리라.
금이 화로에 들어가니 마침내 큰 그릇을 이룬다.

3
여린 새싹에 서리가 내리는구나.
천리타향에 혈혈단신 외로운 신세로다.
신운(身運)이 불리하니 재물을 잃을 수다.
삼사월에는 구설을 조심하라.

4

운수가 불리하니 좋은 일에도 마(魔)가 낀다.
시비를 가까이하지 마라. 횡액(橫厄)이 따를까 두렵다.
관재(官災)가 아니면 구설이 따르리라.

5

맑은 강이 달을 어우르니 절로 흥이 난다.
길성(吉星)이 문을 비추니 귀인을 만나 모든 일을 이루리라.
재물운이 형통하니 날로 재물을 더하게 된다.

6

남이 도와주면 혼인할 수다.
줏대 없이 행동하니 하는 일마다 허황하구나.
활기수(活氣數)가 있으니 집안이 화평하리라.

7

가을 밝은 달 아래 높은 루에 올라 꽃 사이에서 노닌다.
만일 재물을 잃지 않으면 간간이 몸에 근심이 깃들인다.
집에 있으면 무익하고 출행(出行)하면 길하다.

8

수풀 사이로 난 길 위에서 귀인을 만나리라.
여색을 가까이하지 마라. 손재(損財)가 따를까 두렵다.
시작만 있고 끝은 없으니 일이 허황하구나.

9

구월과 시월에는 한 번 웃고 한 번 슬퍼하게 된다.
이 달은 직분을 지키는 것이 상책이다.
만일 질병에 걸리면 남쪽에서 의원을 구하라.

10

큰 바다에 배를 띄우니 바람이 거세 앞으로 나아가지 못한다.
친구를 믿지 마라. 그 실상이 완전치 못하다.
신수(身數)는 평길하고 재수(財數)는 대길하다.

11

작은 것을 구하다 큰 것을 얻으니 소망이 뜻대로 이루어진다.

횡재를 만나 넉넉해지니 집안이 화평하리라.

겨울 석 달에는 모든 일을 성취할 수로다.

12

비록 귀인이 곁에 있으나 말만 있고 별반 도움을 주지 못한다.

가볍게 행동하지 마라. 일에 마가 많이 끼리라.

매사에 신중을 기하여라. 마침내 길할 때가 찾아온다.

유재불형통지의(有災不亨通之意)

만경창파(萬頃滄波)에 일엽편주(一葉片舟) 신세로다.
재물이 외지에 있으니 나가서 구하면 얻을 수 있으리라.
몸이 길 가운데 있으니 한번은 멀리 나갈 수다.

집안에 근심이 깃들이지 않으면 구설이 생기리라.
몸이 타향에서 노니 별로 이익을 얻지 못한다.
올해는 시비를 가까이하면 불리할 수다.

가는 비와 동녘 바람에 헛된 꽃만 활짝 피었다.
시장에서 사슴을 구했으나 머리와 발이 없구나.
한 사람이 농사지어 열 사람이 먹는다.

1
친한 사람 아니면 슬하에 근심이 생길 수 있다.
처음엔 길하나 나중에는 흉하다.
이익이 타향에 있으니 집을 나서라.

2
길흉이 상반되니 한 번은 기뻐하고 한 번은 슬퍼하게 된다.
몸이 농가(農家)에 있으니 백 가지 생각이 다 쓸데없구나.
육친이 냉정하니 자수성가(自手成家)하리라.

3
비록 재물운은 있으나 상복(喪服)을 입게 될까 두렵다.
몸이 길 가운데 있으니 재물에 손실이 있으리라.
반흉반길(半凶半吉)한 달이로다.

4
송사(訟事)로 시달리니 동분서주하리라.
시비를 가까이하지 마라. 관재수(官災數)가 따를까 두렵다.

구설을 조심해야 한다.

5

대인은 길한 운이고 소인은 흉한 운이다.
다행히 길한 운을 만나니 모든 일을 이루게 된다.
재물을 구하면 얻을 것이고 일을 꾀하면 성취하리라.

6

집에 있으면 불리하고 밖으로 나가면 길하다.
오월과 유월에는 타향에 이익이 있으리라.
산도 설고 물도 선데 몸이 타향에서 노는구나.

7

스산한 바람 속에서 가는 나뭇가지가 몸을 떨고 있구나.
심신(心神)을 정하기 어려워 마음에서 번민이 떠나질 않는다.
처음은 길하고 나중은 흉하나 수고하면 공이 따르리라.
모든 일을 조심스럽게 행하면 마침내는 길하게 된다.

8

분수 밖의 것을 탐내지 마라. 허황하리라.
일을 꾀하면 불리하니 새로운 일을 하지 마라.
이 달의 운수는 분수를 지키는 것이 상책이다.

9

가을 찬바람에 우수수 나뭇잎이 떨어지니 마른 가지만 남았다.
고기와 용이 때를 잃었으니 활기가 없구나.
몸에 질병이 있으면 미리 도액(度厄)하라.
이 달에는 작은 재물을 얻을 수로다.

10

강을 건너고자 하나 배가 없어 건너지 못한다.
나가려 하나 문이 잠겨 있으니 나가지 못할 수다.
남의 말을 믿지 마라. 소리만 요란하고 실속은 없다.

11

작은 돌멩이에도 걸려 넘어질 수로다.

신수(身數)가 불리하니 횡액(橫厄)을 조심하라.

남의 재물을 탐내지 마라. 이익은 없고 해(害)만 입는다.

분수를 지켜야 길하다. 문을 꼭 닫고 나가지 마라.

12

갈수록 안개가 짙어지는구나.

힘을 다하여 일을 꾀하나 시작만 있고 끝은 없다.

남과 같이 일을 꾀하나 이루어지지 않는다.

사소한 일로 구설이 분분하리라.

무구무화지의(無咎無禍之意)

백 사람이 농사를 지으니 한 해의 녹(祿)이 장구하다.
칠년 가뭄에 단비를 만나니 기쁘기 한량없다.
출입(出入)하면 대길하니 가히 공명을 얻으리라.

겉만 번지르르하고 속은 텅 비어 있으니 실상이 없다.
사람이 많이 도와주니 그 가운데 이로움이 있다.
곤하다가 안락을 얻고 뜻밖에 재물도 생기리라.

재물은 무슨 물건에 있는가. 말과 문서에서 얻으리라.
용이 푸른 바다 속에 숨으니 그 뜻을 헤아릴 수 없다.
응달에 봄이 돌아오니 만물이 모두 되살아난다.

1
봄바람이 따뜻하니 만물이 화생(和生)하리라.
어떤 성(姓)이 이로운가. 배(裵)씨임을 알아두어라.
우연히 도움을 받아 뜻밖에 재물을 얻으리라.

2
비록 재물운은 있으나 손실을 면치 못하니 이를 어찌할까.
명예는 얻을 수나 재물운은 불리하다.
손재(損財)할 염려가 있으니 이득을 취함에 조심해야 한다.

3
가만히 있으면 길하나 움직이면 불리하다.
이 달에는 구설을 조심하라.
봄 석 달 동안은 길흉이 교차할 수다.

4

복숭아와 오얏이 봄을 만나니 꽃이 피고 열매가 열린다.
관록(官祿)을 얻지 않으면 아들을 낳으리라.
반드시 경사가 있을 달이다.

5

바깥에 있는 재물을 탐내지 마라. 구설이 분분하리라.
오월과 유월에는 얻으려다 도리어 잃게 된다.
두 마음이 같지 않으니 일을 이루지 못한다.

6

신수(身數)는 평길하나 재물운은 완전하지 못하다.
분수 밖의 것을 탐내지 마라. 손재를 입을까 두렵다.
관록이 찾아오지 않으면 시비가 일어날 수다.

7

다행히 귀인(貴人)을 만나면 뜻밖에 횡재를 하게 된다.
칠팔월은 굶주린 자가 밥을 만난 격이다.
구름 밖 만리에서 반드시 경사가 생긴다.

8

정원의 나무에 벌과 나비가 너울너울 춤추며 모여든다.
먼 곳에서 서신이 오니 반가운 벗이 보낸 것이로다.
여러 사람이 서로 도와주니 재물운이 흥왕하다.

9

길성(吉星)이 비추니 이름을 사방에 떨친다.
구월 국화가 하루 아침에 꽃을 피우는구나.
올해 안에 뜻밖의 좋은 일이 많이 생긴다.

10

가을 달밤 삼경(三更)에 기러기떼 울며울며 어디로 날아가는가.
부모에게 근심이 생기지 않으면 자손에게 액(厄)이 찾아온다.
적게 얻고 많이 나가니 이 신수를 어디 가서 하소연할까.

11

작은 것을 구하다가 큰 것을 얻는다. 일을 꾀하면 길하리라.

집안이 넉넉하니 집안 사람이 화목하게 지낸다.

기쁜 일이 겹치고 또 겹치니 심신(心神) 또한 화평하다.

12

토성(土姓)을 가까이하지 마라. 횡액(橫厄)이 저절로 심해지리라.

토지에도 불리하고 미곡(米穀)에도 이익이 없다.

분수 밖의 것을 탐내지 마라. 패망할까 두렵다.

143 유재유고지의(有災有苦之意)

밤에 빗속을 걷고 있는 나그네여.
나아가지도 물러서지도 못하고 괴로워하는구나.
신운(身運)이 불리하니 재물을 구하여도 얻지 못한다.
사소한 일로 한번쯤 눈물을 흘리게 되리라.

만일 옛 업(業)을 버리면 새 업을 이루기 어렵다.
신상에 괴로움이 있으니 하는 일마다 여의치 않으리라.
봄 석 달에 횡액(橫厄)이 있을 수 있으니 조심해야 한다.

비록 작은 기쁨이 있으나 오히려 많은 슬픔이 뒤따르리라.
남의 도움을 받기는 하나 그리 크지는 못하다.
칠월과 팔월 사이에는 금성(金姓)이 도와주리라.

1
봄풀이 서리를 만나니 다 자라기도 전에 시드는구나.
집에 있으면 길하고 움직이면 해(害)가 따르리라.
나가면 불리하니 삼가고 또 삼가라.

2
망동하지 마라. 횡액이 따를까 두렵다.
다른 사람의 말을 듣지 마라. 반드시 그 해를 당한다.
두 사람 마음이 각각이니 하는 일마다 허황되리라.

3
삼월에는 아내에게 근심이 생길 수다.
상충상극(相沖相剋)하니 슬픈 눈물이 흐르는구나.
다른 이와 상종(相從)하면 반드시 실패할 수로다.

4

마음은 번뇌로 차 있고, 하는 일에는 허황함이 많다.
흉함이 많고 길함이 적으니 이 운을 어찌할까.
꽃다운 여인이 그대의 험한 길을 밝혀주리라.

5

안정을 취하면 길하고 집을 나서면 불리하다.
늦게 좋은 운이 돌아오니 그 기회를 잃지 마라.
몸도 재물도 왕성하나 부모에게 깃들인 근심은 어찌할까.

6

질병이 아니면 구설을 면하기 어렵다.
시비를 가까이하지 마라. 관재(官祿)가 있으면 이득이 따를 리 없다.
동남 양방향으로 출행(出行)하면 불리하다.

7

칠월과 팔월에는 횡액을 조심하라.
가는 비 봄바람에 풀빛이 푸르구나.
다행히 옛 인연을 만나면 이익을 얻으리라.

8

집 밖에 근심이 도사리고 있다.
동쪽으로 가면 그 화(禍)가 적지 않으리라.
서쪽과 북쪽도 좋지 않다. 해로움이 기다리고 있다.
신수가 불길하니 모든 일을 조심해서 처리하라.

9

구월과 시월에는 재수(財數)가 대길하다.
허나 다른 일을 꾀하지는 마라. 반드시 실패가 따르리라.
남북 양쪽에서 재물이 저절로 왕성해진다.

10

상하가 조화롭지 못하니 길흉이 반반이구나.
마음에 정한 바가 없으니 반드시 실패수가 있으리라.
올해는 이사하면 불길할 수다.

11 동짓달과 섣달에는 재록(財祿)이 저절로 왕성해진다.

생산(生産)을 하지 않으면 복제(服制)를 당할 수다.

미(米)씨와 목성(木姓)은 불리하니 조심하고 또 조심하라.

12 동쪽은 불리하고 토지에 길함이 있다.

오(吳)씨와 권(權)씨 두 성(姓)을 가까이하면 반드시 손해를 보리라.

박(朴)씨나 최(崔)씨와 친하게 지내면 그 이익이 적지 않으리라.

나무에 올라가 고기를 구하니 일에 막힘이 많구나.

움직이려 하나 오히려 머무르게 되고, 사람을 얻었다가 이별하게 된다.

마음에 정한 바가 없으니 행하는 것이 뜬구름 같다.

마음이 산란하니 일에 막힘이 많구나.

분수 밖의 일은 삼가고 행하지 마라.

사람들이 도와주지 않으니 꾀하는 일을 이루지 못한다.

손톱에 생긴 병은 알아차리나 그보다 심한 복통(腹痛)은 알지 못하는구나.

억지로 구하지 마라. 남에게 원망을 듣는다.

뿔이 그 용도를 잃으니 좋은 칼이 되지 못하는구나.

1

뜻하지 않던 화(禍)가 갑자기 찾아든다.

정월과 이월에는 다른 일을 꾀하지 마라.

재수(財數)가 길하긴 하나 처음만 좋고 나중엔 흉으로 변한다.

2

가신(家神)이 발동하니 이사하지 않으면 반드시 우환이 찾아든다.

봄 석 달의 재수는 반드시 흥왕하리라.

서쪽 하늘에 날이 저물었구나. 다른 사람의 말을 듣지 마라.

3

씨 뿌릴 때를 놓쳤으니 가을에 어찌 곡식을 거둘 수 있으랴.

병자가 있는 집에 가까이 가지 마라. 질병이 따를까 두렵다.

비록 재수는 있으나 급하게 처신하면 얻지 못한다.

4

꽃이 피어도 열매를 맺지 못하니 어찌 큰 재물을 바랄 수 있을까.
꾀하는 일이 불리하니 사람들이 서로 화목하지 못한다.
분수를 지키는 것이 상책이다. 다른 경영을 하지 마라.

5

긴 가뭄에 시달린 풀이 비를 만나니 그 빛이 푸르고 푸르구나.
일을 구하면 뜻대로 되고 뜻밖의 횡재를 만날 것이다.
신수(身數)가 대길하고 집안이 화락하리라.

6

처음엔 흉하나 나중은 길하게 되니 길흉이 반반이다.
흑백이 분명치 못한 달이로다.
멀리 떠나면 불리하고 집에 있으면 길하리라.

7

만일 손재(損財)가 아니면 관재(官災)와 구설이 따르리라.
재액(災厄)을 면하려면 이사를 하라.
그러면 액(厄)이 길(吉)로 바뀐다.
비록 재수는 있으나 처음은 길해도 나중은 흉하다.

8

귀살(鬼殺)이 문을 비추니 질병을 조심하라.
집안 사람이 떠나니 서로 거리가 멀어진다.
이 달에는 흉함은 많고 길함은 적을 운수다.

9

구월 단풍이 모란보다 화려하다.
구월과 시월에는 옥동자를 얻을 수로다.
재성(財星)이 집을 비추니 뜻밖의 재물을 얻는다.

10

동쪽과 북쪽 양쪽이 손해를 입힐 방향이다.
이익은 어느 방위에 있는가. 서북쪽에 있다.
출행(出行)하면 불리하고 집에 있으면 길하리라.

11

동짓달과 섣달에는 북쪽에서 재물이 생기리라.

세상의 속된 일이 침노하지 않으니 편안한 몸으로 잘 지낸다.

목성(木姓)이 불리하니 가까이하면 해를 입으리라.

12

몸도 재물도 왕성하니 집안이 화평하다.

몸에 기쁜 일이 찾아든다. 다른 일을 꾀하지 마라.

사람이 도와주니 뜻밖에 성공을 거두리라.

소구대실불리지의(小求大失不利之意)

기둥과 대들보에 불이 번져도 제비와 참새는 화급(火急)을 모르는구나.
한 번 기쁘고 한 번 슬프니 이 또한 신수(身數)로다.
일에 막힘이 많으니 헛되이 세월만 보내게 된다.

어미가 먹이를 구하나 끝내 구하지 못하고 빈 표주박만 보게 된다.
모이고 흩어짐이 일정치 않아 득실의 운수가 교차한다.
올해는 이사하면 길할 수다.

외부인을 조심하라. 이롭지 못하리라.
목마른 말이 산에 오르나 샘이 전혀 없구나.
하늘이 차고 땅도 눈으로 덮여 하얀데, 외로운 새 한 마리 날아가는구나.

1

날개가 부러지니 새가 나아가야 할지 물러서야 할지 모른다.
물과 불에 놀랄 일이 있을 터이니 부디 조심하라.
정월과 이월에는 반은 길하고 반은 흉하리라.

2

다른 사람을 도와주지 마라. 길함이 도리어 흉으로 변한다.
이월에는 근심이 생기니 이는 처와 자식의 근심이라.
신수가 고단하니 출행(出行)하지 마라. 길하지 못하리라.

3

귀인(貴人)은 어느 쪽에 있는가. 서북 양방향이다.
삼월과 사월에는 미리 기도하라.
때때로 자손에게 액이 찾아들고 처에게 우환이 있으리라.

4

범을 그렸으나 범이 되지 못하고 도리어 개가 되었구나.
감언이설(甘言利說)을 듣지 마라. 허울만 좋고 실상은 없으리라.

심중에 괴로움이 있으니 항상 집을 나가려 한다.
미리 액을 막으면 화가 복으로 변하리라.

5 정성껏 구하면 재수(財數)를 조금 얻으리라.
동쪽의 목성(木姓)이 우연히 찾아와 도와준다.
큰 재물은 얻지 못하나 작은 재물은 가히 얻으리라.

6 음양(陰陽)이 화합하니 바라는 바가 뜻대로 이루어진다.
다른 사람과 힘을 합하면 재산을 쌓게 되리라.
신수도 대길하고 재수도 흥왕하리라.

7 꽃이 벙글어진 아침과 달빛 밝은 저녁에
꽃향기에 취하여 거니는구나.
칠월과 팔월에는 수복(壽福)이 끝없이 이어진다.
관록(官祿)이 생기지 않으면 자손에게 경사가 있으리라.

8 다른 사람과 더불어 일을 꾀하면 길이 도리어 흉으로 변한다.
분수를 지키는 것이 상책이니 움직이지 마라. 이익이 없으리라.
이 달에는 모든 일을 조심해야 할 수다.

9 꾀하는 일마다 시작은 있되 꼬리는 없다.
외부의 재물을 탐내지 마라. 반드시 해가 뒤따른다.
귀인은 어느 방향에 있는가. 서쪽과 북쪽에 있다.

10 가려 하나 가지 못하니 가슴에 괴로움만 쌓이는구나.
술과 여자를 가까이하면 반드시 그 해를 입게 되리라.
이익은 어디에 있는가. 서북쪽에 있으리라.

11

비록 재물은 생기나 다른 사람에게 해를 입으리라.

동쪽은 불리하고 서쪽은 길하다.

어떤 성이 이익을 가져다줄 것인가.

화성(火姓)과 금성(金姓)이리라.

12

칠성(七星)에게 기도하면 흉이 길로 바뀐다.

다른 사람과 더불어 일을 꾀하려면 미리 그 마음을 가려야 한다.

산새가 집을 잃으니 진퇴양난이로다.

비록 흉년이 들었지만 주린 자는 풍년을 만난다.

비가 순조롭고 바람이 도우니 순(舜)임금의 세상이로다.

뜻밖에 횡재하여 넓은 논밭을 장만한다.

남과 다투지 마라. 일을 끝맺지 못한다.

처음은 비록 곤란하나 뒤늦게 운이 돌아온다.

뜻밖에 횡재하여 태평하게 지내리라.

꿈에 본 호랑나비는 컴컴한 고치 속에서 얼마나 오래 있었기에

그리도 멋진 날개를 달게 된 것일까.

거만을 부리지 마라. 스스로 손해를 불러들일 수 있다.

뿌리를 북돋우면 가지와 잎이 무성해진다.

1

정월과 이월에는 재성(財星)이 문을 비추리라.

움직이면 길하여 뜻밖의 재물을 얻는다.

때가 화평하고 풍년이 드니 가히 태평성대로다.

2

목마른 용이 물을 얻었으니 반드시 길한 일이 있으리라.

복신(福神)이 임하니 모든 일을 다 이룬다.

기쁜 중에 근심이 있다. 구설을 조심하라.

3

어느 방위에 이익이 있는가. 서북 양방향에 있다.

관록(官祿)이 아니면 득남할 수다.

뜻밖에 성공하니 의기양양하리라.

4

하늘에 날아가는 용이 있으니 대인(大人)은 이익을 보리라.

액이 사라지고 복이 돌아오며 귀인이 곁을 따르리라.

삼월과 사월에는 화기(和氣)가 문에 이른다.

5

비가 순하고 바람이 고르니 온갖 곡식이 여문다.

도처에 이익이 있으니 하루에 천금을 얻으리라.

귀인이 와서 도와주니 그 공 또한 적지 않다.

6

유월에는 재액(災厄)을 조심하라.

다른 사람과 다투지 마라. 일에 끝맺음이 없으리라.

재성이 몸을 비추니 뜻밖의 재물을 얻는다.

7

칠월과 팔월에는 인액(人厄)을 면하기 어렵다.

그렇지 않다면 남에게 속게 된다.

토성(土姓)과 가까이 지내면 구설이 끊이지 않으리라.

8

바라는 일이 이루어지지 않으니 이를 어찌할까.

신수(身數)가 통하지 않으니 재물을 구하려 해도 얻지 못한다.

분수 밖의 것을 탐내지 마라. 꾀한 바를 이루지 못하리라.

9

음양이 화합하니 만물이 저절로 왕성해진다.

구월과 시월에는 반드시 기쁜 일이 있으리라.

일을 꾀하여 이루니 많은 사람들이 흠모한다.

10

식구가 늘고 토지를 더하니 복록(福祿)을 빠짐없이 갖추었구나.

여색을 가까이하지 마라. 구설이 뒤따른다.

이익은 어느 곳에 있는가. 서쪽과 북쪽 양방향이다.

11 동짓달과 섣달에는 어룡(魚龍)이 물을 얻는 격이다.

남쪽이 불리하니 출행(出行)하지 마라.

구설이 분분할 운수니 조심하라.

12 다른 이와 함께 동쪽으로 가니 반은 흉하고 반은 길하다.

시비를 가까이하지 마라. 구설이 두렵다.

분수를 지키는 것이 상책이고, 망령되이 행동하면 해롭다.

유화유덕지의(有華有德之意)

부슬부슬 내리는 봄비 속에서 가늘게 떨고 있는 매화 가지 하나.
다른 사람들이 많이 도와주어 소망을 이루리라.
운수가 대길하니 도처에서 봄바람이 부는구나.

재수(財數)가 조금 있어 얻는 바가 있으나 그 반은 도로 잃는다.
처음은 길하나 나중에 흉하게 되니 매사를 조심하라.
타향에 이로움이 있으니 출행(出行)하면 이익을 얻으리라.

강남 강북에 풀빛이 푸르디 푸르다.
봄 복숭아와 가을 국화가 함께 피었구나. 근심과 기쁨이 반반이로다.
규방(閨房)의 잔월(殘月)이 흘러 천리를 비춘다.

1
정월과 이월에는 이익을 얻지 못한다.
비록 재물은 얻으나 손에 들어오면 없어진다.
꾀하는 일은 많으나 이익은 얻지 못한다.

2
문을 나서서 남쪽으로 가면
처음은 힘이 드나 나중엔 성공하게 된다.
동쪽과 서쪽 양쪽에서 많은 일을 겪는다.
맑은 강에서 고기를 구하는 격이니 재물을 구하면 뜻대로 얻으리라.

3
터를 옮기는 것이 좋으니 지체하지 마라.
이로운 곳은 어디인가. 남방이 가장 길하다.
삼월과 사월에는 재물을 불리려 하지 마라. 도리어 잃게 된다.

4

여러 곳을 돌아다니며 일을 구하나 별로 이익이 없다.
이사를 하지 않으면 문서(文書)로 남과 다투게 된다.
시비를 가까이하지 마라. 그 해가 적지 않다.

5

금성(金姓)이 해를 끼칠 수다. 가까이하지 마라.
송사(訟事)를 가까이하지 마라. 크게 패하리라.
이 달에는 흉은 많고 길은 적을 운수다.

6

출행하여 멀리 가면 물가에서 이익을 얻는다.
장사에 길운이 뻗쳐 있으니 때를 놓치지 마라.
소망이 뜻대로 이루어지니 희희낙락하리라.

7

송(宋)씨가 도와주리니 동업하면 길하다.
원행(遠行)하지 말고 집에 있으면 길하다.
칠월에는 질병을 조심하라.

8

달 밝은 사창(紗窓)에 귀인(貴人)이 와 서 있구나.
누가 귀인인가. 바로 토성(土姓)을 가진 사람이다.
구하지 않아도 저절로 큰 재물을 얻으리라.

9

구월에는 분수를 지키는 것이 가장 좋다.
인정에 얽매이지 마라. 불리할 것이다.
관록(官祿)이 아니면 식구가 늘어날 수다.

10

꾀하는 일에 허망함이 있으리라.
일이 복잡해지고 구설 또한 분분하리라.
신수(身數)가 고르지 못하니 이 운수를 어찌할까.

11 모든 일이 많이 거스르니 집에 있는 것이 좋다.
이익은 어느 방위에 있는가. 서쪽이 길하다.
이 달의 운수는 반흉반길(半凶半吉)이다.

12 일신이 저절로 편안해지니 모든 일이 형통하리라.
재수(財數)가 대길하니 손으로 천금을 주무른다.
그렇지 않으면 아들을 얻을 수로다.

여름에 구름이 이는 곳에서 물고기와 용이 목욕을 하는구나.
비리를 탐내지 마라. 송사(訟事)가 일까 두렵다.
남북으로 나가면 꾀하는 일을 이루리라.

재수(財數)가 흥왕하니 움직이면 이익을 얻는다.
생활이 태평하니 매사가 뜻대로 이루어진다.
허나 송사에는 불리할 운수다.

새가 옛집에 돌아오니 집안이 화락해진다.
이름이 사방에 알려져 만인이 우러러보리라.
상하가 태평하니 몸도 편하고 마음도 화평하다.

1

온갖 꽃이 서로 다투어 피어나니
그 빛이 천리에 이르는구나.
정월과 이월에는 의기가 양양하다.
세 사람이 서로 마음을 합하니
바라면 재물을 얻을 수 있으리라.

2

동서로 가지 마라. 꾀한 바를 이루지 못하리라.
마음 가운데 근심이 있으니 할 일을 제대로 알지 못한다.
강가에서 토끼를 구하니 얻지 못하고 돌아오리라.

3

역마(驛馬)가 문을 비추니 몸이 바깥에서만 노는구나.
삼월과 사월에는 반드시 경사가 있다.
서북쪽은 길하고 동남쪽은 흉하리라.

4

여색을 가까이하지 마라. 해(害)만 있고 이익은 없다.
재물이 바깥에 있다. 나가면 얻을 수 있다.
사월 남풍에 모든 일이 형통하리라.

5

인정은 많은데 무슨 일로 시비일까.
오월과 유월에 한번 다투게 된다.
이 두 달에는 동남쪽에 가지 마라.

6

진퇴(進退)를 알지 못하니 흑백을 분간치 못한다.
친한 사람을 믿지 마라. 손재(損財)가 적지 않으리라.
동서로 향하지 마라. 해를 입힐 사람이 기다리고 있다.

7

고기와 용이 물을 얻으니 활기가 넘친다.
고기가 봄물에서 노니 식록(食祿)이 끊이지 않는다.
가만히 있으면 길하나 움직이면 해로우리라.

8

가문 하늘에 비가 오니 만물이 다 즐거워한다.
목성(木姓)을 가까이하지 마라. 재물에 손해를 입는다.
몸도 재물도 왕성하니 집안이 화평하리라.

9

동남쪽으로 가지 마라. 그 해가 적지 않다.
신수(身數)가 대길하니 뜻밖에 재물을 얻는다.
다른 사람과 같이 일하면 이익이 배로 늘어난다.

10

재물도 몸도 왕성하니 원하는 바를 뜻대로 이루리라.
구설이 뒤따를지 모르니 조심하고 또 조심하라.
분수를 지키며 편안히 지내라. 이익이 그 가운데 있다.

11

동짓달과 섣달에는 화기(和氣)가 집에 가득하다..

횡재가 아니면 반드시 경사가 있으리라.

육친(肉親)이 화합하니 집안에 화기가 가득하리라.

12

귀인(貴人)이 서로 도와주니 뜻밖에 성공을 거두리라.

재성(財星)이 문을 비추니 복록(福祿)이 저절로 들어온다.

화성(火姓)을 가까이하지 마라. 재물을 잃을 수가 있다.

입출무익지의(入出無益之意)

하얀 이슬이 내리니 더 이상 부채질을 할 필요가 없다.
진퇴(進退) 가운데 길이 있으니 마침내 성공을 거두리라.
길이 변하여 흉이 되니 모든 일에 조심하라.

시비가 일지 않으면 간혹 구설이 따르리라.
처음엔 힘드나 나중에 왕성해지니 귀인(貴人)이 도와주리라.
몸이 영귀(榮貴)하니 재록(財祿)이 따르리라.

옛것이 가고 새것이 오니 재수가 대통하리라.
얼굴을 마주 대하고 다정히 얘기하나
마음은 천리 장벽같이 막혀 있구나.
이름은 사방에 가득하나 주머니와 상자는 비어 있구나.

1

정월과 이월에는 기쁨 가운데 근심이 있다.
비록 재물을 얻어도 모으지를 못한다.
만약 귀인을 만나면 관록(官祿)이 따르리라.

2

몸이 타향에서 노니 세상풍속을 분간치 못한다.
귀인이 서로 도와주니 구하는 것을 반드시 얻으리라.
이익이 사방에 있으니 재물을 구하면 뜻대로 얻으리라.

3

일신이 안락하고 심신(心神)이 화창하리라.
남쪽에서 우연히 귀인이 와서 도와준다.
앞뒤로 길이 트였으나 앞으로 나아가는 게 좋다.

4

외로운 달빛이 홀로 천리를 비춘다.
처음엔 길하나 나중엔 흉할 운수다.
구설이 따를까 두려우니 조심 또 조심하라.

5

적게 얻고 많이 잃으니 이 신수(身數)를 어찌할까.
안정을 취하고 있으면 길하고 움직이면 불리하리라.
동쪽의 재물은 결국에는 불리하다.

6

먼 곳에서 서신이 오지만 어느 때에나 고향에 돌아갈까.
세상 모든 일이 꿈 같구나. 서로 뒤섞여 지내면 길하리라.
형제가 서로 헤어지면 반드시 재액(災厄)이 따른다.

7

귀성(貴星)이 문을 비추니 남의 도움으로 일을 성취한다.
이후부터 비로소 재물을 얻으리라.
만일 여자를 가까이하면 후회막급하리라.

8

사람을 믿으면 해(害)가 따르리니 친구를 조심하라.
옛것을 지키면 대길하고 움직이면 불리하리라.
흉이 도리어 길로 바뀌니 이는 의당(宜當)한 일이다.

9

집안 사람이 화목하게 지내지 못한다.
처음엔 좋다가 나중에 나빠진다. 병과 고통이 반반이다.
물건을 잃을까 두려우니 조심하라.
이 달에는 흉이 많고 길이 적을 수로다.

10

흰 눈이 가득 내리는 가운데 작은 재물을 얻는다.
옛터는 불리하나 옮겨 살면 길하리라.
금물(金物)에는 해가 있으나 토지에는 이익이 있다.

11 동짓달과 섣달에는 구설이 분분하리라.
이름이 나지 않으면 횡재할 수다.
만일 그렇지 않으면 병이 생길 수 있다.

12 귀인이 와서 문을 두드리니 반드시 기쁜 일이 따른다.
재성(財星)이 문을 비추니 재물을 구하면 얻으리라.
올해는 분수를 지키는 것이 상책이다.

종득길리지의(終得吉利之意)

주경야독(晝耕夜讀)하니 금의환향하리라.
부지런히 노력하면 수복(壽福)이 저절로 들어온다.
신상에 아무 근심 없으니 일신이 편안하리라.

망령된 계교를 부리지 마라. 도리어 손해를 보리라.
봄과 여름 사이에 반드시 경사가 생긴다.
금년의 운수라면 이르는 곳마다 이익을 얻는다.

범이 다른 짐승들을 위협하는 의기로다.
양으로 소를 얻으니 재수가 길하리라.
맏아들이 일을 시작하니 가도(家道)가 날로 성하게 된다.

1

천지가 서로 화합하니 반드시 경사가 뒤따른다.
만일 혼인을 하지 않으면 뜻밖의 재물을 얻는다.
두 사람의 마음이 같으니 일을 꾀하면 성공한다.

2

만리를 달려온 구름이 홀연히 산 위로 얼굴을 내민다.
길성(吉星)이 문을 비추니 슬하에 경사가 있으리라.
남의 재물을 탐내지 마라. 뜻은 있어도 이루지 못한다.
고생한 후에 얻으니 이는 하늘이 준 복이다.

3

달 밝은 높은 루(樓)에서 희희낙락하리라.
몸이 노상에 있으니 외재(外財)를 얻는다.
고기가 변하여 용이 되니 그 조화가 무궁하다.

4

동풍(東風)이 불어 얼음이 풀리니 마른 나뭇가지가 봄을 만난다.
고목이 봄을 만나니 잎이 나고 꽃이 핀다.
만일 횡재가 아니면 반드시 경사가 있으리라.
친구를 사귐에 있어 조심하라. 해가 따르리라.

5

석양이 너울너울 타오르는 벌판에 서니
황금을 실은 야생마 있어 크게 울어제끼는구나.
재물이 왕성하니 사람들이 우러러본다.
신수(身數)가 대길하니 도처에서 춘풍이 분다.
다른 사람의 말을 믿지 마라. 속을 수가 있다.

6

작은 것으로 큰 것을 얻으니 가산이 풍족하다.
이익은 어느 성에 있는가. 이(李)씨가 가히 길하리라.
다른 사람과 같이 일을 꾀하면 그 이익이 적지 않다.

7

가을밤은 덧없이 깊어가고
사방을 둘러봐도 귀뚜라미 울음소리뿐.
외로운 내 신세. 주색을 찾는가.
아서라, 가까이하지 마라. 해(害)가 뒤따른다.
주색으로 병이 되면 백약이 무효다.
동쪽에 가지 마라. 길함이 도리어 흉으로 변한다.

8

수고한 뒤에 반드시 길하게 된다.
타인이 해를 입히리니 친한 친구라도 가까이하지 마라.
술집에 가까이 가지 마라. 별로 이익이 없다.

9

푸른 강가에서 고기를 구하니 반드시 얻으리라.
구월과 시월에는 하늘이 복을 내려준다.
재수가 대길하니 재물도 얻고 권력도 생긴다.
귀인(貴人)이 서로 도와주니 의외의 성공을 거두리라.

10

만일 관록(官祿)이 생기지 않으면 득남할 수다.
재운(財運)이 왕성하니 큰 재물을 얻으리라.
해를 입힐 성(姓)은 무슨 성인가.
금(金)성과 목(木)성 두 가지 성이다.

11

동짓달과 섣달에는 소망이 여의(如意)하다.
재물을 구해도 여의하나 때를 기다리며 편히 지내라.
비록 재물을 얻어도 반은 잃는다.

12

화성(火姓)을 가까이하면 모든 일을 가히 이루리라.
부귀가 따르니 모든 사람이 우러러본다.
분수 밖의 것을 탐내지 마라. 일에 허망함이 많다.

유단혁변형지의(有段革變形之意)

금이 화로에 들어가니 마침내 큰 그릇을 이룬다.
신운(身運)이 길하니 입신양명(立身揚名)하리라.
모든 이가 칭찬하니 가정이 화목하다.

천신(天神)이 도우니 관록(官祿)이 따르리라.
길성(吉星)이 비추니 일신이 영귀(榮貴)하다.
한 번은 영화롭고 한 번은 근심하리라.

강에 낚시를 드리우니 세상사 무관하구나.
마음이 물처럼 맑으니 어찌 관액(官厄)을 걱정하리요.
일심으로 정진하면 반드시 공을 세우리라.

1
정월과 이월에는 반드시 나쁜 일이 있다.
관귀(官鬼)가 몸에 붙으니 혹 관재(官災)가 따를까 두렵다.
한 가지는 꽃을 피우고 한 가지는 잎을 떨군다.

2
달 밝은 사창(紗窓)에서 귀인을 만나리라.
만일 득남하지 않으면 혼인을 할 수다.
이사를 하거나 직업을 바꾸면 길하리라.

3
삼월 동풍에 황조(黃鳥)가 쌍으로 난다.
길성(吉姓)이 문을 비추니 복록(福祿)이 저절로 쌓인다.
만일 식구가 늘지 않으면 의외의 횡재를 하리라.

4
용이 구슬을 얻으니 기쁜 일이 많으리라.
일을 꾀하면 반드시 형통하리라.

다른 사람과 함께 일을 꾀하면 반드시 큰 재물을 얻는다.

5

봄풀에 비가 내리니 일취월장(日就月將)하리라.
사람들이 서로 도와주니 모든 일을 이룬다.
꾀꼬리가 버들가지 위에 올라 지저귀니
그 소리 조각조각 황금이로다.

6

정자에 올라 한가로이 술잔을 드니
가히 신선의 모습이다.
만일 좋은 일이 있지 않으면 신수(身數)가 불리하리라.
신운은 길하나 구설을 조심하라.

7

산에 올라 토끼를 구하니 반드시 얻게 된다.
이익은 어느 쪽에 있는가.
동쪽과 남쪽 양방향이다.
귀인이 북쪽에 있으니 친하면 유익하리라.

8

두 사람의 마음이 같으니 복록이 끊이지 않는다.
여색을 가까이하면 횡액(橫厄)이 따를까 두렵다.
마침내 큰 그릇을 이루니 입신양명할 수로다.

9

집에 있으면 이익이 없고 출행(出行)하면 재물을 얻는다.
갠 하늘에 달이 나오니 천지가 밝아진다.
동쪽에 재물이 있으니 그리로 가면 얻을 수 있다.

10

동쪽에 있는 금성(金姓)은 반드시 길하고 유익하다.
화성(火姓) 목성(木姓)은 가까이하면 해롭다.
분수를 지키면 길하고 망령되게 행하면 패하리라.

11
십오야월(十五夜月)이 정겹게 문을 비춘다.
만일 과거에 급제하지 않으면 슬하에 경사가 생긴다.
집에 경사가 생기고 집안이 화평하리라.

12
최(崔)가 박(朴)가 김(金)가 정(鄭)가와 같이 일하면 불리하다.
재물이 따르니 소망이 여의(如意)하리라.
재물이 끊이지 않으며 논과 밭에서 이익을 얻는다.

유허경지의(有虛驚之意)

평지풍파(平地風波)로 놀라고 재물을 잃는다.
만일 재물을 잃지 않으면 한번 놀라게 된다.
출행(出行)하지 마라. 혹 송사(訟事)에 시달리리라.

허욕을 부리지 마라. 도리어 불리하다.
재물을 잃을 수가 있으니 출행하지 마라.
송사에 참여하지 마라. 불리하리라.

만리를 달려온 구름이 무심히 산에서 나오는구나.
재수(財數)는 흠이 없으나 병에 걸릴 수다.
감언(甘言)을 듣지 마라. 친한 사람이 도리어 해(害)를 끼친다.

1

말을 타고 산길을 가니 진퇴(進退)가 곤란하다.
강을 만났으나 배가 없으니 앞길이 캄캄하구나.
어두운 밤에 촛불이 꺼지니 동서를 분간하지 못한다.

2

서설이 풀리지 않으니 초목이 자라지 못한다.
깊은 산에서 길을 잃었으니 진퇴양난이로다.
심중에 근심이 있으나 어디에도 하소연할 곳이 없다.
구하여도 얻지 못하니 망령되게 행동하지 마라.

3

보름달이 둥글지만 다시 스러질 때가 되었구나.
집에 우환이 있으니 조심하라.
어룡(魚龍)이 물을 잃으니 한때 힘들고 괴로우리라.
결국에는 모든 일이 여의(如意)해지니 마음이 화평하리라.

4

행인이 길을 물으니 나무하는 아이가 인도해준다.
내환(內患)이 두려우니 미리 액을 막아라.
타인을 가까이하지 마라. 반드시 손재(損財)를 당하리라.

5

관귀(官鬼)가 발동하니 간혹 헛되이 놀라게 된다.
오월과 유월에는 관액(官厄)을 면치 못한다.
모든 일이 타인에게 있으니 간섭하지 마라.

6

동분서주(東奔西走)하니 안분할 줄 모른다.
일을 꾀하면 불리하니 안정을 취하고 있어라. 그러면 길하리라.
이 달에는 매사를 이루지 못할 수다.

7

깊은 산에서 고기를 구하니 끝내 얻지 못한다.
출행하면 이익을 얻지 못하고 송사하면 불리하다.
다른 사람과 다투지 마라. 손재를 당하고 불리하게 된다.

8

가을풀이 서리를 만나니 무슨 일이 유익하겠는가.
매사를 이루기 어려우니 분수 밖의 것을 탐내지 마라.
모든 일에 막힘이 많으니 마음에 근심이 가득하다.

9

달이 검은 구름 속으로 들어가니 세상이 적막하구나.
재물운이 통하지 않으니 손재가 많이 따르리라.
만약 손재를 당하지 않으면 구설이 뒤따른다.

10

음습한 무덤에 달이 기우니 미인이 용태(容態)를 잃는다.
아내에게 우환이 있으니 미리 대비하라.
일을 꾀하지 마라. 이름뿐이고 실상은 없으리라.

11

동짓달과 섣달에는 운수가 평평하다.
지성으로 수양(修養)하면 그 가운데 이익이 있다.
가신(家神)이 발동하니 터를 옮기면 길하리라.

12

길에 나가지 마라. 불리한 수가 기다린다.
남북이 불길하니 나가면 해를 입는다.
원행(遠行)하면 불리하며 횡액(橫厄)을 조심하라.

선길후흉지의(先吉後凶之意)

편안히 지낼 줄 모르니 도리어 괴상한 일을 당한다.
초목 위에 서리가 내리니 어찌 살기를 바랄까.
봄 석 달에는 재물이 왕성하며 동쪽에 가면 손해를 본다.

만일 이사하지 않으면 남과 다투게 된다.
망령되게 행동하지 마라. 안분(安分)하는 것이 가장 길하리라.
금년에는 친한 자가 도리어 해를 끼칠 수다.

육친(六親)의 덕이 없으니 은혜가 도리어 원수가 된다.
재백(財帛)이 물러가니 농사일과 누에일에 실패수가 있으리라.
재물을 잃을 수가 있으니 물과 불을 조심하라.

1

외지에서 노니 어느 때나 집에 돌아올까.
만일 남의 집에서 손님 노릇을 하지 않으면 반드시 이사를 한다.
남의 말을 믿지 마라.
친한 사람이 도둑으로 변하리라.

2

노룡(老龍)이 물을 잃고 강변에서 눈물을 흘린다.
이월의 수는 곤란함을 면치 못한다.
비리를 탐내지 마라. 하늘이 복을 주지 않는다.

3

돌을 쳐야 옥을 볼 수 있고 나무를 다스려야 집을 이룰 수 있다.
머리를 들어 다른 것을 보니 다른 사람이 해를 끼친다.
분수 밖의 것을 꾀하지 마라. 도리어 해를 당하리라.

4

사월 남풍에 꾀꼬리가 버들가지 위에서 깃을 친다.
문 밖에 흉이 도사리니 분수를 지키며 편안히 살면 길하다.
다른 사람과 일을 꾀하면 반드시 허황되리라.

5

산중에 비가 오니 냇물이 쉬지 않고 흘러간다.
시비를 가까이하지 마라. 구설이 분분하리라.
반드시 재물을 잃을 수다.

6

천리타향에서 기쁘게도 옛사람을 만난다.
하늘이 복을 내려주니 헛된 중에 실상이 있다.
남쪽에 있는 귀인이 도우리니 그쪽으로 출행(出行)하라.

7

칠월과 팔월에는 하는 일에 허망함이 있다.
타인의 재물이 뜻밖에 집안으로 들어온다.
토성(土姓)을 가까이하면 하는 일이 불리하다.

8

재산에 손해가 있으니 다른 일을 꾀하지 마라.
머리만 있고 꼬리는 없으니 일에 실패가 많다.
집에 있으면 길하고 움직이면 흉하리라.

9

이익은 어느 쪽에 있는가. 바로 남쪽에 있다.
이 달에는 외재(外財)가 들어올 수다.
위태로운 중에 편안하고 헛된 중에 실상이 있다.

10

동쪽은 길하고 서쪽에는 패(敗)가 있다.
귀인은 무슨 성인가. 박(朴)가와 송(宋)가가 길하리라.
수성(水姓)은 불리하니 가까이하면 재물을 잃게 된다.

11

큰 일을 꾀하지 마라. 반드시 실패하리라.

마음에 괴로움이 많으니 바라는 바를 이루지 못한다.

여간한 재물은 손에 들어오면 없어진다.

12

달이 서창에 숨으니 두 사람 마음이 각각이라

흑백을 구별하지 못하는구나.

재수(財數)가 불길하니 많은 재물을 잃는다.

집에 있으면 심란하고 출행하면 길하리라.

길변위흉지의(吉變爲凶之意)

푸른 하늘 밝은 대낮에 때아닌 궂은비가 추적추적 내린다.
동쪽에 재물이 있고 북북에 길함이 있다.
일신이 힘드니 혹 집안에 근심이 생길까 걱정이다.

삼춘이 지나니 나비가 길을 잃는다.
나가고자 하나 힘이 없으니 이 신수(身數)를 어찌할까.
뜻밖의 화(禍)로 신상에 근심이 생긴다.

음릉(陰陵)에 달이 기우니 미인이 용태(容態)를 잃는다.
한 사람이 관문을 막으니 일만 명이 힘을 합쳐도 열지 못하는구나.
동남쪽으로 향하면 앞길이 이롭지 못하리라.

1
처음엔 흉하나 나중에 길하니 금과 옥이 집안에 가득하다.
다른 사람이 방해를 하니 일에 막힘이 많으리라.
달이 구름 속으로 들어가니 주위가 어두워진다.

2
재물이 동방에 있으며
목성(木姓)과 친하게 지내면 길하다.
신수가 불길하니 질병이 따를까 두렵구나.
매사를 이루지 못하며 출행(出行)하면 불리하다.

3
삼월과 사월은 처음엔 힘들지만 나중엔 길하리라.
만일 질병에 걸리지 않으면 득남할 수다.
귀인(貴人)을 만나면 재수(財數)가 대길하리라.

4

길성(吉星)이 문을 비추니 재물과 보배를 얻는다.
재물이 동쪽에 있으나 얻어도 반은 잃을 수다.
처음은 길하나 나중엔 흉하니 모든 일을 조심하라.

5

농사를 짓는데 때를 놓치니 생활에 괴로움이 많다.
금성(金姓)을 가까이하면 반드시 손해를 본다.
모든 일을 순성(順成)하며 반드시 득남할 수다.

6

다른 사람의 말을 믿지 마라. 그 해가 적지 않다.
목성(木姓)이 불리하니 그 말을 듣지 마라.
만일 횡재하지 않으면 식구를 더할 수다.

7

칠월과 팔월에 비로소 재물을 얻는다.
동쪽에 재물이 있으나 얻어도 반은 잃는다.
처음엔 얻고 나중에 가서 잃으니 처음만 못하리라.

8

일이 허황되고 구설이 귀에 들려온다.
마음에 번민이 도사리니 세상만사가 꿈속 같다.
만일 질고가 없으면 재물을 잃게 되리라.

9

길 바쁜 나그네가 강을 만났으나 배가 없어 건너지 못한다.
구월과 시월에는 구설이 침노하리라.
해를 입힐 성은 무슨 성인가. 금성(金姓)이 불길하다.
금성과 친하게 지내면 매사를 이루지 못한다.

10

오동잎이 떨어지니 봉황이 깃을 치지 못하는구나.
신운(身運)이 불리하니 매사에 막힘이 많으리라.
바라는 일은 반드시 허사가 된다.

11

동짓달과 섣달에는 불을 조심하라.
재물을 구하고자 하면 마땅히 시장으로 가라.
몸이 동쪽에 가서 논다면 천금을 얻게 된다.

12

깊은 산의 고송이요, 큰 바다의 조각배라.
남북 양쪽에는 도와주는 자가 적으리라.
목성이 해를 끼치니 북쪽에 가지 마라.
꾀하는 일이 모두 시작은 있으되 끝이 없구나.

선흉후길지의(先凶後吉之意)

한 가지는 꽃을 피우고 한 가지는 시드는구나.
허욕을 부리지 마라. 길한 가운데 흉이 있다.
일신이 괴로우며 외부에서 손재(損財)가 비롯되리라.

비록 재물을 얻지만 모으지를 못한다.
기쁨과 근심이 상반되니 세월만 헛되이 보낸다.
여름철에 원행(遠行)하면 불리하다.

낙양성 동쪽에 우뚝 서 있는 이는 누구인가.
꽃이 측간에 떨어지니 주워도 향기가 없구나.
달빛이 밝고 별이 드문 밤에 까마귀와 까치가 남쪽으로 날아간다.

1

한 번은 기쁘고 한 번은 슬프다.
길흉이 상반되리라.
마음에 근심이 있으나 도액(度厄)하면 길하다.

2

서설이 다 녹지 않았으니 봄풀이 한번은 고통을 받는다.
달이 구름 밖으로 나오니 천지가 밝아진다.
명산에 가서 기도하면 흉한 것이 도리어 길하게 된다.

3

달이 먹구름 속으로 들어가니 그 빛을 볼 수 없다.
상하가 불화하니 분수를 지키는 게 제일이다.
해로운 방위는 어느 쪽인가. 동남 양쪽이 바로 그곳이다.
삼월의 운수는 손재(損財)를 당할 수니 조심하라.

4

남의 말을 믿지 마라. 모사(某事)가 도리어 어긋난다.
금슬이 나쁘니 이 신수(身數)를 어찌할까.
남북에 길이 있으니 동분서주하리라.

5

삼하(三夏)에 벌과 나비가 향기를 탐하여 날아드나
도무지 이로움이 없구나.
비록 재물은 있으나 들어와도 곧 다시 나가리라.
화성(火姓)이 불리하니 손재를 조심하라.

6

서설이 다 녹지 않았으니 봄풀이 고통을 받는다.
출행(出行)하면 불리하니 두문불출해야 한다.
재수(財數)가 또 막히니 거래를 신중히 하라.
그렇지 않으면 반드시 내환(內患)이 뒤따르리라.

7

바위 위의 외로운 소나무요, 울타리 아래 국화로다.
만일 구설이 아니면 관재(官災)와 질병이 생길 수다.
집에 경사가 있으니 반드시 귀자(貴子)를 낳으리라.

8

마음이 산란하니 집에 있는 것이 상책이다.
만일 과거가 아니면 집안에 반드시 경사가 있다.
다른 사람의 말을 듣지 마라. 처음엔 길하나 결국에는 흉하다.

9

구월과 시월에는 다른 사람으로 인하여 재물을 얻는다.
만일 그렇지 않으면 집에 질병이 있으리라.
가운(家運)이 왕성하니 먹구름 속에서 달이 나오는구나.

10

화기(和氣)가 문을 열고 들어서니 만물이 화생한다.
귀인이 많이 도와주니 반드시 재물을 얻으리라.
일을 꾀함에 성공하니 일신이 편안하다.

11 서남으로 가면 큰 재물을 얻으리라.

동짓달과 섣달에는 반드시 기쁜 일이 있다.

만일 관록(官祿)이 아니면 뜻밖에 횡재를 만나리라.

12 구름이 흩어지고 달이 얼굴을 내미니 온 세상이 밝아진다.

시비를 가까이하지 마라. 구설이 뒤따른다.

슬하에 근심이 있으리니 미리 기도하라.

필유불안지의(必有不安之意)

기회를 맞고도 그냥 보내니 어느 때에 다시 만날까.
작은 재물은 얻을 수 있으리라.
천리에서 온 객과는 상대를 하지 마라.

지체하지 마라. 속히 도모해야 길하리라.
좋은 기회를 잃지 마라.
귀한 객이 도리어 해를 끼친다.
분수를 지키는 것이 상책이다. 망령되게 행동하면 불리하다.

서강(西江)의 한 말 물이 능히 마른 비늘을 적신다.
숫양이 울타리를 들이받으니 도처에 해가 생기리라.
사람을 피해 숨은 사슴이 도리어 범을 만난다.

1

가을 하늘에 먹구름 한 점 없으니 밝은 달이 다시 새롭다.
이익은 어느 곳에 있는가. 서쪽에서 얻으리라.
만일 식구를 더하지 않으면 필히 관록(官祿)이 쌓이리라.

2

봄이 옥수(玉樹)에 깊으니 모든 꽃이 다투어 피어난다.
마음이 높고 뜻이 족하니 재물을 구하면 여의(如意)하리라.
재성(財星)이 문을 비추니 큰 재물을 얻으리라.

3

바른 마음으로 덕을 쌓으니 이익이 그 가운데 있다.
북쪽에 길함이 있으니 좋은 기회를 잃지 마라.
슬하에 우환이 있으면 남쪽에서 약을 구하라.

4 갠 하늘에 속살을 내미는 달, 그 빛 깨끗도 하여라.
악인을 가까이하지 말고 분수를 지키면 길하다.
모든 일이 여의하니 소망을 성취하리라.

5 하늘이 늙고 땅이 거치니 영웅이 공을 세우지 못한다.
일이 여의치 못하니 한 번 이루면 한 번은 패하리라.
사람으로 인해 패하니 그 해가 적지 않다.

6 달 밝은 밤에 높은 정자에 오르니
가인(佳人)이 있어 시음(詩飮)을 함께 즐기는구나.
임금과 신하가 화목하니 귀인(貴人)이 와서 도와준다.
은인은 어디에 있는가. 동쪽의 목성(木姓)이 은인이구나.
새것을 좇으면 작은 것으로 큰 것을 이루리라.

7 매화 가지 하나가 집안을 밝히고 빛낸다.
만일 내환(內患)이 아니면 친환(親患)이 생기리라.
이익은 무슨 성에 있는가.
정(鄭)가와 이(李)가 두 성이다.

8 일을 꾀하니 멀리서 귀인이 와 도와준다.
비록 재물은 왕성하나 얻어도 반은 잃는다.
허욕을 부리지 마라. 반드시 해가 생긴다.

9 경영하는 일이 공허로우리라.
다른 사람의 말을 듣지 마라. 시종 불리하다.
다른 사람과 일을 꾀하면 서로 마음이 달라 성공하기 어렵다.

10 청룡이 하늘에 오르니 구름이 움직이고 비가 쏟아진다.
동남 양방향에서 귀인이 와 그대를 도우리라.
목물(木物)이 아니면 논과 밭에서 이익을 얻는다.

11 고목은 서리를 만나고 가을 국화는 눈을 만나니 이를 어찌할까.
허욕이 다시 일어나니 큰 해를 면하기 어렵구나.
남의 재물을 탐내지 마라. 흉한 일을 면치 못한다.
토성(土姓)이 불리하니 가까이하면 해를 당한다.

12 재물운이 왕성하니 큰 재물을 얻으리라.
남쪽에 이익이 있으니 그쪽으로 가면 우연히 도움을 받는다.
혹 도둑이 들까 두려우니 실물(失物)을 조심하라.

진퇴양난지의(進退兩難之意)

밤에 범을 만나니 나아가지도 못하고 물러서지도 못한다.
일에 막힘이 많으니 심력(心力)만 허비한다.
허욕을 부리면 반드시 힘들어진다.

망령되게 행동하면 반드시 실패하게 된다.
많은 사람들이 괴롭히니 마음이 불안하다.
처음엔 비록 고단하지만 늦게 좋은 운을 만나리라.

끝맺지 못한 일이 있거든 산옹(山翁)에게 물어보아라.
산에 아홉 갈래 길을 내는데 한 번 실수로 공이 무너진다.
이지러진 달이 반쯤 차고 가을 꿈이 봄에 든다.

1
정월과 이월에는 움직이려다 도로 주저앉는다.
길성(吉星)이 문을 비추니 기쁜 일이 많으리라.
봄 석 달에 길함이 있으니 이 기회를 잃지 마라.

2
꽃이 만개하니 벌과 나비가 앞다투어 모여든다.
도리(桃李)가 봄을 만났으니 꽃이 피고 열매를 맺는다.
곳곳마다 녹이 있다. 만일 관액(官厄)이 아니면 질병이 두렵구나.

3
타인의 재물이 우연히 집에 들어온다.
동남쪽의 재물이 뜻밖에 들어온다.
음사(陰事)가 도사리고 있으나 그 가운데 이익이 있으리라.

4
타인을 가까이하지 마라. 질병이 서로 침노한다.
기쁜 중에 근심이 있으니 관액을 조심하라.

분수를 지키고 편안히 있으면 뜻밖에 성공한다.

5
음사가 방성(方盛)하니 이는 동족이 아니면 외척(外戚)이다.
길성이 몸을 비추니 반드시 기쁜 일이 있다.
마음에 근심이 있으나 안정을 취하면 길하리라.

6
달이 구름 속으로 들어가니 달빛을 볼 수 없다.
남쪽이 불리하니 출행(出行)을 하지 마라.
만일 손재(損財)가 아니면 횡액(橫厄)이 따를까 두렵다.

7
맹호(猛虎)가 수풀에서 나오니 그 형세가 당당하다.
신수(身數)가 길하니 흉한 중에도 길함이 있다.
길이 남북에 있으니 분주하여 여가가 없구나.

8
하늘이 맑고 달도 희니 바다와 하늘이 한빛이다.
화가 도리어 복이 되니 마음에 근심이 없다.
음양이 서로 화합하니 반드시 길함이 있다.
만일 관록(官祿)이 아니면 득남할 수로다.

9
양호(兩虎)가 서로 다투니 그 승부를 알지 못한다.
시비를 가까이하면 구설이 분분하리라.
만일 그렇지 않으면 관재수(官災數)가 따를까 두렵다.

10
달이 구름 속으로 들어가니 매화가 그 빛을 잃는다.
출행하면 불리하니 안정을 취하라.
옛것을 버리고 새것을 좇으니 사람마다 우러러보리라.
혹 집에 우환이 있거든 미리 기도하라.

11 가을풀이 서리를 만나니 무슨 일이 유익하리요.
목성(木姓)에게 해가 있으니 그와 더불어 이익을 구하지 마라.
신수가 불길하니 질병을 조심하라.
이 달의 운수는 흉함은 많고 길함은 적다.

12 구름이 흩어지고 달이 나오니 결국 소망을 이루리라.
몸이 편하고 근심이 없으니 태평하게 지낸다.
비록 직업을 고치나 심력만 허비하게 된다.

수시유길지의(隨時有吉之意)

물 속에 있던 용이 구슬을 얻으니 그 변화가 무궁하다.
다행히 귀인(貴人)을 만나 공명(功名)을 얻으리라.
혹 관재수(官災數)가 붙으면 일신이 힘들고 괴로우리라.

남의 말을 믿지 마라. 도리어 불리하다.
재물이 흥왕하니 모든 일이 여의(如意)하다.
귀인이 항상 도와주니 반드시 성공하리라.

때에 맞춰 비가 내리니 풍년이 든다.
봉황이 새끼 다섯 마리를 낳아 남쪽에서 기른다.
문을 나서면 크게 길하니 의외의 재물을 얻으리라.

1
천지가 서로 응하니 만물이 화생(化生)하리라.
정월과 이월에는 수복(壽福)이 따른다.
귀인이 우연히 와서 도와준다.

2
일을 꾀하면 속히 하니 이익이 적지 않다.
기러기떼 천리를 날아가니 멀리 여행하게 된다.
만일 이름을 떨치지 않으면 반드시 득남한다.

3
새싹이 단비를 만나니 그 빛이 새롭구나.
가도(家道)가 흥왕하고 식구와 토지를 더하게 된다.
모든 일을 순성(順成)하고 큰 재물을 얻으리라.
일을 경영하나 다른 사람이 선수를 친다.

4

연꽃 위에 서리가 내리니 아스라이 사라지는 호시절이여.
흉귀(凶鬼)가 몸을 엿보니 특히 횡액(橫厄)을 조심하라.
도둑을 조심하라. 재물을 잃을 수가 있다.
북쪽이 불길하니 출행(出行)하지 마라.

5

구름과 안개가 공중에 가득하니 일월(日月)이 보이지 않는다.
비록 일은 꾀하지만 다른 사람이 해를 끼치는구나.
서쪽 사람을 가까이하지 마라. 그 해가 적지 않다.
금성(金姓)과 친하게 지내면 재물을 잃게 된다.

6

돌 사이 쇠잔한 시냇물, 흘러흘러 어디로 가나.
그 흐름 끊이지 않아 바다로 이어지는구나.
이익이 남북에 있으니 마땅히 그쪽으로 가야 한다.
모든 일을 이루니 사람마다 우러러보리라.
허욕은 해가 되니 분수 밖의 것을 탐내지 마라.

7

시비를 가까이하지 마라. 재물에 해가 생긴다.
사리(事理)가 정당하니 남이 말을 못하리라.
만일 횡재하지 않으면 득남할 수다.

8

시비를 가까이하지 마라. 관재(官災)가 따를까 두렵다.
먼 곳에 이익이 있으니 나가면 재물을 얻으리라.
사방에 이름을 떨치니 많은 사람들이 흠앙한다.

9

머리에 계화(桂花)를 꽂으니 사람마다 우러러보리라.
궁지에 몰려 뜻밖에 돌파구를 찾으니 흉한 가운데 길함이 있다.
소인은 불길하고 군자는 길하리라.

10

길성(吉星)이 비추니 집에 경사가 있다.

이익은 어느 곳에 있는가. 남과 북 양방향이다.

사람이 도우면 뜻밖에 재물을 얻는다.

11

동짓달과 섣달에는 기쁜 일이 생긴다.

비록 마음 속에 번민이 있지만 도리어 길로 변한다.

이름을 원근(遠近)에 떨치고 모든 일을 순조로이 이루리라.

12

가을풀 위에 서리가 내리니 슬픈 마음 달랠 길 없구나.

다른 사람이 해를 끼치니 많은 재물을 잃는다.

화성(火姓)과 친하게 지내면 재물에 해가 생긴다.

마음에 근심이 없으니 편한 곳에서 태평하게 지내리라.

유공타처지의(有功他處之意)

집에 있으면 불안하고 바깥으로 나가면 한가하다.
공연한 일로 한번 다투게 된다.
시작만 있고 끝이 없으니 하는 일이 뜬구름 같다.

재물운은 평길하나 마음이 심란하니 이를 어찌할까.
집에 있으면 힘이 들고 밖으로 나가면 길하리라.
동북 양방향에서 반드시 기쁜 일이 생긴다.

매가 뭇꿩을 쫓으니 가리킨 바를 알지 못한다.
적적한 수풀에서 외로운 꾀꼬리 저 홀로 우는구나.
이슬이 내리고 가을이 깊어 하늘이 푸르니 부채가 소용없다.

1

만경창파(萬頃蒼波)에 돛을 올리니 순한 바람이 미소를 짓는다.
집에 있으면 마음이 어지럽고 밖으로 나가면 길하리라.
동쪽에 길함이 있으니 그쪽으로 가면 이익을 얻는다.
서쪽과 북쪽 양방향으로 출행(出行)하지 마라.

2

불 밝히고 걸어가는 산길에 슬피 우는 두견새여.
너의 짝 어디 두고 홀로 달밤 지새는가.
신운(身運)이 고르지 못하니 괴로움과 근심이 많으리라.
시비를 가까이하지 마라. 구설이 따른다.
집에 근심이 있으니 출행하면 길하다.

3

깊은 산에서 길을 잃으니 동서를 분별치 못한다.
마음에 정한 곳이 없으니 하는 일이 허황하다.
미리 분수를 지키며 조용히 지내면 이 수를 거의 면할 수 있다.

4

하늘이 맑고 달도 밝으니 바다와 하늘이 한빛이다.
귀성(貴星)이 문을 비추니 귀인(貴人)이 도와주리라.
남북에 길함이 있다.
다른 사람과 함께 일을 꾀하지 마라.
작은 것을 쌓아 큰 것을 이루니 재록(財祿)이 집안에 가득하리라.

5

사방에 해로움이 없으니 꾀꼬리가 태평을 노래한다.
재물이 사방에 있으니 이르는 곳마다 길하리라.
기쁜 빛이 얼굴에 가득하니 모든 일을 이루리라.
이익은 어떤 물건에 있는가. 쌀과 나무가 유익하다.

6

달이 구름 속으로 들어가니 한때 괴로움이 있으리라.
장사로 재물을 얻어 논과 밭을 널리 장만한다.
만일 재물을 잃지 않으면 슬하에 액이 생긴다.

7

산 그림자 강에 드리우니 강물소리 애절하다.
신수(身數)에 막힘이 있으니 내환(內患)을 어찌 면할까.
재물이 집에 들어오나 반은 잃는다.
처음엔 길하나 나중에 흉하니
이는 선산(先山)에 흠이 있기 때문이다.

8

먹구름이 공중에 가득하니 큰비가 오리라.
두 사람의 마음이 같으니 날로 큰 재물을 얻는다.
그러나 얻어도 모으기 어려우니 이 운수를 어찌할까.

9

천리에서 서신이 날아드니 기쁘게도 친구를 만난다.
시비를 가까이하지 마라. 구설을 면하기 어렵다.
동서 양방향에서 일을 구하면 이루지 못한다.

10

비록 경영을 꾀하지만 뜻대로 되지 않으니 이를 어찌할까.

타인의 재물을 탐내지 마라. 도리어 해를 입는다.

허욕을 부리지 마라. 별로 이익이 없으리라.

11

가을 바람에 저 홀로 흔들리는 들꽃, 그 빛이 가련하구나.

재물이 집에 들어와도 도리어 해가 된다.

금성(金姓)에게 해가 있으니 동쪽으로 가지 마라.

산길이 험하니 가려 해도 갈 수 없다.

12

산 중턱에 불을 지르며 타오르는 단풍,

네 모습 가히 모란보다 경이롭구나.

재운(財運)이 비로소 돌아오니 모든 일이 길하리라.

귀인이 와서 도와주니 반드시 재물을 얻는다.

관청(官廳)을 멀리하면 시종 길하다.

무구유길지의(無咎有吉之意)

고인(古人)의 무덤 위에 이제 사람을 장사지낸다.
마음이 맞지 않으니 헤어짐이 있다.
만일 부모에게 병이 생기지 않으면 가정이 불안하리라.

망령되게 행동하면 재물을 잃고 구설에 시달린다.
처음엔 힘이 들지만 나중에 길운이 찾아오니 모든 일이 형통하리라.
일을 쉽게 이루니 신상에 근심이 없다.

동쪽의 이웃을 사귀지만 서쪽의 이웃만 못하리라.
비록 허물이 있지만 고치면 도리어 귀하게 된다.
웃으며 말하니 입을 잘 가리지 못한다.

1

눈 속에 핀 매화여.
도도한 그 자태여.
어찌 홀로 봄을 노래하는가.
비록 일을 구하나 맞지 않으니 이를 어찌할까.
운수가 불길하니 친환(親患)이 있으리라.
참고 기다려라.
동쪽에 귀인(貴人)이 있어 봄바람과 함께 와 그대를 도와주리라.

2

봄바람 부는 이월에 복숭아꽃이 만발하였다.
이익은 어느 곳에 있는가. 서쪽이 길하구나.
신상에 근심이 있으나 재수(財數)는 대길할 것이다.

3 달이 구름 속으로 숨으니 눈 감으면 괴이한 꿈이라.
망동하지 마라. 장사를 시작하면 반드시 실패한다.
참고 기다리면 흉함이 변하여 길하게 되니
큰 이익이 저절로 들어올 것이다.

4 재물이 산과 같이 쌓이니 마음이 저절로 편해진다.
서쪽이 길하니 이는 반드시 재백(財帛)이라.
밤꿈이 불길하니 일에 헛됨이 있다.

5 기지(基地)가 발동하니 이사하면 길하다.
만약 새 집에서 살면 흉이 길로 변한다.
망령되게 행동하지 마라.
장사를 시작하면 실패하리라.

6 붉은 봉황이 하늘로 오르니 꼬리마다 구설이 뒤따른다.
낯선 사람을 가까이하면 패하게 된다.
조용히 지내면 대길하고 움직이면 해롭다.

7 나무에서 고기를 구하니 그림 속의 떡이로다.
몸이 길 위에 있으니 사방이 내 집이구나.
이익은 어느 곳에 있는가. 남쪽이 대길하리라.

8 이른 아침 선잠을 깨우는 까치의 울음소리.
마음 속에 있는 소망은 즉시 구하면 얻으리라.
재복이 몸에 따르니 시종 재물을 얻는다.
재물이 동서 양방향에서 들어온다.

9 해 저물어 찬바람이 거리를 휩쓰니
가로수들 힘없이 잎들을 떨군다.

재물을 얻지만 얻어도 반은 잃는다.
붉은 봉황이 날아오르니 구설이 분분하다.
재수가 불길하니 외재(外財)를 탐내지 마라.

10

푸른 강물에 낚시를 드리우니 반드시 큰 고기를 얻는다.
이 달에는 물과 불을 조심하라.
혹 관액(官厄)이 있을 수 있으니 미리 기도하라.

11

달이 구름 속으로 들어가니 매화가 그 빛을 잃는다.
작은 소가 병이 들어 천리를 가지 못한다.
동짓달과 섣달에는 매사를 이루지 못하리라.

12

한겨울 달 밝은 삼경에 어느 누가 저리 슬피 우는가.
짝 잃은 기러기인가.
신상이 위태로우니 망동하지 마라.
사소한 일로 구설에 시달리리라.
미리 액을 막으면 흉이 길로 변한다.

약불근신유화지의(若不謹愼有禍之意)

서로 고발하다가 뜻밖에 죄가 미친다.

비록 재물을 얻어도 도로 잃는다.

재물운이 불길하니 적게 얻고 많이 잃으리라.

분수 밖의 것을 탐내지 마라. 안정하면 길하다.

구설수가 있으니 남과 다투지 마라.

금년엔 물과 불을 조심해야 할 수다.

서창(西窓)에 달이 숨으니 안정을 취하면 길하리라.

몸이 비로소 근본으로 돌아오니 뒤늦게 껍질을 벗는다.

재물이 쉽게 새어나가니 다른 일을 경영하지 마라.

1

궁달(窮達)은 사람의 뜻이나 부귀는 하늘의 뜻이라.

마음에 슬픔과 근심이 있으니 송사(訟事)가 분분하다.

마음은 정직하나 애매한 일로 시달린다.

친한 친구를 가까이하지 마라. 실상은 허황하다.

2

말이 길을 잃으니 가려 해도 어디로 갈지 몰라 방황한다.

일을 꾀하나 이루지 못하니 손재(損財)가 적지 않으리라.

친구가 무정하니 사람으로 인하여 해를 당한다.

3

분수를 지키고 집에 있으면 과실이 별로 없으리라.

마음에 근심은 없으나 재수(財數)는 불리하다.

집안 사람이 불화하니 마음이 안정되지 못한다.

4

몸을 닦고 악을 멀리하면 과실이 거의 없으리라.
여자를 가까이하지 마라. 구설과 손재로 시달린다.
손을 잡고 루에 오르나 친구가 무정하다.

5

재물은 가히 얻으나 구설과 시비가 뒤따르리라.
심신(心神)이 불안하니 시비를 가까이하지 마라.
수성(水姓)을 가까이하지 마라. 모든 일이 허망하다.

6

주린 자가 풍년을 만났으니 생활이 자족하다.
이름을 사방에 떨치니 많은 사람이 흠앙한다.
이익은 어떤 물건에 있는가. 논과 밭에 많다.

7

아침에 지저귀는 산새들 암수 서로 정겨운데
아, 외로운 내 신세는 이다지도 고달픈가.
자리에 서도 불안하고 자리에 앉아도 불안하구나.
남북은 길하고 동서는 해롭다.
경영하는 일은 처음엔 될 것 같다가도 끝내 이루지 못한다.

8

작은 것으로 큰 것을 이루니 모든 냇물이 바다로 흘러든다.
비록 재물은 얻으나 구설이 따르니 이를 어찌할까.
물과 불로 놀랄 수가 있으니 수화(水火)를 조심하라.

9

달빛도 모습을 감춘 적막한 밤에
가을 바람 소슬하니 옷깃을 스쳐가는데
가엾어라, 부평초 신세.
몸이 길 한가운데 서 있으니 한번은 멀리 떠난다.
화성(火姓)에게 해가 있으니 그와는 친하게 지내지 마라.
마음에 근심이 있으니 누가 능히 알 수 있으리요.

137

10

형산백옥(荊山白玉)이 그 빛을 감추었구나.
만일 복제(服制)를 당하지 않으면 질병이 생길까 두렵다.
길흉이 상반되니 쓴것이 다하고 단것이 오리라.

11

수귀(水鬼)가 침노하니 물을 멀리하라.
그렇지 않으면 집안에 한번 놀랄 일이 있다.
만일 송사가 없으면 구설을 면하기 어렵다.

12

동쪽 정원에 봄이 돌아오니 온갖 꽃이 만발하였구나.
집안에 행운이 들어오니 가산이 저절로 왕성해진다.
이(李)가, 김(金)가와는 같이 일을 하지 마라.

봉래산에 올라 신선을 만나고자 하나 도리어 허망하리라.

만일 도움을 받으면 횡재하게 된다.

무단한 허욕을 부리면 반드시 실패한다.

남의 말을 믿지 마라. 재물을 잃고 구설에 시달린다.

허황된 일은 행하지 마라.

망령되게 행동하면 후회하게 되리라.

형은 연나라 북방을 치고 아우는 요서를 친다.

귀인(貴人)은 어디에 있는가. 동남 양방향에 있구나.

일에 아득함이 많으니 속히 이루고 속히 패하리라.

1

일에 실패가 있으니 일을 구해도 이루지 못한다.

살피는 것이 밝지 못하니 공연히 심력만 허비한다.

모든 일에 해가 있으니 차라리 집에 들어앉아 있는 것만 못하다.

2

바닷속에서 구슬을 구하니 좋은 옥을 보지 못한다.

일이 여의치 못하니 처음엔 웃어도 나중엔 찌푸리게 된다.

친한 사람을 믿지 마라. 손재(損財)가 많이 따른다.

3

문 밖에 나가지 않으면 처음엔 울어도 나중에는 웃게 된다.

집에 작은 근심이 있으니 심신이 불편하다.

뜻하지 않은 일로 소송에 시달리게 된다.

4
대인은 길하고 소인은 해를 입는다.
도처에 재물이 있으며 수성(水姓)이 와서 도와준다.
재물이 따르니 좋은 기회를 잃지 마라.

5
집에 있으면 길하고 밖으로 나가면 해가 생긴다.
이사를 하고 업을 고치면 흉이 길로 변한다.
박(朴)씨가 길하니 뜻밖에 그대를 도우리라.

6
작은 것을 버리고 큰 것을 취하니 도리어 해로우리라.
서로의 마음이 각각이니 동서로 헤어지게 된다.
다른 사람과 일을 꾀하면 도리어 해를 당한다.

7
인간의 어리석음이여, 모기를 보고 칼을 뽑는구나.
비록 재물은 생기나 얻어도 반은 잃는다.
송사(訟事)가 끊이지 않으니 많은 재물을 잃게 된다.
가까운 것은 무시하고 먼 것만 바라니 반드시 실패한다.

8
돌을 쪼아 금을 보니 반드시 재물을 얻는다.
타인의 재물이 우연히 집안으로 들어온다.
이름이 나고 몸이 성하니 한가한 가운데 재물을 얻는다.

9
산도 설고 물도 선데 나뭇잎이 떨어지니
심란한 마음 달랠 길 없어라.
초목이 가을을 만나니 마음에 번민이 많다.
만일 이사를 하지 않으면 출행(出行)하는 게 길하다.
신운(身運)이 불리하니 반드시 복제(服制)를 당한다.

10

청한 하늘을 나는 기러기떼가
갈대를 물고 어둠에서 밝음으로 향한다.
두 사람 마음이 같으니 일을 구하면 가히 이룰 수 있다.
금성(金姓)을 가까이하지 마라. 도리어 재물을 잃게 된다.
화성(火姓)과 친하게 지내면 논과 밭에서 이익을 얻으리라.

11

눈보라 거센 밤에 어쩌란 말인가. 갈 곳 없는 나그네 신세.
재수(財數)가 불길하니 다른 일을 경영하지 마라.
남의 말을 믿지 마라. 반드시 낭패를 본다.
매사에 막힘이 많으니 집에 있는 것이 가장 좋다.

12

비록 재물을 얻어도 모으기 어렵다.
남쪽에 있는 사람이 우연히 도와주리라.
집에 있으면 길하고 문 밖에 나가면 해를 입는다.

정즉길지의(靜則吉之意)

집이 없어 살 곳이 마땅치 않으니 무료하고 구차하게 살아간다.
생애가 담박(淡泊)하니 헛되이 세월만 보내는구나.
구설수가 있으니 남과 다투지 마라.

길한 가운데 흉이 도사리니 이 수를 어찌할까.
집안에 근심이 떠나지 않으니 마음이 심란하여 되는 것이 없다.
처음엔 비록 일이 거슬려도 마침내 형통하게 된다.

노를 맺는 정사(政事)는 태곳적부터의 풍속이다.
한 방에 두 성씨(姓氏)가 있는데 서로 뜻이 맞지 않는다.
두 범이 서로 다투니 사냥꾼이 이익을 얻는다.

1
집에 재산이 없으니 생활이 곤란하다.
서창(西窓)에 해가 지니 원한이 물러간다.
가신(家神)이 발동하니 재물을 구하려 해도 여의치 않다.

2
한가로이 높은 정자에 누워 희희낙락하리라.
도처에 재물이 있으니 사람마다 우러러본다.
두 성(姓)이 마음을 같이하니 재물이 저절로 들어온다.

3
위아래 사람이 불화하니 구설이 끊이지 않는다.
길이 도리어 흉으로 변하니 이를 어찌할까.
만일 친환(親患)이 아니면 질병이 생길까 두렵다.

4
갓을 쓰고 문을 나서니 분주할 수다.
분수를 지키면 길하나 재물은 구해도 얻지 못한다.

구설이 분분하니 이는 잘 살피지 못한 까닭이다.

5

쥐가 쌀곳간을 잃었으니 재물운이 끊어진다.
몸이 타향에 있으니 분주한 형상이다.
수고하나 공이 없으니 이 신수(身數)를 어찌할까.

6

서로 다투지 마라. 구설을 면하기 어렵다.
많은 일을 꾀하나 맞지 않으니 이를 어찌할까.
성심으로 터에 제사를 지내면 이 수를 거의 면하리라.

7

관귀(官鬼)가 발동하니 관액(官厄)을 면하기 어렵다.
도움을 받으면 혼인할 수다.
만일 쟁론이 아니면 송사(訟事)로 시달리리라.

8

일을 경영하면 반드시 낭패를 보게 된다.
길이 흉으로 변하니 공연히 심력만 허비한다.
동쪽에 가지 마라. 손재(損財)를 면하기 어렵다.

9

서늘한 늦가을 바람 소슬하게 부는 밤.
누각에 오르니 두둥실 달이 떠 있네.
오호라, 태평성국이로다.
문서에 길함이 있으니 반드시 재물을 얻게 된다.
타향에서 기쁘게도 친구를 만난다.
분수 밖의 것을 탐내지 마라. 반드시 허망하리라.

10

시월에는 가히 작은 재물을 얻을 수 있다.
간혹 관재(官災)와 구설이 따르리라.
이 달의 운수는 처음엔 길하나 나중엔 흉하다.

11 꽃 수풀 속 높은 루에서 귀인을 만나리라.
주린 자가 밥을 얻으니 금옥(金玉)이 집에 가득하다.
재성(財星)이 문을 비추니 횡재하여 풍요롭게 된다.

12 덕을 쌓은 집에는 반드시 경사가 찾아온다.
수신제가(修身齊家)하니 복록이 스스로 따른다.
박(朴)가 김(金)가는 불리하며 목성(木姓)이 그대를 도우리라.

봄이 되니 성 위에 온갖 꽃이 만발하였구나.
신수가 태평하니 이르는 곳마다 길하다.
길성(吉星)이 비추니 은인이 도와주리라.

여색을 가까이하지 마라. 질병이 생길까 두렵다.
집안 사람이 화합하니 관록(官祿)이 따르리라.
만일 이와 같지 않으면 신수가 불리하다.

입으로 웅변을 토하며 육국(六國)을 유세하고 다닌다.
소인의 도는 사라지고 군자의 도는 커간다.
식구들이 편치 못하니 살아갈 계책이 마땅치 않다.

1
비로소 대운을 만나니 만사가 이루어진다.
남북 양방향에 반드시 묘한 계교가 있다.
만일 관록이 아니면 득남할 수다.

2
미인을 마주 대하니 반드시 기쁜 일이 있으리라.
동쪽과 남쪽 양방향에서 재물이 왕성해진다.
이익은 어떤 사람에게 있는가.
반드시 금성(金姓)에게 있다.

3
용이 밝은 구슬을 얻으니 그 조화가 무궁하다.
화기(和氣)가 문을 비추니 만물이 화생(化生)한다.
춘풍 삼월에 만물이 뜻을 얻는다.

145

4 풀이 파릇하게 자란 강가에서 은인을 만나 도움을 받는다.
출행(出行)하면 불리하고 집에 있으면 길하다.
용이 천문(天門)을 얻었으니 반드시 영귀(榮貴)하게 되리라.

5 운수가 대통하며 집안이 화평해진다.
재물운을 말하자면 정(鄭)가 김(金)가에게 이익이 있다.
주색을 가까이하면 질병이 몸에 침노하리라.

6 먼저 계수(桂樹)를 꽂으니 모든 사람이 다 우러러보리라.
뜻밖에 영귀하게 되니 반드시 귀인이 찾아온다.
남북 양방향에서 반드시 큰 재물을 얻는다.

7 재운(財運)이 왕성하니 반드시 재물을 얻는다.
욕심을 과하게 부리지 마라. 길이 도리어 흉으로 변한다.
만일 친환(親患)이 아니면 슬하에 놀라는 일이 생긴다.

8 몸이 높은 집에서 노니 의기가 양양하다.
집안이 화평하니 어찌 좋은 일이라 하지 않으쏘냐.
서북 양쪽으로 출행하면 길하리라.

9 달 밝은 밤 높은 루에 올라 술을 마시며 즐긴다.
집에 경사가 있으니 이는 바로 득남할 경사다.
서남 양방향에서 천금이 저절로 들어온다.

10 어두운 밤에 등불을 잃으니 동서를 분간치 못한다.
재물도 잃고 뜻도 잃으니 도둑을 조심해야 한다.
이익은 어떤 성(姓)에 있는가.
반드시 화성(火姓)에게 있으리라.

11

가슴 섶을 풀어헤치고 바람이 벌판을 달리니
거칠 것 없구나. 이 한 세상.
운수가 형통하니 그 의기 양양하구나.
만일 이 수가 아니면 도리어 허황하리라.
뜻밖에 귀인이 나타나 반드시 그대를 도와준다.

12

집안 사람이 마음을 합하니 이익이 그 가운데 있다.
이익은 어떤 성에 있는가. 반드시 정(鄭)씨에게 있다.
비록 재물을 얻었으나 적게 얻고 많이 쓴다.

우산희생지의(憂散喜生之意)

천리 떨어진 타향에서 기쁘게도 옛 친구를 만난다.
힘든 것을 한탄하지 마라. 마침내 안락하게 되리라.
신상이 수고로우니 이 운수를 어찌할까.

마음 속에 번민이 많으나 재수(財數)는 대길하다.
귀인(貴人)을 만나니 반드시 명성을 얻으리라.
가을 석 달 사이에 반드시 귀자를 얻는다.

꽃이 분분히 날리니 가히 주정(酒情)이 새로워진다.
높은 하늘가에 해가 붉게 타오른다.
토성(土姓)을 가까이하지 마라. 결국은 손해를 본다.

1

외로운 기러기가 짝을 만나고
꽃을 잃은 봄이 다시 화촉을 밝혔구나.
처음엔 찌푸리나 나중에 웃으니 운수가 차차 돌아온다.
식구도 늘고 토지도 늘어 가정에 기쁨이 가득하다.
몸이 분주하고 고달프나 수고하면 공이 있을 것이다.

2

타인이 도와주니 반드시 횡재를 만난다.
봄풀이 비를 만난 격이니 수복(壽福)이 저절로 들어온다.
흥이 길로 변하니 가산(家産)이 흥왕하리라.

3

신상이 불안하니 재물이 멀고 아득하다.
수고를 해도 얻지 못하니 이 신수(身數)를 어찌할까.
옛것을 지키고 안정을 취하면 사람이 도와주리라.

4

음양이 화합하니 반드시 경사가 있으리라.
만일 관록(官祿)이 아니면 득남할 수다.
집을 나서지 마라. 질병이 침노한다.

5

관귀(官鬼)가 발동하니 꿈이 산란하고 헛되다.
두 사람이 마음을 합하면 어려운 일도 속히 이룰 수 있다.
집에 경사가 있으니 필히 득남할 수다.

6

동서에 길[道]이 있으니 몸이 타향에서 분주하다.
다른 말을 듣지 마라. 별로 이익이 없다.
마음 속에 번민이 많으나 터놓을 사람이 없다.

7

동방화촉(洞房花燭)에 홀로 앉아 거문고를 탄다.
힘든 뒤에 길하리니 이익이 삼추(三秋)에 있으리라.
사방을 떠돌아다니니 처음엔 길하나 나중엔 흉하다.

8

경영하는 일은 빨리 처리해야 길하다.
귀인을 만나면 큰 재물을 얻게 된다.
복숭아와 오얏이 봄을 만나니 꽃을 피우고 열매를 맺는다.

9

일을 꾀할 때마다 쉽게 이루니 반드시 길하게 되리라.
신수가 대길하니 모든 일을 이룬다.
몸과 재물이 왕성하니 득의양양하게 귀향한다.

10

남북으로 가면 먹을 것과 옷을 얻는다.
재물은 북방에 있으며 다른 사람과 함께 일을 꾀하는 것이 좋다.
금성(金姓)은 해로우니 거래하지 마라.

11 마른 나무에 봄이 돌아오니 그 형상이 다시 새롭다.
모든 일이 형통하며 사람으로 인하여 일을 이룬다.
처음엔 힘들어도 나중엔 흥왕하리라.
재물은 남북에 있으리라.

12 이익이 멀리 있으니 출행하면 이익을 얻는다.
귀인을 만나면 큰 재물을 얻는다.
서북으로 가지 마라. 흉을 면치 못한다.

다해주의지의(多害注意之意)

삼년 동안 비가 내리지 않으니 한 해의 일을 가히 알 수 있다.
몸이 힘든 것을 한탄하지 마라. 늦게 길운을 만나리라.
처음엔 힘들어도 나중엔 결국 형통하니 때를 기다려 일을 꾀하여라.

쓴것이 모두 가고 단것이 돌아오니 늦게 성공한다.
꾀하는 일마다 뜻대로 되니 마침내 형통하리라.
명산(名山)에 기도하면 집안이 화평하게 된다.

푸른 산 밝은 달빛 아래 손 흔들고 서 있는 사람은 누구인가.
달이 지고 까마귀가 우니 세 홀아비가 한탄을 하는구나.
미리 이사하면 이 액을 면할 수 있다.

1

힘들고 괴로운 일이 많으니 신상이 편치 못하다.
분수 밖의 것을 탐내지 마라.
흉한 계교는 무용지물이로다.
쓴것이 다하고 단것이 오니 마침내 성공하리라.

2

토성(土姓)이 해로우니 가까이하면 해를 입는다.
만일 관재(官災)가 없으면 구설과 신병이 뒤따른다.
슬하에 근심은 없으나 손해가 뒤따른다.

3

몸이 힘들고 액이 끼었으니 특히 질병을 조심하라.
몸이 곤경에 처하니 거처가 불안하다.
나중엔 모든 일이 쉽게 이루어지니 재물을 조금 얻게 된다.

4

순한 항해를 빌며 만경창파(萬頃蒼波)에 배를 띄웠더니
오랜 기다림도 허사로 갑작스런 돌풍에 가라앉고 말았구나.
비록 일을 꾀하나 별로 이익을 얻지 못한다.
허욕을 부리면 불리하니 흉계를 부리지 마라.
물을 거슬러 배를 저어가니 사리(事理)가 부당하다.

5

어두운 밤에 촛불을 꺼뜨리니 앞길이 캄캄하다.
여색을 가까이하면 괴이한 일을 당하게 된다.
동쪽에 이익이 있으니 반드시 재물을 얻는다.

6

앞길이 험하니 출행(出行)하면 이롭지 못하리라.
경영하는 일은 내용을 발설하지 마라.
만일 구설이 아니면 관재와 횡액(橫厄)이 따른다.

7

보고도 먹지 못하니 그림 속의 떡이로다.
일월(日月)이 밝지 못하니 신상에 곤란함이 있다.
마음에 번민이 있으니 어찌 편할 수 있을까.

8

양을 얻고 소를 잃었으니
이를 두고 어찌 이롭다고 할 수 있겠는가.
시비를 가까이하지 마라. 구설을 면하기 어렵다.
빈 골짜기에 봄이 돌아오니 초목이 즐거워한다.
타인의 재물이 우연히 집으로 들어온다.

9

다른 경영을 하지 마라. 도리어 해를 입는다.
좋은 운수가 점점 돌아오니 모든 일이 길하다.
이후부터는 차차 형통하리라.

10 망령되게 행동하지 마라. 횡액이 몸에 침노한다.
옛것을 지키고 안정을 취하면 이 수를 거의 면하게 된다.
서쪽으로 가면 재물을 잃고 구설로 시달린다.

11 가을풀이 서리를 만나니 무슨 일이 유익하리요.
십일월의 수는 손익(損益)이 별로 없다.
동쪽에 재물이 있으니 나가면 얻을 수 있다.
어느 성(姓)에 이익이 있는가.
권(權)가 박(朴)가에게 길함이 있다.

12 반드시 형통할 것이니 이 시기를 놓치지 마라.
명산에 기도하면 집안이 화평해진다.
횡액수가 있으니 출행하지 마라.

유곤유흉화지의(有困有凶禍之意)

상쾌한 바람과 밝은 달 아래 홀로 앉아 동이를 두드리는구나.
음양이 화합하니 만물이 생성한다.
하는 일마다 이루지 못하니 혹 질병이 생길까 두렵다.

용이 푸른 바다를 만났으니 반드시 좋은 일이 있으리라.
처음엔 길하나 나중엔 어려움이 많다.
고향을 떠나니 외로움 달랠 길 없구나.
만일 이와 같지 않으면 아내에게 근심이 생긴다.

콩 심은 데 콩 나고 팥 심은 데 팥 난다.
앞에는 높은 산이 가로막고 뒤에는 준령(峻嶺)이 버티고 있구나.
가문 하늘에 때로 단비가 내려 새싹을 적셔준다.

1

일도 없고 업도 없으니 수고하나 공이 없다.
만일 관가(官家)의 일이 없으면 집에 질병이 있으리라.
귀인을 만나면 신상에 영화가 생긴다.

2

봄날이 따뜻하니 봉이 처마 위에 새끼를 친다.
집에 경사가 있으니 이는 반드시 득남할 수다.
북쪽에 재물이 있으니 구하면 가히 얻으리라.
남쪽으로 향하지 마라. 길함이 흉으로 변한다.

3

서남(西南)쪽이 해로우니 그쪽에는 가지 마라.
권(權)가 장(張)가 두 성을 가까이하면 해가 있다.
만일 다투지 않으면 구설이 분분하리라.

4

관록(官祿)이 따르면 상처(喪妻)를 면한다.
주작(朱雀)이 발동하니 간간이 구설이 따른다.
만일 경사가 아니면 반드시 상을 당하거나 실패하게 된다.

5

남쪽으로 가지 마라. 길이 흉으로 변한다.
만일 귀인을 만나면 뜻밖에 횡재를 한다.
혹 손재(損財)를 당할 수 있으니 모든 것을 조심하라.

6

서쪽으로 가지 마라. 길이 흉으로 변한다.
일이 많이 막히니 일을 구해도 이루지 못한다.
뜻만 있고 이루지 못하니
이는 시작만 하고 끝을 보지 못한 까닭이다.

7

모든 일을 조심하라. 혹 재물을 잃을까 두렵다.
올해는 돈으로 인해 걱정하리라.
동북에 가까이 가지 마라. 시비로 시달릴 수다.

8

날려고 하나 날지 못하니 이를 어찌할까.
경영하는 것이 모두 허망하게 된다.
운수가 불길하니 망령된 계교를 부리지 마라.

9

수심이 가득하니 차라리 집에 있느니만 못하다.
송사(訟事)에 말려들지 마라. 구설로 시달린다.
비록 재물을 얻어도 모으기는 어렵다.

10

작은 새가 수풀을 벗어나니 의탁할 곳 한 군데가 없구나.
만일 횡액(橫厄)이 아니면 손재를 면하기 어렵다.
욕심을 부리지 마라. 도리어 실패하리라.

11

옛것을 버리고 새것을 좇으니 기쁜 일이 많으리라.
반드시 작은 재물을 얻으리니 북방으로 가라.
늦게 준마(駿馬)를 얻어 하루에 천리를 달린다.

12

마음에 주장하는 것이 없으니 기쁨과 슬픔이 상반된다.
일이 여의치 못하니 수고만 많구나.
운수가 삼동(三冬)에 열렸으나 작지도 않고 크지도 않다.

311 초흉후길지의(初凶後吉之意)

선착장에 엎드려 삼경을 울고 가는 나그네여,
인생사 허무한 것을 무얼 그리 슬퍼하나.
건너려 해도 배가 보이지 않는구나.
위아래 사람이 불화하니 가정이 불안하다.
명예를 손상당하지 않으면 곤욕을 치르리라.

삼동(三冬)의 수는 강을 건너면 해가 따르니 피해야 한다.
만일 강을 건너면 많은 재물을 잃는다.
동서로 분주히 뛰어다니나 쉽게 이루지 못한다.

신선의 술을 훔쳐 마시니 얼굴이 벌겋게 달아오른다.
하늘에서 죄를 내리니 빌 곳이 없다.
때를 기다려 움직이고 망령되이 나가지 마라.

1

칠흑 같은 그믐밤 생명처럼 믿고 있던 등불마저 꺼졌으니
한 치 앞도 분간할 수 없구나.
한(恨) 깊어 스스로 자탄하니 누가 있어 능히 이 마음을 알아줄까.
다른 사람과 일을 하면 반드시 손해를 보리라.
재물을 구하려면 북쪽을 향해야 한다.

2

집에 있으면 길하나 밖으로 나서면 후회하게 된다.
만일 이사하지 아니하면 슬하에 놀랄 일이 생긴다.
음우(陰雨)가 몽몽하니 밝은 달이 나타나지 못하리라.

3 앞길이 형통하니 반드시 재물을 얻는다.
모사가 쉽게 이루어지니 생활이 평탄하리라.
집에 경사가 있으니
그토록 오랫동안 기다려왔던 자식을 보게 된다.

4 봄이 지나면 여름이 되고 가을에 낙엽 지면
거리가 살얼음으로 뒤덮이는 것이 자연의 순리.
아무리 지혜롭고 총명해도 이 순리를 벗어날 수는 없는 것.
재물이 없는 것을 탄식하지 마라. 궁(窮)하면 달(達)하리라.
타향에 가지 마라. 구설이 침노한다.
사월과 오월에는 액(厄)이 있으니 몸가짐을 신중히 하라.

5 아, 무심한 세월이여.
늙은 용이 구름을 타고 하늘에 올라
조화를 부리려 하나 되지 않으니,
노을 곁에 검붉게 타오르는 안타까움이여.
고기와 용이 물을 잃은 격이니 시종 불리하리라.
운수가 불길하니 혹 복제(服制)를 당할 수 있다.
삵을 피하려다 범을 만난 격이니 하는 일에 위험이 많다.

6 때를 잘못 만났으니
아무리 재주를 부려본들 무슨 소용 있겠는가.
관귀(官鬼)가 발동하니 하는 일마다 이루지 못한다.
두 사람 마음이 각각이니 동업을 하면 시비와 구설이 뒤따른다.
만일 이사하지 않으면 슬하에 놀라게 될 일이 있다.

7 짝 잃은 외기러기 삼경을 날다가
달빛 내린 고목에 앉아 애절하게 울고 있구나.
허망한 일로 필연 손해를 볼 징조다.

가을 석 달의 수라면 가히 분수를 지켜야 한다.
이익이 어느 곳에 있는가. 남북인 줄 알아야 한다.

8

허욕을 부리지 마라. 시종 불리하다.
집에 있으면 심란하니 남쪽으로 출행(出行)하라.
재수(財數)가 뒤늦게 돌아오니 논밭에 이익이 있다.

9

해와 달이 광채를 잃었으니 이 비통함을 어찌할까.
만일 재물을 잃지 않으면 자손에게 근심이 생긴다.
구월의 수는 질병을 조심하라.
이 고비를 넘기면 사방에서 이익을 얻으리라.

10

깊은 산의 작은 토끼가 범떼를 어찌 막을까.
다른 사람을 믿지 마라. 간혹 구설이 따른다.
북쪽은 길하나 남쪽에는 해가 있다.

11

재수가 불길하니 구하여도 얻지 못하리라.
남쪽에 액이 있으니 횡액(橫厄)을 조심하라.
분수를 지키고 편히 있으면 가히 이 화를 면할 수 있다.

12

작은 것으로 큰 것을 얻으니 그 이로움이 아주 많다.
재물이 사방에 널려 있으니 큰 재물을 얻으리라.
동서 양방향에서 일을 꾸미면 불리하다.

음양화합지의(陰陽和合之意)

파랑새가 소식을 전하니 홀아비가 배필을 얻는다.
십년을 경영한 것은 하루의 영광을 위해서이다.
길운(吉運)이 돌아오니 위험 속에서도 무사히 살아나온다.

금성(金姓)이 와 도와주니 반드시 기쁜 일이 있으리라.
만일 남의 도움을 받으면 혼인할 수다.
금년엔 반드시 좋은 일이 있을 수다.

고기가 용문(龍門)으로 들어가 용과 봉황을 받든다.
명성을 일세(一世)에 떨치니 금문(金門)에 말을 세운다.
물가에 어른거리는 달빛이 나를 좇아 천리를 달려온다.

1

버드나무 가지 위에 앉아 지저귀는 앵무새,
그 소리 요란하니 어인 일인가.
지나던 객이 그 소리 듣고 꽃소식인 줄 능히 아는구나.
귀성(貴星)이 문을 비추니 귀인(貴人)을 만나리라.
집에 경사가 있으니 청초한 미인과 대작(對酌)하리라.
식구가 늘고 논밭을 늘리게 된다.

2

봄바람에 수양버들 가볍게 흔들리고,
가랑비 촉촉이 내리니 그 자태 가히 돋보인다.
슬하에 경사가 있고 금과 옥이 집안에 가득하리라.
이름을 원근(遠近)에 떨치니 사람이 다 우러러본다.
복숭아나무가 때를 만나 꽃을 피운다.

3

혹 질병이 생기리니 미리 도액(度厄)하라.

만일 질병이 있거든 박(朴)씨 의원을 찾아가라.

괘에 길성이 있으니 사지에서 견뎌내면 진정한 삶을 누리게 된다.

4

처음과 끝이 같으니 반드시 영귀(榮貴)하게 된다.

수성(水姓)을 가까이하지 마라. 일을 방해할 수다.

만일 횡재하지 않으면 혹 질병이 있을 수 있다.

5

새벽 푸른 정적을 깨고 석공의 정소리 끊이지 않더니

옥이 있어 그 빛 천리를 비추는구나.

운수가 돌아오니 복록(福祿)이 저절로 쌓이리라.

길성이 문을 비추니 태성(胎星)이 깜박거린다.

먼저 큰 이익을 얻고 나중에 안정을 취하게 된다.

6

집에 경사가 있으니 이는 반드시 득남할 수다.

마음을 바르게 하고 때를 기다리면 반드시 성공한다.

다른 사람과 다투면 손해가 따르니 되도록 시비를 삼가야 한다.

7

동산에 가랑비 내려 송백(松柏)이 무성하니 그 기쁨 천하에 떨친다.

재록(財祿)이 따르니 그 이름 사해에 떨치리라.

재성(財星)이 문을 들어서니 반드시 횡재를 만난다.

웃음소리가 담장 밖을 넘어가니 가정에 기쁨이 가득하다.

8

넘실거리는 맑은 강물에 옷자락 드리우는 산 그림자,

또 하나의 대지를 이루었구나.

하는 일마다 길하니 재물이 저절로 쌓인다.

귀인이 서로 도와주니 그 가운데 이익이 있다.

서쪽에 재물이 널려 있으니 뜻밖에 얻게 된다.

9

가야 할 길 만리인데 어느덧 서산에 해는 지고,
지형과 방향을 분간하지 못하니 진퇴양난이로구나.
다른 사람이 나를 꺼리니 소망하는 것을 이루지 못한다.
집에 길함이 있으니 집에 있으면 귀인이 찾아와 도와준다.

10

사창(紗窓)에 달빛이 드니 일이 반드시 이루어진다.
문서가 길하고 논밭에서 이익을 얻는다.
본심으로 분수를 지키면 모든 일이 순조롭게 풀린다.

11

고기와 용이 생수를 얻으니 활기 창창하고 그 생기 유유하여라.
매사가 뜻과 같으니 가히 큰 재물을 얻으리라.
원행(遠行)하지 마라. 불리한 일이 따른다.

12

만일 금성(金姓)이 도우면 반드시 기쁜 일이 생긴다.
마음을 급하게 갖지 마라. 길이 흉으로 변하리라.
일이 여의치 못하니 세상일이 허망하다.

유두무미지의(有頭無尾之意)

일이 멀고 아득하니 마치 낮도깨비 같다.
바람 불어 하나 남은 등불마저 꺼지니 주위가 어두워진다.
일월(日月)이 밝지 못하니 동서를 분별치 못한다.

친한 사람을 믿지 마라. 말만 하고 일은 어긴다.
매사를 이루지 못하며 타인이 속이리라.
집에 있으면 길하고 출행(出行)하면 불리하리라.

길 다니는 것이 편치 못하니 강물은 아예 건너지 마라.
달은 차면 이지러지고 그릇은 차면 넘친다.
깊은 숲에서 밤에 비단옷을 입고 뽐내며 걷지만 보아주는 이 하나 없다.

1
가만히 있으면 직업을 잃고 활동하면 이익을 얻는다.
만일 재물을 잃지 않으면 질병이 침노한다.
기쁨과 근심이 서로 섞이니 한 번은 기쁘고 한 번은 슬프다.

2
풍파(風波)에 배를 띄우니 나가려 해도 가지 못한다.
세상일이 뜬구름 같으니 처음엔 길해도 나중에 흉하게 된다.
만일 구설이 아니면 도둑이 들까 두렵다.

3
신수(身數)가 불길하니 질병을 조심하라.
명산에 기도하면 가히 이 수를 면할 수 있으리라.
문을 걸어 잠그고 가만히 있으면 마침내 복이 찾아온다.

4

해가 구름 속으로 들어가니 세상이 어두워진다.
문 밖에 해(害)가 도사리고 있으니 손재(損財)가 많이 따르리라.
사람으로 인해 해를 입으니 특히 금성(金星)을 멀리하라.

5

봄바람이 온 대지를 휩쓰니
온갖 꽃이 만발하고 백초(百草)가 신약(神藥)이로다.
화합의 대기에 길게 기지개를 켜는 태평성국이로다.
신상에 길함이 있으니 하는 일마다 반드시 형통하다.
바야흐로 재물운이 돌아오니 가도(家道)가 흥왕하리라.
편안히 집에서 지내면 그 가운데에서 이익이 생긴다.

6

작은 것으로 큰 것을 바꾸니 재물운이 대통하다.
타인의 재물을 탐내지 마라. 도리어 손해를 보리라.
시비를 가까이하지 마라. 구설이 침노한다.

7

새가 날개를 다쳤으니 날려고 하나 날지 못한다.
일에는 두서(頭緒)가 있으니 급히 도모하지 마라.
혹 구설이 뒤따르고 모사(謀事)를 이루지 못하리라.

8

이지러진 달이 다시 둥글어지니 기쁨과 괴로움이 상반된다.
횡액(橫厄)을 피하려면 미리 남쪽으로 가야 한다.
괴로움 끝에 낙이 돌아오리라.

9

달이 서천에 떨어지니 밤꿈이 몹시 흉하다.
도둑이 두렵고 재물을 잃을까 염려된다.
뜻하지 않은 일로 많은 재물을 잃게 된다.

10

문서가 해로우니 토성(土姓)을 가까이하지 마라.
뜻하지 않은 재물이 우연히 집안으로 들어온다.
사방에 이익이 널려 있으니 반드시 큰 재물을 얻게 된다.

11

먼길을 나서지 마라. 반드시 그 해를 입으리라.
강 남쪽 물가에 배를 띄우니 작은 배가 난파당한다.
집에 불길함이 있고 무난한 일로 손해를 본다.

12

눈보라 휘날리는 겨울 바다에 서니
하얀 원무를 그리며 나는 갈매기떼.
바다여, 이 억눌린 가슴 누구에게 하소연하며
또 뉘라서 이 마음 알아주리요.
만일 질병이 아니면 부모에게 근심이 생긴다.
큰 것이 가고 작은 것이 돌아오니 반드시 재물을 탕진하게 된다.
일이 여의치 못하니 세상만사가 꿈만 같다.

병이 깊으니 명의인 편작(扁鵲)도 고치지 못한다.
가신(家神)이 발동하니 가정이 불안해진다.
수화(水火)를 조심하라. 한번 헛되이 놀라게 된다.

재물운을 말하자면 얻은 것이 도리어 흉해진다.
정월에는 많은 재물을 잃게 된다.
정월 중순에는 반드시 딸을 낳으리라.

마음이 가득 차고 뜻이 족하니 반은 잃고 반은 얻는다.
작은 것이 가고 큰 것이 들어오니 군자의 도가 자란다.
지모(智謀)가 짧고 얕으니 도모하다 도리어 실패하게 된다.

1
터가 움직이니 반드시 구설이 따르리라.
다른 일을 꾀하면 실패한다.
타인의 재물을 탐내지 마라.
낭패를 면하지 못한다.

2
만일 이사하지 않으면 처자에게 근심이 생긴다.
경영하는 일은 처음엔 될 것 같다가도 끝내 이루지 못한다.
밖으로 나서면 마음이 한가하고 집 안에 있으면 마음이 심란해진다.

3
굶주린 자가 밥을 얻었으나 숟가락이 없으니 이를 어찌할까.
재물운이 공허하니 횡재수가 도리어 흉으로 변한다.
시비를 가까이하지 마라. 구설이 따른다.

4

달이 검은 구름 속으로 들어가니 그 빛을 잃는구나.
다른 사람과 일을 꾀하나 도무지 이루지 못한다.
구설수가 있으니 남과 다투지 마라.

5

천을귀인성(天乙貴人星)의 불빛이 대청 마루에 떨어지니
달 밝은 들창가에 뉘 와서 의젓이 서 있는가.
동남 양쪽에서 귀인(貴人)이 와 도와주려 한다.
분수 밖의 일을 꾀하지 마라. 혹 실패할 수가 있다.
집에 우환이 있으니 그 해가 아주 크다.

6

재물이 길가에 있으니 애써 구하면 얻으리라.
유월과 칠월에는 모든 일에 마가 낀다.
같은 일을 반복할 수도 있으니 타인을 멀리하라.

7

길을 가려고 해도 길이 없으니 이를 어찌할까.
일을 다 이루지 못해 반드시 번민하게 된다.
횡액수(橫厄數)가 있으니 성심껏 도액(度厄)하라.

8

여행을 하지 마라. 질병이 몸에 침노한다.
남의 말을 듣지 마라. 일에 허황함이 있으리라.
여자를 가까이하지 마라. 반드시 재물을 잃는다.

9

생소한 사람은 사귀지도 말고 함께하지도 말라.
만일 이사하지 않으면 질고를 면하기 어렵다.
서쪽과 북쪽이 해로우니 출행(出行)하지 마라.

10

밤 깊어 세상은 고요하고자 하나
광풍은 왜 이다지도 거칠게 불어닥칠까.
천지가 이러하니 편안할 수가 없다.
소망한 일은 결국 하나도 이루지 못한다.
매사에 막힘이 많으니 허황된 일은 처음부터 피해야 한다.
목성(木姓)을 가까이하면 구설을 면하기 어렵다.

11

일생일대의 꿈을 안고 혼신을 다해 달려온 화살이 과녁에 꽂히니
하늘이 새로 열리고 바다 한가운데 홀연히 땅이 일어선다.
집에 경사가 있으니 이는 자손의 경사라.
일년의 운수는 삼동(三冬)에 몰려 있다.
최(崔)가 김(金)가 정(鄭)가 박(朴)가는 금년에 해롭다.

12

십오야(十五夜) 밝은 달이 천하를 환히 비추니
네 눈부신 자태에 한갓 먹구름이 무슨 소용 있겠는가.
우연한 재물이 뜻밖에 들어온다.
만일 화성(火姓)이 도우면 횡재를 만날 수다.
동서 양방향에서는 이를 구해도 얻기 힘들다.

화합유결실지의(和合有結實之意)

모춘(暮春) 삼월에 꽃이 떨어지고 열매가 열린다.

큰 가뭄에 단비가 내리니 이 아니 기쁠쏜가.

구름이 흩어지고 달이 고운 얼굴을 내미니 그 경색이 가히 새롭다.

강가에 풀빛이 푸르니 소가 좋은 풀을 만난다.

금년엔 반드시 득남할 수다.

만일 이와 같지 않으면 혼인할 수로다.

선선한 바람이 부니 우물가에 선 오동나무가 가을을 먼저 안다.

몸과 마음이 다 같이 편하니 모든 일을 이루게 된다.

해진 옷을 입고 지친 모습으로 돌아가던 나그네가

마침내 길함을 만난다.

1

이른 봄날 다리를 걷어붙이고 여울을 건너니

시원한 산의 정기가 몸 속에 임하는구나.

음양이 화합하니 반드시 경사가 뒤따르리라.

태성(胎星)이 문을 비추니 반드시 득남할 수다.

다른 사람이 도와주어 재물이 많이 쌓일 수다.

2

벼슬하지 못하면 반드시 재액(災厄)이 따른다.

모든 일이 쉽게 풀리니 하루에 천금을 얻으리라.

길운(吉運)이 돌아오니 몸이 귀하게 되고 재물도 왕성해진다.

3

바른 마음으로 일을 꾀하면 모든 일이 형통하리라.

만일 옮겨 살지 않으면 해를 당할 염려가 있다.

산고(産苦)가 아니면 식구가 늘어난다.

4

만액(萬厄)이 소멸되니 몸도 재물도 왕성해진다.
동쪽의 목성(木星)이 우연히 와 도와주니 모든 일을 이룬다.
박(朴)가 이(李)가가 뜻밖에 도와준다.

5

깊은 산골짜기에 햇볕이 찾아드니 만물이 소생한다.
재성(財星)이 비추니 많은 재물을 얻으리라.
헛되게 움직이면 해롭고 신중히 일을 도모하면 길하다.

6

동산에 가랑비가 내리니
송백(松柏)이 무성하여 그 기쁨 천하에 떨치리라.
만일 재물이 생기지 않으면 슬하에 경사가 있다.
처음엔 흉하고 나중엔 길하니 흉한 중에 길함이 있다.

7

칠월과 팔월에는 구설을 조심하라.
물과 불이 만났으나 상극이니 다투어도 서로 이익이 없다.
마땅히 동서로 가라. 반드시 횡재가 기다릴 것이다.

8

귀인을 만나면 재물도 몸도 왕성해진다.
도가 높고 이름을 사해에 떨치니 귀인(貴人)을 만나게 되리라.
모든 일이 여의(如意)하니 신상이 평안하다.

9

넘실거리는 맑은 강물에 옷자락 드리운 산 그림자.
또 하나의 대지를 이루었구나.
다른 이의 힘을 얻으면 적수성가(赤手成家)하리라.
작은 것이 가고 큰 것이 들어오니 반드시 성공한다.

10

무심한 계절이여. 백설이 얼음으로 변하니 초목이 움트지 못한다.
시비로 인해 재물을 잃으리라.
만일 그렇지 않으면 구설로 시달리게 된다.

11
향기를 내뿜는 뜰 앞의 난초여.
홀로 봄빛과 가을 정취를 만끽하는구나.
일월(日月)이 항상 밝으니 기쁨이 가정에 가득하다.
만일 이름이 나지 않는다면 반드시 재물을 얻는다.

12
시비를 가까이하지 마라. 구설이 침노한다.
재물을 잃을 수가 있으니 목성(木姓)을 조심하라.
편하게 잘 지내니 세상사가 다 태평하리라.

활만 있고 화살이 없으니 오는 도둑을 어찌 막으랴.
재물도 있고 덕도 있으니 쉽게 성공하리라.
남의 말을 듣지 마라. 좋은 일에 마가 많다.

이사를 하면 재물을 얻는다.
모든 일을 주의해서 하라. 앞길에 위험이 놓여 있다.
힘든 것을 한탄하지 마라. 반드시 길함이 있으리라.

한 번 기쁘면 한 번 슬프니 이는 조상의 무덤에 흠이 있기 때문이다.
서남 양방향에서 재물을 잃을 수가 있으니 출행(出行)하지 마라.
친한 벗을 믿지 마라. 재물을 잃을까 두렵구나.

1

범이 들로 나섰으나 기운이 다하니 어찌 더 살기를 바라리요.
출행함이 길하니 마땅히 동남쪽으로 가야 한다.
금년엔 북쪽이 가장 길하다.

2

경영하는 일은 시작만 있고 끝을 보지 못한다.
이월과 삼월에는 하는 일에 거스름이 많으리라.

3

말을 타고 광활한 광야를 달려도 시원찮은데
아직도 산중험로를 벗어나지 못했구나.
신상에 위태로움이 있으니 도시에는 가지 마라.
질병이 아니면 필히 자식을 보게 될 것이다.
만일 이와 같지 않으면 구설에 시달리리라.

4

실패수가 있으니 꾀하는 일마다 이익을 얻지 못한다.
분수를 지키고 살아라.
망령되게 움직이면 패하게 된다.
동쪽은 길하고 남쪽은 해로우리라.

5

신수가 불리하니 횡액(橫厄)을 조심하라.
금성(金姓)이 해로우니 같이 일을 꾀하지 마라.
다른 경영을 하지 마라. 일이 그릇된다.

6

매사에 막힘이 많으니 심신(心神)이 산란하다.
재물운을 말하자면 손재(損財)가 적지 않다.
고목에 봄이 돌아오니 시종 빛이 난다.

7

매화꽃이 떨어지니 그 열매가 탐스럽다.
가문 하늘에 단비가 내리니 온갖 곡식이 풍성해진다.
신상에 길함이 있으니 귀인(貴人)이 와서 도와주리라.
모든 일에 분수가 있으니 함부로 외재(外財)를 탐내지 마라.

8

산처럼 마음을 무겁게 채우고 한 세상 겨누어라.
만일 질병이 아니면 반드시 큰 근심이 생긴다.
마음에 주장하는 바가 없으니 뜻밖의 일을 만난다.
시비를 가까이하지 마라. 관재(官災)를 면하기 어렵다.

9

서북이 길하니 이는 필시 여자일 것이다.
이익이 북쪽에 있으니 그쪽으로 가면 이익을 얻으리라.
일을 꾸며도 성패가 불명하니 기회를 봐서 행동하라.

10

밖으로 나가 구하여도 얻지 못하니 차라리 집에 있느니만 못하다.
겉으론 부(富)한 듯하나 속은 비었으니 이를 어찌할까.
재앙이 사라지면 필히 복이 돌아오니 참고 기다려라.

11

조용히 있으면 길하고 움직이면 해가 따르리라.
몸이 고달픈 것을 탓하지 마라. 마침내 영화가 있을 것이다.
분수 밖의 일을 행하지 마라. 반드시 실패한다.

12

성패가 많으니 이 신수를 어찌할까.
만일 복제(服制)를 당하지 않으면 슬하에 근심이 있을 것이다.
별로 이해도 없는데 구설이 항상 따라다닌다.

재가심란출타지의(在家心亂出他之意)

대상(大商)이 손으로 천금을 희롱한다.
어린 싹은 봄을 만나고 연꽃은 가을을 만나 꽃을 피운다.
가뭄 끝에 비를 만나니 싹이 파릇하게 빛난다.

남의 도움을 받아 꾀하는 일을 성사시킨다.
금년의 운수는 상업으로 이익을 얻는다.
귀인(貴人)이 도와주니 소망이 여의(如意)하리라.

쥐가 창고에 든 격이니 재리(財利)가 형통하다.
달이 나오니 천지가 다 환해진다.
스스로 길(吉)을 얻으니 이는 반드시 귀인이리라.

1
고국에 봄이 돌아오니 만물이 다시 생성한다.
문서가 변하여 복이 되니 의외의 재물을 얻으리라.
재물이 관문(官門)에 있으니 절대 외부의 재물을 탐내지 마라.

2
용이 작은 내[川]에 있으니 언제나 구름과 비를 부를까.
이익을 말하자면 길흉이 서로 뒤섞이는구나.
재물운이 성하니 우연히 큰 재물을 얻는다.

3
삼월 봄바람이 부니 복숭아꽃이 만발한다.
재물이 관문에 있으니 어찌 좋은 일이라 하지 않겠는가.
근심이 흩어지고 기쁨이 생기니 신수(身數)가 태평하다.

4

동풍에 얼어붙었던 대동강도
스스로 어깨를 풀고 봄을 노래하는구나.
두 사람의 마음이 같으면 무슨 일을 이루지 못할까.
귀인이 도와주니 천금을 얻으리라.
동원(東園)에 꽃이 피니 반드시 자식을 볼 것이다.

5

오월과 유월에는 재물이 산같이 쌓이리라.
길성(吉星)이 문을 비추니 노인이 나이 어린 여자와 결혼한다.
경영하는 일은 사람의 도움을 받아 성사시킨다.

6

운수가 돌아옴이 봄 같으니 때가 되면 만물이 스스로 생성한다.
모든 일을 이룩하니 뜻밖의 재물을 얻는다.
가운(家運)이 왕성하니 귀인이 도와주리라.

7

다른 사람과 일을 꾀하면 반드시 재리(財利)를 얻는다.
칠월과 팔월에는 반드시 음사(陰事)가 있다.
서쪽에서 만난 여자를 믿지 마라.
무단한 일로 구설이 따르리라.

8

달 밝은 사창(紗窓)에서 귀인을 만나 친해진다.
집에 경사가 있으니 이는 바로 슬하의 경사로다.
만일 그렇지 않으면 관록(官祿)이 따를 것이다.

9

가문 하늘에 단비가 내리니 온갖 곡식이 풍성하다.
초목에 다시 봄이 돌아오니 날로 그 빛을 더한다.
이것으로 논하자면 매사에 길함이 있으리라.

10 동원의 복숭아가 비로소 그 열매를 맺는다.
작은 것을 쌓아 큰 것을 이루니 재물이 산같이 불어난다.
집에 있으면 이익이 없으니 출행(出行)하여 재물을 얻어야 한다.

11 소망한 일은 반드시 성취한다.
힘써 노력하면 반드시 재리가 따를 것이다.
물가에 가지 마라. 횡액(橫厄)이 따를까 두렵다.

12 구하려 해도 구하지 못하니 망신살이 사해(四海)에 뻗친다.
큰 것으로 작은 것을 바꾸니 반드시 손해를 본다.
재물을 놓고 마음을 상하게 되니 허욕을 부리지 마라.
분수를 지키고 있으면 의외의 횡재를 만난다.

북망산 아래 이엉을 엮어 띳집을 세운다.
흉이 암동(暗動)하니 가정이 불안하다.
기도하면 흉이 길하게 변하리라.

한 해의 운수가 불리하니 도무지 모든 일에 마음이 가지 않는다.
흉이 사라지면 반드시 길이 찾아오니
처음엔 힘들어도 나중엔 길하리라.
만일 친환(親患)이 아니면 슬하에 근심이 생긴다.

하늘이 늙고 땅이 거치니 영웅이 도무지 공을 세우지 못한다.
위아래 사람이 화목하지 못하니 처음엔 웃어도 나중엔 울게 된다.
동남쪽에 이익이 있으니 꾀하는 일을 이루게 된다.

1
일월(日月)을 볼 수가 없으니 마음 속에 근심이 많다.
집안이 불안하니 무슨 일을 성심껏 할 수 있으리요.
만일 금성(金姓)을 가까이하면 손재(損財)를 면하기 어렵다.

2
집에 불평이 있으니 위아래에 근심이 가득하다.
집을 떠나 어디로 향하는가. 몸이 도시(都市)에서만 노는구나.
다른 사람 말을 믿지 마라. 처음엔 좋아도 나중에 흉으로 변한다.

3
마음이 불안하니 재물을 구해도 얻지 못한다.
벼슬하는 사람은 관직에서 물러나게 되고
농사 짓는 사람은 이익을 보지 못한다.
다행히 귀인(貴人)을 만나면 횡액(橫厄)을 면하리라.

4

집에 있으면 근심에 휩싸이게 되나
밖으로 나가면 가히 한가로우리라.
동쪽에 가면 귀인이 있어 도움을 받는다.
미리 불전에 기도하면 재앙이 사라지고 복이 돌아온다.

5

뒷동산의 매화가 때를 만나 만발하였구나.
문서에 이로움이 있을 것이다.
가신(家神)이 도우니 흉이 사라지고 복이 돌아온다.
재물운이 왕성하니 재백(財帛)이 풍성하리라.

6

만일 질병이 없으면 구설이 침노한다.
억지로 구하지 마라. 화가 복으로 변할 수 있다.
망령되게 행동하지 마라.
때를 기다리며 편안히 지내야 한다.

7

불전에 기도하면 남은 액을 가히 면할 수 있다.
송사(訟事)할 운수가 있으니 남과 다투지 마라.
다른 사람의 말을 듣지 마라. 별 소용이 없다.

8

일을 끝맺지 못하니 머리는 있되 꼬리가 없는 격이다.
와해(瓦解)되는 일이 많으니 이를 어찌할까.
신상에 액이 많으니 가신(家神)에게 기도하라.

9

모든 일을 성취하니 기쁨이 가득하구나.
명성을 떨치고 몸이 왕성하니
한가로움 속에서 재물을 구하리라.
운수가 이와 같으니 또 무엇을 바라겠는가.

10

깊어가는 가을밤, 마음이 산란한데
누구 하나 알아주는 사람 없으니 찬바람에 눈물만 흘린다.
때를 기다리고 안정을 취하라. 괴로움 뒤에 기쁨이 있을 것이다.
만일 친환이 아니면 슬하에 놀라게 될 일이 있다.
목성(木姓)이 해로우니 거래를 하지 마라.

11

동짓달과 섣달에는 길흉을 분별하기 어렵다.
도액(度厄)하지 아니하면 길이 흉으로 변하리라.
다른 사람과 하는 일은 반드시 허황하게 될 것이다.

12

동쪽에 나무가 있어 때로 슬피 우는구나.
신운(身運)이 불리하니 혹 질병이 따를까 두렵다.
목성(木姓)을 가까이하지 마라. 반드시 재앙이 생긴다.

유사성공지의(有事成功之意)

남산(南山)에서 범을 향해 활을 겨누니
연이어 다섯 대를 명중시켰구나.
성심껏 노력하면 늦게나마 빛이 난다.
처음엔 비록 괴로움이 있어도 마침내 영화롭게 되리라.

만일 질병이 생기지 않으면 남과 다투게 된다.
모든 일이 여의(如意)하니 도처에서 권리를 얻으리라.
때를 봐서 행동하면 틀림없이 성공을 거둔다.

용이 하늘을 나니 대인(大人)을 만나 이익을 얻는다.
나가면 장군이요, 들어오면 정승이니 모든 일이 뜻대로 된다.
귀인(貴人)은 동쪽에 있고 이익은 서쪽에 있다.

1
마른 샘이 비를 만나니 물이 많아진다.
음양이 스스로 화합하니 명성을 얻으리라.
위엄을 사방에 떨치니 그 의기 양양하다.

2
십년 장마가 개고 날이 청명하니
온 세상에 광명이 찾아드는구나.
일월(日月)이 환하게 비추니 반드시 기쁜 일이 있다.
집안에 경사가 있으니 이는 바로 자손의 경사다.
칠년 대한(大旱)에 단비가 촉촉이 내린다.

3
용이 하해(河海)를 얻었으니 그 조화가 무궁무진하다.
타인의 재물이 우연히 집안으로 들어온다.
운수가 길하니 능히 그 소망을 이루리라.

4

군자는 벼슬을 얻고 소인은 재물을 얻는다.
재물이 시장에 있으니 구하면 조금 얻을 수 있다.
원행(遠行)하면 이로움보다 불리함이 많으니
차라리 집에 있느니만 못하리라.

5

재물을 잃을 수가 있으니 모든 일을 조심해야 한다.
북쪽 사람을 믿지 마라. 수성(水姓)에게 해가 있으리라.
만일 원행하지 않으면 질병이 침투한다.

6

뒷동산에 매화가 만발하니 가히 때를 얻는다.
만일 벼슬하지 않으면 반드시 재물을 얻게 된다.
금성(金姓)이나 목성(木姓)이 의외로 도와주리라.
마음을 돌같이 굳게 하라. 수고한 뒤엔 반드시 공이 따른다.

7

칠월과 팔월에는 고기와 용이 물을 얻는다.
너무 좋은 것이 도리어 근심이 되니 차라리 허황함만도 못하다.
분수를 지키며 망령되게 행동하지 마라.

8

때로 단비가 내리니 풍년을 기약할 수 있다.
서북 양방향에서 귀인이 와 도와주리라.
귀인은 어떤 성에 있는가. 필시 목성(木姓)일 것이다.

9

갠 하늘에 달이 나오니 그 경색(景色) 참으로 아름답다.
마음과 몸이 편하니 성공하기에 무엇이 어려울까.
귀인은 어디에 있는가. 반드시 서북쪽이다.

10

가을을 맞이한 연꽃이 지금은 만발하나 그것도 잠시뿐이다.
외재(外財)를 탐내지 마라. 반드시 허황하리라.
만일 횡재를 하지 않으면 득남할 수다.

11 창파(滄波)에 낚시를 드리우니 늦게야 고기를 얻는다.
신수(身數)가 대길하니 소원을 성취하리라.
만일 횡재하지 않으면 관록(官祿)이 따른다.

12 여색을 가까이하면 무단한 일로 구설이 뒤따른다.
돌 사이 쇠잔한 물이 쉬지 않고 바다로 흘러간다.
모든 일이 쉽게 풀리니 구하는 바를 얻게 되리라.

욕진부달지의(欲進不達之意)

만리나 되는 긴 여정에 갈수록 산이 높아진다.
일이 여의치 못하니 자주 자리를 옮긴다.
삼춘(三春)에는 마음이 산란할 운수다.

남과 다투지 마라. 구설이 따를까 두렵다.
일을 끝맺지 못하니 마음이 편하지 않구나.
수심이 떠나지 않으니 출행(出行)하면 길하리라.

오동잎이 떨어지니 봉황이 깃들이지 않는다.
흰 모래사장과 맑은 시냇물 위로 달빛이 내린다.
복제(服制)를 당할 수 있고 신병이 따를까 두렵다.

1

깊은 산에서 이슬 먹고 자란 외로운 고송이요,
큰 바다에서 한 조각 바람에 매달려 흔들리는 조각배 신세로다.
운수가 많이 거슬리니 반드시 손해를 입는다.
일에는 올바른 이치가 있으니 흉이 변하여 길하게 된다.

2

혹 횡액(橫厄)이 따를까 두려우니 미리 도액(度厄)해야 한다.
위아래 사람이 마음을 달리하니 매사를 이루지 못하리라.
목성(木姓)과 토성(土姓) 두 성이 뜻밖의 해를 끼친다.

3

삼춘(三春)에는 이익이 없으나 여름에는 여의(如意)하리라.
북쪽에 가지 마라. 반드시 실패할 수다.
비록 노력을 하나 도무지 공을 세우지 못한다.

4

버들잎 푸르고 복숭아꽃 붉으니 가히 삼춘(三春)을 만난다.
심신(心神)이 태평하니 집안에 경사가 많으리라.
재물이 외지에 있으니 출행하면 길하다.

5

수심이 그치지 않고 또한 구설이 침노한다.
시비를 가리지 마라. 사소한 일이다.
인명을 구해주었으나 은혜가 도리어 원수가 되어 돌아온다.

6

꽃이 떨어져도 열매는 열리지 않고
때아닌 광풍만 부니 이는 어인 일인가.
신수(身數)가 이와 같을 것이니 이 신세를 어찌할까.
다행히 귀인이 와 도와주니 어찌 좋지 않겠는가.

7

달 밝은 청산을 날아다니는 두견아, 네 울음 저리도 애달프구나.
동쪽에 가지 마라. 반드시 손해를 볼 것이다.
비록 재물은 얻지만 얻어도 반은 잃는다.

8

비록 노력은 하나 수고하여도 공이 없구나.
만일 손재(損財)를 당하지 않으면 반드시 아내를 잃는다.
그러나 손해본 것을 한탄하지 마라. 신병의 근원이 된다.

9

하룻밤 광풍에 꽃이 떨어지니 그 잎들 모두 어디로 갔는가.
일이 여의치 못하니 마음에 번민이 많이 도사린다.
집안이 불안하니 성조(聖鳥)에게 기도하라.

10

노력을 아끼지 마라. 마침내 큰 재물을 얻으리라.
동으로 닫고 서로 달리니 필연 분주할 수다.
깊은 산에서 흘러온 물이 쉬지 않고 바다로 흘러들어간다.

11

구름이 흩어지고 달이 하얀 발목을 내디디니
그 경색(景色)이 참으로 새롭다.
봄풀이 제 계절을 만났으니 일취월장(日就月將)하리라.
출행하면 이익을 얻으리니
어찌 하늘이 준 복이라 하지 않겠는가.

12

기회를 보아 행동하면 반드시 작은 재물을 얻는다.
시비를 가까이하면 송사(訟事)가 따를까 두렵다.
이(李)가 김(金)가 두 성은 반드시 길하게 된다.

유발달지의(有發達之意)

연소(年少)한 청춘이 붉은 티끌을 밟는구나.
가운(家運)이 대길하니 자손이 영귀(榮貴)하리라.
맹호가 수풀 밖으로 나오니 도처에서 권리를 얻는다.

때에 맞춰 단비가 내리니 온갖 곡식들이 풍성해진다.
만일 관록(官祿)이 아니면 횡재를 만날 수다.
신수(身數)가 대길하고 복록(福祿)이 끊이지 않는다.

땅과 하늘에 봄기운이 가득하니 자손을 많이 낳는다.
재복(財福)이 끊이지 않으니 득남의 경사가 있다.
물건에는 각각 주인이 있으니 지켜서 도둑을 막아라.

1

도처에 길함이 있으니 이 기간을 놓치지 마라.
남아가 뜻을 얻으니 그 의기가 양양하다.
몸과 재물이 왕성하고 집안이 화평하리라.

2

만일 관록이 따르지 않으면 도리어 흉하게 되리라.
귀인을 만나면 반드시 큰 재물을 얻는다.
운수가 대길하니 반드시 흥왕하리라.

3

길성이 집을 비추니 그 기쁨 가득하다.
집안에 경사가 있으니 이는 혼인할 수다.
재성(財星)이 문을 비추니 재물을 모은 것이 산과 같다.

4

사월 남풍에 실려 찾아온 손이 있으니 그가 누구인가.
버선발로 맞이하여라. 귀인(貴人)이 있어 네 일을 도와주리라.
소망이 여의(如意)하니 손상되는 것이 하나도 없다.
재물을 구하지 않아도 뜻밖에 저절로 얻게 된다.

5

길하게 되지 않는다면 도리어 해를 입을 수다.
비록 재수(財數)는 좋으나 나가는 것이 많다.
무단한 구설이 송사(訟事)에까지 이른다.

6

집 안에 틀어박혀 있으면 심란한 마음 달랠 길 없고,
집 밖으로 나서도 노심(勞心)을 면치 못한다.
처음은 힘드나 나중엔 길하니
참고 기다리면 많은 재물을 얻으리라.
봄바람 불고 가는 비 촉촉이 내리니 모든 초목이 반가워한다.

7

목성(木姓)은 불리하니 동업하지 마라.
서쪽에서 오는 귀인이 우연히 도와준다.
칠월의 수는 길흉이 서로 뒤섞인다.

8

가문 하늘에 단비가 내리니 마른 싹이 다시 살아난다.
봄닭이 알을 품으니 반드시 득남하리라.
다투지 마라. 구설이 또 따른다.

9

재성이 문을 비추니 움직이면 재물을 얻는다.
재물이 왕성하나 몸이 괴로우니 결국 흉하게 된다.
목성(木姓)에게 해로움이 있으니 같이 일하지 마라.

10 부귀를 함께 누리니 사람마다 우러러보리라.
관가에 가지 마라. 형살(刑殺)이 침투한다.
남과 꾀하는 일은 도리어 실패한다.

11 오곡백과 풍성하고 십오야(十五夜) 둥근 달 뒷동산에 걸렸으니
이 어찌 풍족하지 않으리요.
항상 기쁜 일이 있으니 심신이 태평하다.
동짓달과 섣달에는 모든 일이 쉽게 이루어진다.
만일 횡재하지 않으면 반드시 경사가 생긴다.

12 명예가 사방에 높으니 이 밖에 또 무엇을 구하리요.
금년의 운수는 분수를 지키는 것이 상책이다.
섣달의 운수는 명성을 사방에 떨친다.

사방으로 분주히 말을 몰고 돌아다니나 산길과 물길이 가로막는다.
신상에 괴로움이 있으니 누가 있어 알겠느냐.
목마른 용이 물을 얻으니 재수(財數)가 흥왕하리라.

처음엔 힘이 드나 나중은 형통하니 늦게 재리(財利)를 얻는다.
길흉이 상반되니 기쁨과 슬픔이 번갈아 생긴다.
간간이 관재(官災)와 구설이 뒤따른다.

원앙이 즐겁게 어울리는 곳에 갈매기와 해오라기가 침노하지 못한다.
깊은 산골짜기에서 길을 가르쳐주는 사람 하나 없구나.
남북으로 돌아다녀도 친한 이가 없다.

1
산길로 말을 달리니 길이 험해 나아가기 곤란하다.
소망은 여의(如意)하나 일에 의심이 따른다.
얻어도 많이 잃게 되니 도리어 없는 사람만 못하리라.

2
배회하며 하늘을 바라보니 춤추듯 너울거리는 흰구름떼.
재물이 길 가운데 있으니 출행(出行)하면 얻으리라.
만일 횡재하지 않으면 도리어 화를 당할 수다.

3
환한 얼굴로 마주 대하나
마음엔 천산이 가로막고 있으니 그 속을 누가 알랴.
천리타향에 기댈 곳 없는 고독하고 외로운 신세로다.
다른 사람의 말을 듣지 마라. 도리어 허망하다.
동서에 가까이 가지 마라. 반드시 손해를 보게 된다.

4

먹구름 속으로 달이 들어가니 동서를 분별치 못한다.
만약 신병이 아니면 슬하에 근심이 생긴다.
이(李)가와 박(朴)가 두 성이 몰래 일을 시기한다.

5

샘의 물고기가 바다로 나가니 그 의기가 양양하다.
서쪽과 북쪽 양방향에는 반드시 흉함이 있다.
하순에는 동서 양방향에 반드시 좋은 일이 있으리라.

6

산에 들어가 도를 닦으니 영락없는 신선의 모습이다.
동남 양방향에는 반드시 길함이 있다.
횡액(橫厄)을 조심하라. 흉악한 일이 생긴다..

7

다른 사람과 일을 꾀하면 반드시 실패한다.
일에 마가 많이 끼었으니 원행(遠行)하지 마라.
본래 재물이 없으면 몸이 괴롭고 수고롭다.

8

해는 어떤 성(姓)에 있는가. 반드시 화성(火姓)에게 있다.
이익은 어떤 성에 있는가. 필시 수성(水姓)이리라.
만일 남의 도움을 받으면 천금을 얻는다.

9

외지에 나가지 마라. 손해만 보고 이익은 없다.
기쁨과 근심이 서로 뒤섞였으니 반길반흉(半吉半凶)하리라.
일신이 피곤하니 마음에 번민이 많이 도사린다.

10

가을밤 깊어 둥근 달이 떠오르니 절로 떠오르는 고향 생각.
한 잎 떨어지는 낙엽에도 절로 나오는 한숨이여.
분수를 지키고 편히 자중하면 이 수를 거의 면할 수 있다.
동쪽에서 온 손님은 악한 사람이니 조심해야 한다.

11

서산에 해가 지니 돌아가는 손의 발걸음이 바쁘다.
하는 일마다 이루지 못하니 분수를 지키는 것이 제일이다.
만일 관재(官災)가 일어나지 않으면 구설이 끊이지 않으리라.

12

창 밖에 눈 내리고 폭풍한설 몰아쳐도
따뜻한 아랫목에 몸을 지지니 이 아니 좋을쏜가.
섣달의 운수는 재물과 꾀를 성취한다.
집에 불평이 있으니 재물을 잃을 우려가 있다.
금년의 운수는 분주하되 이익은 적구나.

유사불능지의(有事不能之意)

처녀가 아이를 밴 것은 당치 않은 일이다.
위아래 사람이 서로 화합하지 못하니 그 해가 적지 않다.
때를 무시하고 일을 하면 반드시 불리하리라.

망령되게 행동하거나 생각하지 마라. 시종 불리하다.
옷과 음식이 저절로 족하니 안정을 취하면 길하리라.
집안에 경사가 있고 논밭에서 이익을 얻는다.

초라한 떠돌이 인생이 사람으로 인해 일을 이룬다.
몸이 고달픈 것을 한탄하지 마라. 나중에 반드시 영화가 따른다.
불전에 기도하면 재앙이 사라지고 복이 돌아오리라.

1
돌 위의 외로운 소나무가 뿌리를 내리지 못하는구나.
바람과 비가 고르지 못하니 온갖 곡식이 제대로 익지 못한다.
도처에 불리함이 있으니 이 신수를 어찌할까.

2
겉으론 웃어도 속으로 찌푸리니 머리만 있고 꼬리가 없는 격이다.
다른 사람의 말을 듣지 마라. 도리어 허황하리라.
집안이 편치 못하니 재액(災厄)이 끊이지 않는다.

3
재물운이 불리하니 반드시 재물을 잃을 수다.
허욕을 부리지 마라. 얻는 것이 별로 없으리라.
소망을 이루기 어려우며 흉은 많고 길은 적다.

4

늙은 용이 힘을 잃으니 하늘에 오르기 어렵구나.
해가 구름 속으로 들어가니 동서를 분간할 수 없다.
시비를 가까이하지 마라. 반드시 구설이 뒤따른다.

5

재물을 잃을 수 있으니 화성(火姓)을 멀리하라.
물을 거슬러 배를 띄우니 나아가기가 어렵다.
집에 있으면 흉하니 터를 옮겨 길함을 찾아야 한다.

6

동산에 가랑비가 내리니
송백(松柏)이 무성하여 그 기쁨 천하에 떨치는구나.
집안이 화평하니 재물이 저절로 들어온다.
횡재수가 있으니 손으로 천금을 희롱한다.
그렇지 않으면 구설을 면하기 어렵다.

7

이사하지 않는다면 반드시 사업을 그르치게 된다.
가정에 근심이 있는 것은 연운(年運)이니 이를 어찌할까.
다른 사람과 원수가 되니 그 해가 많으리라.

8

달이 구름 속으로 들어가니 그 찬란하던 빛을 볼 수가 없다.
횡재하지 않으면 도리어 재물을 잃을 수로다.
만일 그렇지 않으면 슬하에 근심이 생기리라.

9

푸른 대낮에 가는 비가 부슬부슬 내리니
귀인이 찾아옴을 능히 알 수 있다.
범 두 마리가 서로 다투니 승부를 알지 못한다.
집안 사람이 불화하고 질병이 침노한다.

10 매화 가지 하나가 앞뜰을 지키더니
때아닌 광풍에 허무하게 잎들을 다 떨구었다.
만일 복제(服制)를 당하지 않으면 슬하에 해가 생긴다.
목성(木姓)과 금성(金姓)은 반드시 길하다.

11 옛것을 버리고 새것을 좇으니 온 들에 봄기운이 넘쳐흐른다.
난로 속에 금을 넣으니 마침내 큰 그릇이 된다.
날려 해도 날개가 없으니 분수를 지키며 살 일이다.
그러면 반드시 길하게 된다.

12 봉황이 인각에 새끼를 치니 반드시 구름 위로 오르리라.
재성(財星)이 문을 비추니 논밭에서 이익을 얻는다.
도처에 재물이 있으니 태평하게 지낸다.

유화순지의(有和順之意)

청룡이 하늘로 오르니 구름이 움직이고 비가 쏟아진다.
땅을 골라 이사하면 길상(吉祥)을 보리라.
삼추(三秋)에는 반드시 좋은 일이 있을 수다.

얕은 물 위를 노저어 가니 겉은 비록 빈(貧)해도 안은 부(富)하다.
금년엔 관록이 따를 수다.
만일 그렇지 않으면 횡재를 만나리라.

봄바람이 부는데도 싹은 움트지 않는구나.
아침에 모였다 저녁때 흩어지니 허욕만 가득하다.
만일 계수(桂樹)를 꽂게 되지 않으면 천금을 얻을 수다.

1
금으로 된 소반에 과실을 쌓고 꽃탑에서 잔치를 벌인다.
원수가 은인이 되니 도둑이 스스로 복종하리라.
이름을 사방에 떨치니 사람마다 우러러본다.

2
임금과 신하가 서로 화목하니 만사가 태평하다.
만일 장가를 가지 않으면 반드시 귀자(貴子)를 낳을 수다.
만일 관록(官祿)이 쌓이지 않으면 횡재를 만날 수다.

3
재물이 타향에 있으니 출행(出行)하면 재물을 얻는다.
재물도 있고 권리도 있으니 그 위엄을 사방에 떨친다.
박(朴)가를 가까이하면 반드시 손해를 보리라.

4
남방에 길함이 있고 북방에 재물이 있도다.
사월의 수는 바깥은 빈해도 안으로 부하다.

금성(金姓)을 가까이하면 그 손재(損財)가 적지 않다.

5

청풍이 솔솔 불고 달이 휘황찬란한 자태를 드러내니
천지가 다 태평하구나.
재성(財星)이 문을 비추니 손으로 천금을 희롱한다.
모든 일이 다 길하니 도처에서 재물을 얻는다.
만일 횡재하지 않으면 관록(官祿)이 따르리라.

6

귀인(貴人)이 와서 도와주니 묘계(妙計)가 맞아떨어진다.
가도(家道)가 왕성하며 슬하에 경사가 생긴다.
남과 꾀하는 일은 반드시 길하다.

7

머리에 계수를 꽂으니 그 의기가 양양하다.
뜻밖에 성공을 거두니 가정에 기쁨이 가득하다.
비록 근심은 조금 있으나 마침내 형통하리라.

8

강물 위에 드리운 산 그림자 살포시 밟으며 건너가는 해걸음.
낚시를 창파(滄波)에 드리우니 마침내 큰 고기를 낚는다.
재물과 권리가 모여드니 도처에서 춘풍이 분다.
재물이 산같이 쌓이니 이 밖에 또 무엇을 바랄까.

9

흑진주 같은 밤하늘에 휘영청 달도 밝구나.
오랫동안 대해왔건만 다시 느껴지는 새로운 정갈함이여.
이로움은 어느 방위에 있는가. 동북 양방향이 그곳이다.
소원을 성취하게 되고 재물을 구하면 여의(如意)하다.

10

만경창파(萬頃蒼波)에 한 조각 조각배, 순한 바람이 돛 위에 머문다.
길성(吉星)이 문을 비추니 반드시 경사가 따르리라.
비록 재물을 얻으나 몸에 작은 근심이 따른다.

11

용이 밝은 구슬을 얻으니 그 조화가 무궁하다.

만일 귀인을 만나면 가히 천금을 얻을 수다.

재물과 곡식이 풍족하니 이 밖에 또 무엇을 바랄까.

12

밝은 달이 공중에 걸렸으니 그 광채 가히 눈부시다.

남과 같이 일을 꾀하면 반드시 허황하리라.

남과 서로 다투지 마라. 시비와 구설이 뒤따른다.

약소한 등(騰)나라가 초(楚)와 제(濟)나라 사이에 있다.
서로 마음을 합하니 마침내 재물을 얻는다.
뜻밖에 명성을 얻으니 반드시 득남하리라.

목성(木姓)이 불리하니 가까이하면 손해를 본다.
집안이 화평하니 재물이 저절로 들어온다.
친한 사람과 가까이하지 마라. 도무지 작은 이익도 없다.

깊은 밤 꿈을 꾸니 여인을 품는 꿈이다.
하는 일마다 여의(如意)하니 천금을 얻으리라.
까치가 뜰에 서 있는 은행나무에서 깃을 치니
기쁜 일이 끊이지 않는다.

1
흉함이 변하여 길하게 되니 세상일이 태평하다.
집에 있으면 길하니 외지에 나가지 마라.
배가 중탄(中灘)을 건너는데 다시 풍파가 몰아친다.

2
서산에 해 지는데 갈 길은 멀고, 젓가락 놀리듯 바쁘기만 한 발걸음.
두 사람의 마음이 다르니 하는 일을 끝내 이루지 못한다.
손해를 볼 수 있으니 목성(木姓)을 가까이하지 마라.

3
시비를 가까이하지 마라. 구설을 면하기 어렵다.
재물운은 평길하나 질병이 생길까 염려된다.
삼춘(三春)에 꾀하는 일은 반드시 허망하리라.

4
정원의 붉은 복숭아가 홀로 춘색(春色)을 띠었구나.
집에 경사가 있으니 이는 자식을 얻을 복이다.
서쪽에 재물이 있으니 그쪽으로 가면 얻으리라.

5
어찌하나. 가야할 길 만리인데 어느덧 서산에 해는 지고
지형과 방향을 분간할 수 없구나.
친한 사람이 해를 입힐 운수니 모든 일을 조심해서 처리하라.
이익은 어느 방위에 있는가. 북쪽이 길하다.

6
배가 물살을 거슬러 올라가려고 하니 무슨 일인들 수월하리요.
앞으로 나아가면 근심이 생기고 물러서면 무력해진다.
만일 부모가 아니면 슬하에 근심이 생긴다.

7
창문 앞에 고즈넉한 자태로 흔들리고 있는 국화여.
작은 미소 속에 청초하게 맺힌 이슬이 진정 아름답구나.
뜻밖에 공명을 얻으니 널리 이름을 떨친다.
슬하에 길함이 있고 재록이 집안에 가득하리라.
다른 사람의 말을 듣지 마라. 구설이 분분하다.

8
어린 새가 높이 날려 하니 바람이 불어와 도와주는구나.
두 사람의 마음이 같으니 사람으로 해서 일을 이룬다.
만일 그렇지 않으면 반드시 혼인할 수다.
문 밖에 이로움이 있으니 움직이면 능히 얻는다.

9
푸르스름한 여명이여, 홀연한 무아(無我)여.
음양이 화합하니 반드시 경사가 있으리라.
모든 일을 이루니 일신이 편안하다.
마음을 바로잡아 쉬지 않고 덕을 쌓으면 모든 일이 형통하다.

10

형산(荊山)의 백옥(白玉)은 어느 때나 그 밝은 자태를 드러낼까.
급히 도모하지 마라.
참고 기다리면 마침내 재물과 이익을 얻으리라.
밖으로 나가면 해가 있으니 옛것을 지키고 안정을 취하여라.

11

횡재수가 있으니 좋은 기회를 잃지 마라.
수성(水姓)과 친하게 지내면 가히 손으로 천금을 희롱한다.
몸도 왕성하고 재물도 성하니 모든 일을 쉽게 이룬다.

12

고기와 용이 생수를 얻으니 활기 창창하고 생기 유유하다.
재물이 풍족하니 심신이 편안해진다.
가는 비와 동풍에 온갖 풀이 다투어 피어난다.
집안이 안락하니 재록이 저절로 왕성해진다.

361 사유난처지의(事有難處之意)

토끼가 죽었으니 달리는 개를 어떻게 잡을 것인가.
금년엔 반드시 어려움이 있을 수다.
비록 명성과 이익을 얻으나 간간이 구설이 따르리라.

강산에 해가 저무니 배를 타면 불리하다.
삼춘(三春)에는 별로 소득을 얻지 못할 운수다.
운수가 불리하니 타인이 해를 입힌다.

하늘이 맑고 땅이 고르니 하늘과 땅이 한빛이다.
어지러운 세상사, 팔짱을 끼고 옆에서 쳐다보기만 한다.
인심이 순간에 변하니 그 성품을 알기 어렵다.

1
해가 지니 배를 타면 불리하다.
가신(家神)이 발동하니 미리 안택(安宅)해야 한다.
비록 노력은 하나 성공하기 어렵다.

2
마음이 산란하니 마음 한 구석에 항상 두려움이 도사린다.
만일 덕을 쌓은 것이 없으면 저절로 욕이 생긴다.
친한 사람을 믿지 마라. 도리어 해를 당하리라.

3
신상에 근심이 많으니 외인(外人)을 가까이하지 마라.
다른 사람과 꾀하는 일은 반드시 실패하게 된다.
이십년광(二十年光)에 세상일이 꿈만 같다.

4
음양이 화합하지 못하니 행하는 일을 이루지 못한다.
서남 양방향으로는 출행(出行)하지 마라.

일을 조리 있게 처리하지 못하니 하는 일마다 이루지 못한다.

5

재물을 잃을 수가 있으니 도둑을 조심하라.
노력하지 않고서 어찌 수복(壽福)을 바라겠는가.
집에 경사가 있으니 필히 처궁(妻宮)에 있으리라.

6

만일 횡재하지 않으면 슬하에 경사가 생긴다.
동서에 이익이 있으니 출행하여 얻도록 하라.
상가(喪家)에 가지 마라. 질병이 따를까 두렵다.

7

구설로써 이익이 생기니 집안이 안락하리라.
망령되게 행동하지 마라. 그리하면 해가 생긴다.
겉은 부하고 속은 허하니 이 신세를 어찌할까.

8

날아가던 새가 날개를 상하니 진퇴를 알지 못한다.
물귀신이 문을 엿보니 물가에 가지 마라.
타인의 일로 반드시 재액(災厄)이 따르리라.

9

급하게 서두를수록 해로움이 크고
천천히 행동할수록 이익이 생긴다.
이(李)씨 성을 가까이하지 마라. 처음엔 길하나 나중에 흉하리라.
남과 함께 일을 꾸미지 마라.
마음이 각각이라 이루어지는 일이 없다.

10

구름을 헤치고 달이 나오니 천지가 환해진다.
만일 관록(官祿)이 아니면 득남할 수다.
다른 사람을 믿지 마라. 해를 끼친다.

11 가을 창가에 흐르는 달빛,

눈부셔 오히려 슬퍼지는 이 마음 달랠 길 없어 눈물짓는다.

운수에 거스름이 많으니 매사를 이루지 못한다.

마음에 정한 바가 없으니 진퇴를 알지 못하는구나.

재물을 잃을 수가 있으니 북쪽에 가까이 가지 마라.

12 분수 밖의 것을 탐내지 마라. 그러면 하늘이 복을 준다.

일에 조리가 없으니 머리도 없고 꼬리도 없다.

재물을 잃을 수가 있으니 도둑을 조심하라.

태평한 잔치에서 군신(君臣)이 함께 즐긴다.
본래 업(業)은 없으나 횡재를 만나 성가(成家)하리라.
심신(心身)이 다 함께 편하니 집안에 화기(和氣)가 넘친다.

만일 자식을 낳지 않으면 일신이 영귀(榮貴)해지리라.
동서 양방향에서 귀인(貴人)이 와서 도와준다.
금성(金姓)이 해로우니 가까이하지 마라.

봉황이 붉은 조서(詔書)를 머금었으니 태을귀인(太乙貴人)이 임하리라.
십릿길 길가에 관인(官人)이 말을 버린다.
길고 긴 강물에 돛을 올리니 순풍이 불어온다.

1
모든 일이 길하니 세상일이 태평하다.
길성(吉星)이 문을 비추니 수복(壽福)이 저절로 들어온다.
가정에 경사가 있으니 이는 필히 슬하의 경사라.

2
임금이 어질고 신하가 일에 밝으니
오호라, 태평성국이로다.
뜻밖에 공을 세우고 명성을 얻으니 그 이름을 사방에 떨친다.
재물도 있고 권리도 있으니 사람들이 우러러본다.

3
일월(日月)이 맑고 밝으니 기쁜 일이 많구나.
날로 다시 시작하고 달로 새로우니 재물이 언덕과 산같이 쌓인다.
재물이 외지(外地)에 있으니 그리로 가면 재물을 얻는다.

4 구름이 흩어지고 달이 나오니
그 경색(景色)이 다시 새롭다.
좋은 일에는 마가 많이 끼니 외재(外財)를 탐내지 마라.
재수(財數)는 좋으나 혹 구설이 따를 수 있다.

5 봄이 옥수(玉樹)에 깊으니 온갖 꽃이 다투어 피어난다.
만일 횡재하지 않으면 반드시 경사가 있을 것이다.
재물이 따르니 태평하게 지내리라.

6 목마른 용이 물을 얻었으니 그 조화가 무궁하다.
재물이 외지에 있으니 출행(出行)하여 재물을 얻도록 하라.
만일 경사가 아니면 관록(官祿)이 따르리라.

7 곳간에 곡식이 가득하니 가히 진시황의 아방궁도 부럽지 않다.
재물이 흥왕하니 가정에 기쁨이 가득하리라.
이름을 사방에 떨치니 만인이 우러러본다.

8 고기와 용이 물을 만나니 하는 일마다 형통하리라.
사람이 있어 도와주니 가도(家道)가 흥성해진다.
귀인(貴人)을 만나면 복록이 많이 쌓인다.

9 귀인은 어디에 있는가. 반드시 남쪽에 있다.
귀인이 도와주니 뜻밖에 성공을 거둔다.
반드시 귀인이 있으리니 동서 양쪽이 그쪽이다.

10 단비가 촉촉이 내리니 온갖 곡식이 풍성해진다.
신수가 대길하니 반드시 재물이 왕성하리라.
재물 모은 것이 산과 같으니 생계가 자족하다.

11

가운(家運)이 왕성하니 반드시 경사가 뒤따른다.

재물이 시장에 있다. 그 중에서 쌀과 약이 가장 이로우리라.

금성(金姓)은 불길하니 거래를 삼가라.

12

가정에 경사가 있으니 이는 식구가 늘어날 수다.

소망이 여의(如意)하니 기쁜 빛이 얼굴에서 떠나지 않는다.

신수(身數)가 이와 같으니 이 밖에 또 무엇을 바랄까.

유순화평지의(有順和平之意)

범의 방과 기러기 탑에 혹 이름이나 자(字)를 보리라.

재백(財帛)이 가득하니 일신이 영화롭다.

명성과 이익이 다 길하니 그 이름을 사해에 떨친다.

이익이 타향에 있으니 가면 얻을 수 있다.

관록(官祿)이 따르니 많은 사람들이 우러러본다.

서쪽이 길하니 그리로 가야 한다.

삼오추야(三五秋夜)에 밝은 달빛이 배회한다.

세상일을 논하지 마라.

작은 것을 탐하려다 큰 것을 잃는구나.

물가에 가까이 가지 마라. 횡액(橫厄)이 따를까 두렵다.

1

풀과 나무가 봄을 만나 꽃과 잎이 무성하다.

집안이 화평하고 슬하에 영화가 있으리라.

가도(家道)가 왕성하니 이익이 그 가운데 있다.

2

늙은 용이 승천하여 널리 많은 비를 뿌린다.

관록이 아니면 도리어 흉화가 생길 수다.

명성을 얻어 그 이름을 사해에 떨치리라.

3

한 해 재물운은 더러 모이고 더러 흩어지는 운이리라.

다른 사람의 말을 듣지 마라. 기쁨과 근심이 상반된다.

재성(財星)이 비추니 뜻밖의 횡재를 만난다.

4

심신이 화평하니 명성이 높고 덕이 사해에 이른다.
만일 횡재하지 않으면 가히 공을 세우고 명성을 얻으리라.
뜰 앞의 난초가 향기로우니 슬하에 경사가 있다.

5

서쪽 사람에게는 꾀하는 일의 내용을 말하지 마라.
길한 사람은 어떤 성인가. 정(鄭)가 김(金)가 두 성이다.
서쪽은 불리하니 출행(出行)하지 마라.

6

따뜻한 봄바람이 부니 만물이 화생하리라.
춥고 더운 것에 차례가 있으니 필시 성공할 것이다.
동쪽에 해(害)가 있으니 그쪽에는 가까이 가지 마라.

7

하는 일이 많으니 일신이 분주하다.
역마(驛馬)가 끼었으니 다른 곳에 가서 이익을 얻으리라.
도처에 재물이 있으니 마음이 화평하다.

8

집안 사람의 마음이 하나 같으니 소망이 여의(如意)하다.
달 밝은 밤에 미인과 만나게 된다.
식구가 늘고 토지가 느니 가도(家道)가 왕성하리라.

9

음양이 화합하니 만물이 새롭게 생성한다.
재록(財祿)이 몸을 따르니 희색이 얼굴에 가득하다.
서쪽에 길함이 있으니 터를 옮기면 좋다.

10

길운(吉運)이 왕성하니 반드시 좋은 일이 있다.
귀인이 와서 도와주니 가히 큰 재물을 얻는다.
티끌을 모아 태산을 이루니 이는 오로지 노력의 대가이리라.

11

웃고 즐기며 말하니 능히 말을 가려서 하지 못한다.
과거급제하지 않으면 부모에게 해가 생긴다.
귀인은 어디 있는가. 서쪽과 남쪽 양방향에 있다.

12

구름이 끼고 비가 촉촉이 내리니 만물이 생성한다.
흉한 중에 길함이 있으니 반드시 형통하리라.
부부가 서로 마음이 맞으니 가정에 기쁨이 가득하다.

초목불생지의(草木不生之意)

쓰러진 나무에 혼이 남아 있으니 살고 죽는 것을 판단할 수 없다.
재물은 있으나 공이 없으니 결국은 불리해지리라.
음양이 화합하지 못하니 꾀하는 바를 이루지 못한다.

만리장정(萬里長程)에 갈수록 큰 산이 앞을 가로막는다.
분수 밖의 일을 삼가라.
올해는 질병을 조심해야 할 수다.

아침에는 빛을 보지 못하고 밤에는 달을 보지 못한다.
세 번 싸워서 세 번 패하니 군신(君臣)이 다 같이 부끄럽다.
길가에 피어 있는 꽃과 대나무는 누구의 것인가.

1

고목은 서리를 만나고 가을 국화는 눈을 만나는구나.
꽃은 떨어졌으나 열매가 맺히지 않으니 의지할 곳이 없다.
집안이 평안치 못하니 질병이 따를까 두렵다.

2

허욕을 부리지 마라. 먼 것을 구하면 가까운 것을 잃는다.
시비를 가까이하지 마라. 송사(訟事)와 구설이 뒤따른다.
다른 일을 꾀하지 마라. 재물을 잃을 수다.

3

봄바람 부는 삼월에 온갖 꽃이 다투어 핀다.
재물이 서쪽에 있으니 그쪽으로 가면 능히 재물을 얻으리라.
북쪽은 불리하니 나가지 마라.
길함이 변하여 도리어 흉을 당하게 된다.

4

본래 바라는 바가 없으니 몸을 상할까 두렵다.
몸이 힘드니 마음에 번민이 많이 도사린다.
그렇다고 힘든 것을 한탄하지 마라.
참고 기다리면 마침내 재물과 이익을 얻으리라.

5

일을 꾀함에 조리가 없으니 바라는 바를 이루기 어렵다.
집에 작은 걱정이 있으니 이는 바로 자손의 근심이라.
만일 그렇지 않다면 상을 당하게 되리라.

6

칠년 큰 가뭄에 초목이 자라지 못한다.
수귀(水鬼)가 몸을 엿보니 배 타는 것을 삼가라.
장(張)씨나 이(李)씨는 남녀를 불문하고 해를 끼칠 것이다.

7

다른 사람의 재물이 우연히 집안으로 들어온다.
다른 사람과 함께 일을 꾀하면 성공한다. 이익이 그 가운데 있다.
미리 가신(家神)에게 기도하면 심신(心神)이 편안해진다.

8

물가에 가지 마라. 물귀신이 또 노리고 있다.
관계 없는 일로 구설이 따르리라.
다른 곳에 가지 마라. 손실만 보고 이익은 없다.

9

초목이 가을을 만나니 한 번은 슬프고 한 번은 근심하게 된다.
시비를 가까이하지 마라. 구설과 손재(損財)가 뒤따른다.
정(鄭)씨와 김(金)씨 두 성은 시종 길할 것이다.

10

여자를 가까이하지 마라. 하고자 하는 일을 실패하리라.
여색을 가까이하면 반드시 화(禍)가 따른다.
다른 일을 꾀하지 마라. 많은 손실이 뒤따른다.

11

재성(財星)이 문을 엿보니 몸도 재물도 왕성해진다.
목성(木姓)이 도와주니 생색(生色)이 다섯 배나 되리라.
재수가 매우 좋으니 때를 놓치지 마라.

12

명색은 거창하나 실상이 없으니 하는 일이 허황하다.
마음이 산란하니 뜻하지 않은 액을 당한다.
번민하지 마라. 흉 가운데 길이 있으리라.

일신영귀지의(一身榮貴之意)

말을 타고 장안(長安)을 달리니 봄바람에 그 뜻을 얻는다.
봄바람이 화창하니 복사꽃과 오얏꽃이 가득 피어난다.
맑은 물이 가득하니 산 그림자가 강에 잠긴다.

밝은 달빛을 받으며 높은 루에 오르니 일신이 저절로 편안해진다.
집안에 경사가 있지만 식구끼리 한번은 다투게 된다.
운수는 대길하나 심중에 괴로움이 있다.

바람이 구름을 흩뜨리니 하늘에 휘황찬란하게 달이 떠오른다.
단비와 기름진 이슬이 초목을 윤택하게 하는구나.
지성이면 감천이다. 반드시 소원을 이루리라.

1
뜻밖에 명성을 얻으니 이름을 사해(四海)에 떨치리라.
몸이 건강하고 마음이 편하니 집안에 기쁨이 가득하다.
가는 곳마다 재물이 있으니 남아가 능히 그 뜻을 얻으리라.

2
여인을 믿지 마라. 반드시 재물을 잃는다.
집안 사람이 마음을 합하니 집안이 흥성해진다.
경사가 문 안으로 들어오니 재물이 산처럼 쌓인다.

3
봄동산의 복숭아와 오얏이 때를 만나 꽃을 피운다.
동쪽 정원에 꽃이 피니 벌과 나비가 날아와 향기를 탐한다.
재록(財祿)이 몸을 따르니 금곡(金谷)에 든 것처럼 부유하리라.

4 물가에 가지 마라. 물귀신이 집을 기웃거린다.
아침 까치가 남쪽에서 우니 반드시 영귀(榮貴)하게 된다.
집에 경사가 있고 자손에게 영화가 찾아든다.

5 다른 사람과 다투지 마라. 재물과 명예를 잃게 된다.
집안이 안락하니 세상일이 모두 태평스럽다.
길상(吉祥)이 문을 두드리니 자손이 귀하게 되리라.

6 만리 사방 밝은 달밤에 고인(故人)이 와서 도와준다.
재앙이 사라지고 복이 돌아오니 집안이 화평하리라.
위아래 사람이 서로 화목하니 집안이 저절로 왕성해진다.

7 뜰 앞의 난초가 홀로 봄빛을 띠었구나.
재성(財星)이 문을 비추니 하루에 천금을 얻으리라.
만일 횡재하지 않으면 반드시 옥동자를 얻을 수다.

8 동쪽과 북쪽 양방향에서 귀인이 와 도와준다.
구름 밖 만리에서 소식이 날아온다.
장가를 들지 않으면 반드시 재물이 생기리라.

9 멀리 떠나지 마라. 손해를 볼까 두렵다.
밖에 나가면 해가 도사리고 있으니 집을 지키는 것이 상책이다.
북쪽으로 가지 마라. 해는 있으되 이익은 없다.

10 가신(家神)이 도우니 뜻대로 소망을 이루리라.
길한 가운데 흉이 있으니 특히 군자는 조심하라.
집에 있어도 근심이 생기고 다른 곳으로 가도 손해를 본다.

11 불전(佛前)에 기도하면 흉이 길로 변하리라.
재물과 이익이 다 길하니 살림살이가 늘어난다.
집에 있으면 마음이 심란하지만 밖으로 나가면 좋은 일이 생긴다.

12 몸이 저절로 편안해지니 이 밖에 또 무엇을 구하리요.
분수를 지키고 편안히 살면 반드시 대길하다.
목성(木姓)이 해롭다. 가까이하면 해를 입으리라.

목마른 용이 물을 만나니 모든 사람이 흠앙하리라.
길성(吉星)이 문을 엿보니 반드시 경사가 생긴다.
별로 물려받은 것은 없지만 자수성가할 수 있다.

만일 재물을 잃지 않으면 아내에게 근심이 생긴다.
소인은 재물을 얻고 천한 자는 권리를 더 얻게 된다.
앞길을 알려고 하니 사람이 와 도와주어 마침내 일을 이룬다.

둥근 가을달 아래서 소인들이 빛을 다투는구나.
높아도 위험하지 않으니 그 높은 들에서 뛰어다닌다.
반드시 귀인(貴人)을 만나니 서쪽 사람이 바로 그 사람이다.

1

길경(吉慶)이 문을 두드리니 맨손으로도 성공한다.
관록(官祿)이 몸을 따르니 가히 남아답다.
만일 그렇지 않으면 반드시 귀한 아들을 얻게 된다.

2

재록(財祿)이 산처럼 쌓이니
편한 곳에서 태평하게 지내리라.
사방으로 드나들면서 가는 곳마다 재물을 얻는다.
운수는 북쪽에서 왕성하고 재물은 물(水)과 금(金)에 있다.

3

재성(財星)이 몸을 비추니 뜻밖의 재물을 얻게 된다.
집안이 화평하니 반드시 소망을 이룬다.
북쪽이 길하니 그쪽으로 가는 것이 마땅하리라.

4

일신이 영귀(榮貴)하니 그 명성이 사방에 이르리라.
도처에 봄바람이 부니 재물도 얻고 권력도 따른다.
남쪽이나 북쪽으로 가라. 그곳에 이익이 있다.

5

집안의 운수가 길하니 기쁜 일이 겹치고 또 겹치리라.
동쪽 뜰의 매화가 하루 아침에 만발하였구나.
이익은 무엇에 있는가. 반드시 물[水]과 금(金)에 있다.

6

본래 마음이 정직하니 수복(壽福)을 얻게 되리라.
무엇에 손해가 있는가. 쌀과 과일에 있다.
집안이 안락하니 모든 일이 여의(如意)하리라.

7

소나무를 심어 솔숲을 이루니 백조가 날아와 너울너울 춤춘다.
집에 있으면 길하고 출행(出行)하면 불리하다.
다른 사람을 사귀지 마라. 많은 손해를 입게 된다.

8

집안 사람이 화평하니 모두들 기쁘게 말하고 즐겁게 웃는다.
집안 형편이 점점 왕성해지니 모든 일이 뜻대로 되리라.
귀인을 만나니 만사가 태평하리라.

9

명예와 이익이 다 길하니 구하지 않아도 저절로 풍족해지리라.
도가 높고 명예와 이익 또한 높으니 그 명성을 사방에 떨친다.
녹(祿)이 많고 권력도 있으니 가히 남아가 뜻을 얻었구나.

10

길성이 앞뜰을 환히 비추니 반드시 경사가 있다.
소망이 뜻대로 이루어지니 얼굴이 온통 기쁜 빛이로다.
재복(財福)이 풍성하니 날로 천금을 더하리라.

11

길성이 신운(身運)을 비추니 공명을 얻으리라.
집안에 경사가 있으니 이는 슬하의 경사다.
화성(火姓)이 불리하니 더불어 사귀지 마라.

12

위아래 밭에 온갖 곡식이 풍성하리라.
다른 사람과 마음을 같이하니 재산이 천금에 달한다.
서쪽으로 가면 횡재를 만날 수다.

후필유재지의(後必有災之意)

여우와 삵을 피하려다 범꼬리를 밟았구나.
천지는 넓고 넓건만 몸을 의지할 곳이 한 군데도 없다.
노력해도 이익이 없으니 한탄만 절로 나온다.

재수(財數)가 불리하니 세월만 헛되이 보내게 된다.
비록 재물은 생기나 적게 얻고 많이 잃으니 이를 어찌할까.
집에 있어도 마음이 어지럽고 먼 곳으로 나가도 도무지 이익이 없다.

석양에 연기가 일어나니 귀뚜라미가 시끄러이 울어댄다.
수레를 밀고 산에 오르니 힘은 배로 드나 도무지 공이 없다.
말을 타고 바위와 산길을 달리니 길이 험하구나.

1

강을 건너고 산을 넘던 나그네가 우연히 험한 길을 만난다.
재물을 구하지 마라. 결과가 허망하리라.
바다에서 토끼를 구하려 하니 아무리 노력해도 얻지 못한다.

2

몸이 피곤하니 세상 모든 일이 뜬구름 같구나.
집에 병고가 있으니 마음이 산란해진다.
실패수가 있으니 친한 친구를 믿지 마라.

3

호랑이가 함정에 빠졌으니
마음과는 달리 계책을 세우지 못하는구나.
신운(身運)이 불리하니 마침내 원한을 산 사람과 부딪히리라.
시비를 가까이하지 마라. 횡액(橫厄)을 면하지 못하리라.

4

곡식이 풍성하고 시대가 화평하니 만인이 저절로 편안해진다.
재성(財星)이 몸을 비추니 횡재를 많이 만나리라.
만일 시비를 가까이하면 구설이 뒤따른다.

5

아랫사람이 윗사람을 거스르니 집안에 불평이 있다.
일이 뜻대로 이루어지지 않으니 해만 있고 이로움은 없다.
일을 급히 꾀하려 하지 마라. 더디면 더딜수록 길하다.

6

마음은 있으나 꾀가 없으니 하는 일을 완결짓지 못한다.
운수가 돌아오니 마침내 생활이 피어날 것이다.
재성이 공허로우니 헛걸음만 치게 되리라.

7

하는 일이 마음에 맞지 않으니 번민이 떠나지 않는구나.
비록 노력은 하나 공을 세우지 못한다.
병고가 끊이지 않으니 근심이 매우 많구나.

8

시비를 가까이하지 마라. 관재수(官災數)가 있다.
그렇지 않으면 반드시 소복(素服)을 입게 되리라.
만일 손재(損財)를 당하지 않으면 자손에게 액이 생긴다.

9

관귀(官鬼)가 문을 두드리니 집안이 불안하다.
집을 지키는 것이 상책이다. 문을 나서면 불리하다.
재물을 잃을 수가 있으니 토성(土姓)을 멀리하라.

10

가물던 하늘에서 단비가 내리니 마른 싹이 다시 살아난다.
도처에 재물이 있으니 식록(食祿)이 저절로 족하리라.
만일 그렇지 않으면 가정이 불안해진다.

11 구설수가 따르니 도처에서 말을 듣는다.
집안에 불평이 일어나니 풍파가 그치지 않는다.
운수가 불리하니 재물을 잃고 구설에 시달리리라.

12 남의 재물을 탐내지 마라. 도무지 이익이 없다.
성심껏 노력하면 작은 이익을 얻으리라.
만일 이사를 가면 이 수를 거의 면할 수 있다.

망동유해지의(妄動有害之意)

형이냐 동생이냐. 바로 동갑의 해(害)로다.
운수가 불리하니 좋은 일에도 마가 따른다.
뜻은 있으나 이루지 못하니 이 신수를 어찌할까.

해가 서산에 저무니 오도가도 못하는구나.
재물이 길 위에 있으니 구하면 얻으리라.
머리는 작고 몸은 약하니 꾀하는 일을 제대로 감당치 못한다.

산을 넘고 바다를 건넜으나 헛걸음질만 하는구나.
운수가 막히고 명(命)이 막히니 재물이 흩어진다.
멀리 나가면 이롭지 못하니 차라리 집에서 안정을 취하느니만 못하다.

1
구름 밖 만리 떨어진 곳에 혈혈단신 외로운 신세로다.
가신(家神)이 발동하니 가정이 불안하다.
가운(家運)이 기우니 근심이 떠나지 않는다.

2
매화가 활짝 피니 그 향기 새롭구나.
이익은 어느 곳에 있는가. 반드시 서쪽에 있으리라.
여자를 가까이하지 마라. 해를 입고 구설로 시달린다.

3
재성(財星)이 공허로우니 재물을 구해도 얻지 못한다.
집에 병고가 있으니 마음이 불안하다.
비록 길함은 있으나 별로 얻는 것이 없다.

4

뜻밖에 명성을 얻으니 많은 사람이 우러러 받든다.
손재(損財)가 따르니 금성(金姓)을 가까이하지 마라.
녹(祿)이 사방에 널려 있으니 태평하게 지낸다.

5

괴이한 곳에 가지 마라. 횡액(橫厄)이 생길까 두렵다.
인정을 생각하지 마라. 도리어 그로 인해 해를 당한다.
일이 뜻과 같지 않으니 이를 어찌할까.

6

물과 불을 조심하라. 횡액수가 있구나.
시비수가 있으니 남과 다투지 마라.
만일 이와 같지 않으면 구설을 면하기 어렵다.

7

동북 양방향에 헛된 이름이 있다.
사고무친(四顧無親)이니 이 한 몸 어느 곳에 의탁할까.
화류계를 가까이하지 마라. 본처와 이별하게 된다.

8

문 밖에 나가지 마라. 뜻하지 않은 액이 기다리고 있다.
재물을 잃을 수 있으니 모든 일을 조심해야 한다.
금(金)과 목(木) 두 성과는 같이 일을 꾀하지 마라.

9

망령되게 행동하지 마라. 횡액수가 있다.
신운(身運)이 불리하니 거듭 남의 해를 입을 수다.
한 번 슬프고 한 번 근심하니 길흉이 반반이다.

10

마음에 노고가 많으나 참고 견디면 마침내 길하게 된다.
동쪽에서 온 사람과는 반드시 원수가 된다.
귀장(鬼場 : 굿판)을 가까이하지 마라. 손재를 면하지 못한다.

11

음양이 화합하지 못하니 부부간에 불화가 생긴다.
작은 재물이 있으니 구하면 얻을 수 있으리라.
올해는 처음엔 흉하나 나중엔 길할 운수다.

12

손 뻗으면 닿을 곳에 재물이 있으나
얻는 것이 도리어 흉이 되리라.
화성(火姓)을 가까이하면 손해를 면하기 어렵다.
일에 조리가 없으니 세상일이 모두 뜬구름 같다.

필유형통지의(必有亨通之意)

동산에 꽃이 가득 피니 벌과 나비가 날아와 노니는구나.
연운(年運)이 왕성하니 반드시 경사가 있으리라.
만일 경사가 아니면 직업을 바꿀 수다.

정월과 이월에는 소망을 별로 이루지 못한다.
망동하지 마라. 꾀하는 일을 이루지 못한다.
만일 이사하지 않으면 부모에게 근심이 깃들까 걱정된다.

작은 것으로 큰 것을 이루니 점차 형통하게 된다.
두 사람의 마음이 하나같으니
동업을 하면 그 힘이 쇠를 끊을 정도로 솟는다.
산과 연못이 서로 기를 통하니 지성(至誠)이면 감천(感天)이라.

1
상하(上下)가 화목하니 집안이 화락하다.
황룡이 구슬을 가지고 노니 반드시 혼인할 수다.
만일 그렇지 않으면 옥동자를 얻게 된다.

2
재앙이 사라지고 복이 돌아오니 만사가 태평하리라.
분수를 지키고 편하게 지내면 복이 저절로 찾아든다.
소망이 뜻대로 이루어지니 큰 재물을 얻는다.

3
만일 횡재수가 아니면 장가를 들 수다.
재성(財星)이 비추니 날로 큰 재물을 얻으리라.
사람과 술을 대하니 그 가운데에서 살아나갈 꾀를 얻는다.

4
작은 것이 가고 큰 것이 들어오니 흙을 쌓아 산을 이룬다.
맨손으로 가업(家業)을 일으키니 그 부가 석숭(石崇) 같구나.
재성이 문을 비추니 횡재할 수다.

5
구름이 흩어지고 달이 나오니 천지가 환히 밝아온다.
다행히 귀인(貴人)을 만나면 그 빛이 다섯 배나 되리라.
집안이 화평하니 마음도 편안하다.

6
만일 과거에 급제하지 않으면 슬하에 경사가 있으리라.
어둠 속을 걷는 나그네가 우연히 촛불을 얻는다.
가는 곳마다 재물이 있고 온갖 일이 다 길하리라.

7
녹(祿)이 많고 권력도 있으니 모든 사람이 우러러본다.
길성(吉星)이 문을 비추니 가정에 경사가 있다.
만일 횡재를 하지 않으면 자손이 영귀(榮貴)해지리라.

8
꾀하는 일은 되도록 빨리 도모하라. 더디면 불리하리라.
해로움은 어느 성에 있는가. 바로 금성(金姓)에 있다.
음양이 화합하니 반드시 경사가 있다.

9
하늘이 복을 주니 반드시 모든 일을 이루리라.
목성(木姓)에 이익이 있으니 사귀면 횡재를 만난다.
소망이 뜻대로 이루어지니 세상일이 태평하다.

10
마음을 바로 하고 덕을 닦으니 복록(福祿)이 저절로 쌓인다.
남과 화목하게 지내니 재물을 구하면 뜻대로 얻을 것이다.
이 달에는 구설을 조심해야 할 운수다.

11

동쪽 뜰에 서 있는 복숭아나무와 오얏나무가
때를 만나 활짝 피어난다.
재록(財祿)이 임하니 뜻밖의 횡재를 만나리라.
슬하에 경사가 있으니 집안에 화기(和氣)가 도는구나.

12

서쪽이 길하니 그쪽으로 가면 반드시 재물을 얻는다.
마음이 안락하니 모든 일을 순조롭게 이루리라.
다른 사람의 말을 듣지 마라. 별로 득이 될 게 없다.

하늘이 무너지고 땅이 꺼지니 하는 일마다 거꾸로 달린다.
운수가 불리하니 재앙이 있고 근심도 많다.
괜한 일로 한번 헛되이 놀라게 된다.

땅을 파서 금을 얻으니 마침내 형통하리라.
만일 경사가 있지 않으면 도리어 근심이 생긴다.
등잔에 기름이 부족하니 그 불빛이 밝지 못하구나.

노인들이 바둑판을 대하니 그 승패를 누구라 알 수 있겠는가.
겸손한 군자가 마침내 이로운 그릇을 만든다.
날던 새가 소리를 지르니 윗사람은 순해지고 아랫사람은 거역하리라.

1

집안에 우환이 있으니 복제(服制)를 당할까 두렵다.
만일 그렇지 않으면 부모에게 환(患)이 있으리니 이를 어찌할까.
재물이 구필(口筆)에 있으니 농사를 지으면 손해를 본다.

2

멀리 가면 불리하다. 나가면 마음이 상한다.
재물을 잃을 수가 있으니 도둑을 조심하라.
신수(身數)는 길하나 재수(財數)는 불리하다.

3

마귀가 다투어 달라붙으니
집안에 슬픔이 떠나지 않으리라.
남쪽에 있는 친한 사람이 우연히 해를 끼친다.
처음은 있으나 끝을 보지 못하니 꾀하는 일을 이루지 못한다.

4 집안 사람이 서로 불화하니 마음이 산란해진다.
서북 양쪽에 반드시 손해가 있다.
미리 액을 막으면 이 수를 면할 수 있으리라.

5 천지동남(天地東南)에 비로소 평안함을 얻는다.
먼저는 흉하고 나중은 길하니 반흉반길(半凶半吉)하구나.
서쪽에 해(害)가 있으니 목성(木姓)을 가까이하지 마라.

6 유월의 운수는 밤꿈이 산란하다.
미리 액을 막으면 이 액을 거의 면할 수 있다.
비록 분한 마음이 있더라도 꾹 참고 다른 이와 다투지 마라.

7 용이 물을 잃으니 조화를 부리지 못하는구나.
재물을 구하여도 얻지 못한다.
좋은 일에 마가 많으니 꾀하는 일이 불리하리라.

8 달이 구름 속으로 들어가니 동서를 분간하기 어렵다.
손재(損財)가 많으니 마음이 불안하다.
집안이 불안하니 가족이 각기 집을 떠난다.

9 화가 가고 복이 찾아오니 일신이 안락하리라.
남쪽에 재물이 있으니 나가면 반드시 얻는다.
금성(金姓)을 만나면 의외의 재물을 얻게 된다.

10 재물이 동쪽에 있으니 기회가 닿으면 저절로 얻으리라.
신수가 태평하니 집안에 화기(和氣)가 돈다.
서산에 해가 저무니 배를 타는 것이 불길하다.

11

재성(財星)이 그 빛을 잃으니 손재가 적지 않다.
집에 병고가 있으니 산신에게 기도하라.
분수 밖의 것을 탐내지 마라. 도리어 손해를 보리라.

12

남의 재산을 탐내지 마라.
재물 때문에 마음을 상하게 된다.
만일 그렇지 않으면 구설이 뒤따르리라.
가정의 일을 남에게 말하지 마라.

심인유덕유신용지의(心仁有德有信用之意)

교지월상(交趾越裳)이 멀리 흰 꿩을 바친다.
재물도 많고 권력도 있으니 모든 사람이 높이 우러러본다.
연못의 고기가 바다로 나가니 의기양양하구나.

귀인(貴人)이 항상 도와주니 많이 돌아다니면 이익을 얻는다.
일신이 영귀(榮貴)하니 재물이 풍족하리라.
봉황이 인각(麟閣)에 깃을 치니 마음이 그지없이 기쁘다.

흰 닭이 우는데 두루 돌아다니는 사람이 있으니 그는 누구인가.
동북 양쪽의 재신(財神)이 도우리라.
벼도 풍족하고 보리도 풍족하니
추수하여 겨울을 위해 보관한다.

1
고기와 용이 물을 얻으니 의기가 양양하다.
일신이 안락하니 나날이 천금을 더하리라.
재록(財祿)이 풍성하니 집안이 태평하다.

2
순풍에 배를 띄우니 하루에 천리를 가는구나.
친한 사람이 해를 끼치니 함께 일을 도모하지 마라.
만일 아들을 낳지 아니하면 관록(官祿)이 따르리라.

3
귀인을 만나면 반드시 성공한다.
명리(名利)를 온전히 다 갖추니 이름을 사방에 떨치리라.
집안에 경사가 있으니 가정에 기쁨이 가득하다.

4

온 들판에 풍년이 드니 모두가 기쁨을 누린다.
재수(財數)가 대길하니 구하지 않아도 저절로 얻게 되리라.
동쪽에 관재수(官災數)가 도사리고 있으니 출입을 삼가라.

5

목마른 용이 물을 얻었으니 식록(食祿)이 풍족하다.
재물과 곡식이 곳간에 가득 찼으니 편안하고 태평하다.
다른 사람을 믿지 마라. 혹 실패할까 두렵다.

6

어린 새가 날려고 하나 날지 못하는구나.
비록 질병이 있지만 여자로 인해 재물이 생긴다.
다투지 마라. 구설이 뒤따른다.

7

일신이 힘드니 이 운수를 어찌할까.
재물을 구해도 얻지 못한다.
처음엔 길하나 뒤에 흉하니 길흉이 반반이다.

8

꽃 피는 아침과 달 밝은 저녁에
몸이 꽃 사이에서 노니는구나.
다행히 귀인을 만나서 생활이 태평해진다.
관록(官祿)이 몸을 따르니 이름을 사방에 떨치리라.

9

어둠 속의 나그네가 우연히 촛불을 얻는다.
흉한 중에 길함이 있으니 마침내 길상(吉祥)을 얻으리라.
동쪽에 재물이 있어 저절로 들어온다.

10

봄바람과 가는 비에 풀빛이 푸르디 푸르다.
재물을 구하면 뜻대로 얻으나 구설이 따를 수 있다.
복록(福祿)이 몸을 따르니 의식이 족하리라.

11

길성(吉星)이 문을 두드리니 가정에 화기(和氣)가 돈다.
뜻밖에 이름을 떨치니 사람들이 우러러본다.
이름이 높고 녹이 쌓이니 복록이 산과 같구나.

12

집안 사람이 마음을 함께하니 이로움이 그 가운데 있다.
명산에 기도하면 근심이 흩어지고 기쁨이 생긴다.
복록이 풍만하고 일신이 영귀하구나.

다리 아래 엎드려 있으니 누가 그 비밀을 알리요.
비록 길함이 조금 있으나 이름뿐, 실상은 없구나.
재물이 남쪽에 있으니 억지로 구하면 조금은 얻는다.

고기가 못물을 잃으니 활기를 다 잃었구나.
때를 어기고 활동하니 별로 소득이 없다.
올해는 횡액(橫厄)을 조심해야 할 운수다.

봉황이 오동나무에 깃들이니 부모에게 근심이 생긴다.
질병에 대한 근심으로 집안이 편안하지 못하다.
해월(海月), 그 이름이 사기(事機)를 반이나 누설한다.

1
일이 이치에 맞지 않으니 꾀하는 일이 불리하다.
봄이 지나간 뒤에 꽃을 찾으니 수고만 하고 공이 없다.
이르는 곳마다 실패가 따르니 가정이 불안하다.

2
비밀스런 일은 이루기 어렵다. 타인에게 말하지 마라.
재물과 명예에 손실이 따르니
특히 금성(金姓)을 가까이하지 마라.
신운(身運)이 불리하니 모든 일을 삼가라.

3
호랑이 두 마리가 서로 다투니 승부를 알 수 없다.
남과 다투지 마라. 송사(訟事)가 생길까 두렵다.
만일 관록(官祿)이 찾아오지 않으면 구설이 찾아오리라.

4

남쪽에 길함이 있으니 그쪽으로 가면 이로우리라.
좋은 운수가 때를 만나니 복록이 끊이지 않는다.
재성(財星)이 문을 두드리니 재물을 얻으리라.

5

본래 재산이 없으니 구하는 바를 이루기 어렵다.
모든 일에 이익이 없으니 구하여도 얻지 못한다.
여인이 사내를 부르니 그 비밀한 일을 가히 알 수 있다.

6

바람과 비가 순조롭지 못하니 초목이 자라지 못한다.
모든 일이 허망해지리라.
만일 질병이 찾아들지 않으면 구설을 면하기 어렵다.

7

시운(時運)이 불운하니 매사를 이루지 못한다.
매매를 하면 손해를 볼 것이며 문서에도 해가 있으리라.
비록 노력은 하나 수고에 따른 공이 없다.

8

집안이 평등하지 못하니 반드시 위험과 액이 따르리라.
만일 병고가 없으면 구설로 서로 다툰다.
송사에 참여하지 마라.
처음엔 흉하나 나중엔 길하게 된다.

9

작은 것을 구하다가 큰 것을 얻으니 반드시 흥성한다.
소망이 뜻대로 이루어지니 심신(心神)이 화평하리라.
재운(財運)이 왕성하니 반드시 횡재를 만난다.

10

가을에 꽃이 피니 열매를 맺기 어렵구나.
남과 함께 일하면 반드시 실패하리라.
만일 그렇지 않으면 구설이 끊이지 않을 것이다.

11

문 밖에 액이 기다리고 있으니 집 밖으로 나서지 마라.
출타하지 마라. 길에 나서면 해를 입는다.
재물을 잃을 수가 있으니 도둑을 조심하라.

12

남과 함께 일을 성공시키니 재리(財利)를 얻는다.
북쪽에서 오는 손님이 마침내 해를 끼치리라.
수성(水姓)은 해로우니 올해는 가까이하지 마라.

꿩들이 떼지어 나니 큰 매가 날개를 펴고 날아오른다.
기회를 잃은 후 일을 꾀하니 허황하다.
망령되게 움직이면 기쁨은 흩어지고 근심이 생기리라.

몸이 고달픈 것을 한탄하지 마라.
처음엔 힘이 드나 나중엔 길하게 된다.
때를 어기고 일을 시작하면 반드시 불리할 것이다.
다른 사람을 믿지 마라. 겉으로는 가까우나 속은 멀구나.

동서 양쪽에 해와 달이 구르지 않는구나.
달 밝은 봄 누각에 파랑새가 날아들며 기쁨을 전한다.
근심이 변하여 기쁨이 되니 기분이 저절로 즐거워진다.

1
산에 들어가 물고기를 구하니 일이 허황하다.
마음에 정한 곳이 없으니 동분서주(東奔西走)하는구나.
시작은 있고 끝이 없으니 매사를 이루지 못한다.

2
마른 나무가 가을을 만나니 흉만 있고 길은 없다.
가정이 불안하고 질병이 따르리니 이를 어찌할까.
일신이 괴롭기만 하니 이것도 운수이리라.

3
뜻이 따르지 못하니 일을 꾀해도 이루지 못한다.
허욕을 부리지 마라. 도리어 손해를 본다.
비리를 탐내지 마라. 반드시 허황하리라.

4

남과 다투게 된다. 그렇지 않으면 복제(服制)를 당할 수다.
재리(財利)가 마음에 맞으니 사방에 이로움이 널려 있다.
서북 양쪽에서 도와주는 사람이 있으리라.

5

밝은 달이 공중에 가득 찼는데 뜻밖에 구름이 그 빛을 가린다.
비리로 생기는 재물을 조심하고 탐내지 마라.
경영하는 일은 반드시 허망하리라.

6

기도하지 않으면 집안에 병고가 생긴다.
목성(木姓)과 친하게 지내면 반드시 재물을 얻는다.
관귀(官鬼)가 발동하니 밖으로 나가면 실패하리라.

7

쇠잔한 꽃이 서리를 만나니 일신이 고달프다.
꽃이 떨어져도 열매가 없으니 기쁜 일이 하나 없구나.
출행(出行)하면 불리하니 분수를 지키는 것이 길하다.

8

일에 두서가 없으니 일을 구해도 이루지 못한다.
재물을 잃어버릴 우려가 있으니 일을 꾀하지 마라.
머리는 있되 꼬리가 없으니 일을 끝맺지 못한다.

9

범을 그리려다 개를 그렸구나.
북쪽에서 오는 사람이 우연히 해를 끼치리라.
재물이 동쪽에 있으니 나가면 얻을 수 있다.

10

해가 서산에 저무니 집으로 돌아가는 손이 길을 잃었구나.
꾀하는 일을 하나도 이루지 못한다.
만일 손재(損財)를 당하지 않으면 상을 당할 수다.

11 길운이 이미 돌아왔으니 반드시 재복(財福)이 따르리라.
음양이 서로 조화를 이루니 어려운 일도 속히 이루게 된다.
재물이 왕성하니 횡재를 만날 수다.

12 남을 믿지 마라. 도리어 해를 당한다.
모든 일에 마가 따르니 수고를 해도 도무지 공이 없다.
집에 있으면 길하고 망령되게 행동하면 해를 당하리라.

망망대해에서 거친 바람을 만났구나.
부당한 일은 행하지 마라.
적막한 천지에 이 한 몸 의지할 곳 그 어디인가.
둘러봐도 도무지 보이지 않는구나.

재물이 동쪽에 있으며 목성(木姓)이 길하리라.
주색을 가까이하면 반드시 후회하게 된다.
올해에는 성공하기 어려운 운수다.

닭 쫓던 개가 지붕만 쳐다보고 있구나.
병살(病殺)이 끼었으니 질병이 침노할까 걱정이다.
북쪽을 조심하라. 이로움이 도리어 해롭게 바뀔 것이다.

1
신수에 어려움이 있으니 다른 곳에 가면 불리하다.
친한 사람이 시기하니 꾀하는 일에 해를 끼친다.
만일 집에 근심이 생기지 않으면 부모에게 액이 닥치리라.

2
입을 옷과 음식이 부족하니 굶주림과 추위를 어찌 면할까.
꾀하는 일마다 이루지 못하여 신세를 한탄하게 된다.
다른 사람으로 인해 실패하게 되니 남과 함께 일을 꾀하지 마라.

3
근심이 끊이지 않으니 밤에 잠을 이루지 못한다.
집에 병고가 있으니 마음이 편하지 못하다.
집에 있으면 마음이 어지럽고
집 밖으로 나가도 도대체 이익이 없다.

4

동쪽에서 재물이 우연히 집에 들어온다.
수재(水財)를 구하려 하지 마라. 이익은 육지에 있으리라.
재물이 있어도 모으기 어려우니 이를 어찌할까.

5

흉을 피하여 동쪽으로 가나 다시 집에 근심이 생긴다.
재리(財利)를 탐내지 마라. 큰 것을 잃고 작은 것을 얻으리라.
재물이 구름처럼 흩어지니 후회해도 소용없다.

6

달이 구름 속으로 들어가니 그 빛을 잃으리라.
다른 이의 말을 믿지 마라. 재물 때문에 마음을 상하게 된다.
여인을 가까이하지 마라. 질병이 생길까 두렵다.

7

입을 병처럼 꼭 다물고 지내야 한다.
그렇지 않으면 구설을 면하기 어렵다.
주색을 가까이하지 마라. 재물을 잃고 후회하게 된다.
남과 다투지 마라. 송사(訟事)를 면하기 어렵다.

8

다른 사람과 화합하지 못하니 구해도 얻기 어렵다.
목성(木姓)에게 해가 있으니 가까이하지 마라.
처궁(妻宮)에 근심이 생기니 미리 부처님 앞에 기도하라.

9

남북이 불리하니 출행(出行)하지 마라. 이익이 없다.
서쪽에 재물이 있으니 나가면 조금 얻으리라.
가신(家神)이 발동하니 미리 기도하라.

10

세상일이 허황되니 괜히 심력만 허비한다.
만일 재물을 잃지 않으면 처에게 우환이 생긴다.
쓴것이 다하면 단것이 오니 참고 기다리면 마침내 형통하리라.

11

흉귀가 발동하니 물과 불을 조심하라.

남북 양방향에서는 별로 소득이 없으리라.

옛것을 지키고 힘써 일하면 재리(財利)를 조금 얻으리라.

12

흰 눈이 휘날리니 초목이 슬퍼한다.

출행하지 마라. 횡액(橫厄)이 덮칠까 두렵다.

소망을 이루기 어려우니 마음이 산란하다.

무사무우지의(無事無憂之意)

유월 염천(炎天)에 높은 정자에 올라 한가로이 누워 있구나.
구름이 흩어지고 달이 얼굴을 내미니 천지가 다 밝아진다.
동쪽 뜰의 복숭아나무와 오얏나무가 때를 만나 꽃을 피웠다.

뜻밖의 성공으로 이름을 사방에 떨친다.
만일 관록(官祿)이 아니면 구설이 따르고 상(喪)을 당하리라.
금년의 운수는 일신이 편안해진다.

장안 길거리에 봄이 화창하구나.
철쭉과 붉은 계수나무가 그윽한 빛을 띠고 있다.
물고기가 물풀을 차고 다니니 그 활기가 양양하다.

1

도를 닦고 악을 멀리하니 마침내 길하게 된다.
몸에 질병이 있으니 거처가 불안하다.
여자의 말을 듣지 마라. 별로 소득이 없다.

2

분수를 지키고 살면 하늘이 복을 내려주리라.
집이 불안하니 터를 옮기면 길하다.
아이를 낳게 되지 않으면 관록이 따른다.

3

다른 사람의 말을 듣지 마라.
그 해가 적지 않으리라.
뜻밖에 공을 세우니 이름을 사방에 떨치리라.
비록 재물은 있으나 간혹 구설이 뒤따른다.

4

비바람이 순조로우니 만물이 저절로 생성한다.

가정에 경사가 있으니 이는 바로 슬하의 경사이리라.

여자를 가까이하면 명예에 해를 당한다.

5

집에 있으면 불안하니 잠시 출행(出行)해야 한다.

내외가 화합하지 못하니 한번은 다투게 된다.

횡액(橫厄)의 수가 있으니 모든 일을 삼가야 한다.

6

토성(土姓)은 이롭고 목성(木姓)은 해로우리라.

재물을 잃을 수가 있으니 미리 기도하라.

만일 그렇게 하지 않으면 형제간에 이별할 수 있다.

7

앞뒤로 길이 트였으니 반드시 성공하리라.

복록(福祿)이 집에 가득하니 근심은 사라지고 기쁨이 넘쳐난다.

화성(火姓)을 가까이하지 마라. 반드시 손해를 본다.

8

비록 재물은 생기나 얻어도 반은 잃는다.

남의 말을 듣지 마라. 불리할 수다.

목성(木姓)의 말에는 반드시 허망함이 있으리라.

9

길성(吉星)이 비추니 반드시 경사가 있다.

길운이 돌아왔으니 귀인(貴人)이 와서 도와주리라.

재물이 서북에 있으니 나가면 많이 얻을 수 있다.

10

가운(家運)이 왕성하니 의식이 풍족하다.

사람들이 왕성하니 뜻밖의 재물을 얻게 된다.

이익이 문서에 있으니 귀인이 도우리라.

11

집안 사람이 마음을 같이하니 하늘에서 재물이 내려온다.
원행(遠行)을 삼가라. 구설이 또 침노한다.
동짓달 운수는 길흉이 서로 뒤섞인다.

12

모든 일이 뜻대로 이루어지니 이 밖에 또 무엇을 바랄까.
귀인이 와서 도와주니 소망을 성취하리라.
상업에 종사하면 재물을 얻을 수다.
그렇게 하면 재물이 흥왕하리라.

청산을 돌아가던 나그네,

해가 저무니 걸음이 바빠지는구나.

바다에 가서 토끼를 구하니 어찌 얻을 수 있겠는가.

사람이 와서 도와주니 마침내 기쁜 일을 맞으리라.

작은 내(川)가 바다로 흘러드니 작은 것을 쌓아 큰 것을 이루리라.

일신이 저절로 편안해지니 세상 모든 일이 태평하다.

남과 다투지 마라. 재물도 잃고 명예도 잃게 되리라.

행장(行裝)을 정리하여 늦기 전에 고향으로 돌아가라.

가을 바람소리에 강산에 해가 저문다.

누런 닭이 때때로 우니 해가 부상(扶桑)에 걸렸구나.

1

뜻은 하늘을 찌르고 마음은 사해(四海)처럼 넓으니

반드시 성공하리라.

구설수가 있으니 미리 산신에게 기도하라.

관귀(官鬼)가 발동하니 멀리 가면 불리하다.

2

여자를 가까이하지 마라. 불리할 수다.

만일 그렇지 않으면 처궁(妻宮)에 근심이 생기리라.

상가(喪家)에 가까이 가지 마라. 질병이 생길까 두렵다.

3

하는 일에 허황함이 많으니 망령되게 행동하지 마라.

동쪽으로 이사하면 반드시 형통하리라.

남의 말을 믿지 마라. 허황하리라.

4 깊은 밤에 비바람이 몰아치니 동서를 분별하지 못한다.
집에 있으면 길하고 움직이면 불리하리라.
집이 불안하니 마음 속에 갖가지 상념이 난무한다.

5 오월에는 구변(口辯)으로 재물을 얻을 수다.
가정에 액이 있으니 미리 남쪽에 기도하라.
만일 소복을 입게 되면 이 수를 거의 면하리라.

6 수성(水姓)과 화성(火姓) 두 성은 일을 같이 꾀하면 불리하다.
멀리 나가면 불리하니 길을 떠나지 마라.
남과 다투지 마라. 일을 끝맺지 못한다.

7 해 저무는 차가운 하늘에
돌아가는 기러기는 어디로 가려는가.
재물을 구하려 해도 수고만 하고 공은 얻지 못한다.
요귀가 문을 기웃거리니 미리 안택(安宅)하도록 하라.

8 하룻밤 광풍에 꽃이 눈처럼 떨어진다.
재물을 잃을 수가 있으니 모든 일을 조심해서 하라.
시비를 가까이하지 마라. 송사(訟事)를 하면 결론을 얻지 못한다.

9 천리타향에 의지할 곳 없는 외로운 몸이구나.
어떤 성이 해로운가. 반드시 화성(火姓)이다.
구월과 시월에는 토지에 이로움이 있다.

10 장사하는 길에 이익이 있으니 반드시 재물을 얻으리라.
남쪽이 불길하니 그쪽에는 가지 마라.
만일 재물을 잃을 수가 아니면 횡액(橫厄)으로 한번 놀라게 된다.

11

발로 범꼬리를 밟으니 근심 가운데 기쁨이 생긴다.

이익은 어느 곳에 있는가. 반드시 서북쪽이다.

신수(身數)는 어떠한가. 처음엔 힘이 드나 나중에는 길하게 된다.

12

모든 일이 잘 풀리니 그 가운데 이익이 있다.

일이 분망하니 분주한 상이구나.

횡액수가 있으니 모든 일을 삼가야 한다.

진가불식지의(眞假不識之意)

꿈에 도움을 받았지만 참과 거짓은 곧 알게 되리라.
복숭아와 오얏이 봄을 다투니 가는 곳마다 봄바람이 부는구나.
자식을 낳을 경사가 아니면 집안 근심을 면하기 어렵다.

도둑을 조심하라. 재물을 잃을까 두렵다.
다행히 귀인(貴人)을 만나 도움을 받으니 잘못되는 일이 별로 없다.
금년의 운수는 길함이 많고 흉함은 적으리라.

하늘가 울고 가는 외로운 기러기가
사람의 마음을 놀라게 하는구나.
봄풀이 비를 만나니 그 빛이 더욱 푸르다.
의식이 풍족하고 수복(壽福)이 무궁하리라.

1

한가롭게 높은 루(樓)에 오르니
맑은 바람 불고 밝은 달이 떠오른다.
슬하에 액이 있으니 서쪽을 조심하라.
만일 그렇지 않으면 구설이 떠나지 않으리라.

2

진짜 옥이 먼지 속에 묻혀 있으니 누가 이를 알아보겠는가.
집안이 불안하니 재화(災禍)가 끊이지 않는다.
만일 남의 도움을 받지 않으면 뜻밖의 성공을 거두리라.

3

구름 걷히고 하늘이 푸르니 밝은 달빛이 새롭구나.
길함은 있으되 흉함이 없으니 몸과 재물이 왕성해진다.
귀성(貴星)이 문을 비추니 사람으로 인하여 일을 성사시킨다.

4

동쪽 뜰의 매화가 때를 만나 만발하였구나.
다투지 마라. 시비할 수가 있다.
만일 그렇지 않으면 구설이 분분하리라.

5

오월과 유월에는 남의 도움으로 재물을 얻게 된다.
이익이 약사(藥士)에 있으니 마땅히 시장으로 향하라.
재운(財運)이 왕성하니 필시 성공하리라.

6

여자를 만나면 이익이 그 가운데 있다.
다른 이와 함께 남쪽으로 가니 모든 일이 길하리라.
작은 것을 쌓아 큰 것을 이루니 재록(財祿)이 끊이지 않는다.

7

두 사람이 같이 일을 꾀하니 재리(財利)를 얻으리라.
식구를 더할 수니 필시 득남의 경사다.
물가에 가지 마라. 횡액(橫厄)이 따를까 두렵다.

8

길흉이 반반이니 은혜가 도리어 원수가 된다.
여색을 탐하지 마라.
재물을 잃거나 구설이 뒤따르리라.
이익이 남쪽에 있으니 출행(出行)하면 얻는다.

9

구월과 시월에는 물과 불로 한번 놀라게 된다.
실물수(失物數)가 있으니 가까운 사람을 조심하라.
처음은 길하나 나중에는 재앙이 따르리라.

10

꽃이 떨어지고 잎이 무성하니 꾀꼬리가 스스로 찾아든다.
가정에 불화가 있으니 마음이 불안하다.
만일 그렇지 않으면 형제에게 근심이 생긴다.

11 용이 천문(天門)을 얻었으니 그 조화가 무쌍하다.

동짓달과 섣달에는 반드시 경사가 있다.

소망이 뜻대로 이루어지니 하루에 천금을 얻으리라.

12 길성(吉星)이 몸을 비추니 명성과 이익을 얻는다.

귀인이 와서 도와주니 때를 만나 성공하리라.

양(梁)씨와 이(李)씨 두 성과 함께 일을 꾀하면 불리하다.

달을 바라보는 옥토끼여, 맑은 빛이 가득하구나.
분수를 지키고 편하게 지내면 반드시 인연이 생길 것이다.
봄동산의 소나무와 잣나무가
맑은 이슬 머금고 기쁘게 빛나고 있다.

이사하지 않으면 식구가 늘어난다.
도둑을 조심하라. 재물을 잃을까 두렵다.
만일 직업을 바꾸지 않으면 득남할 수다.

밝은 달이 중천에 가득 차니 집안에 금과 옥이 가득하리라.
길 위에 먼지가 뽀얀데 꽃과 버들이 활짝 피어 있다.
명성과 이익을 반드시 얻으니 천하에 으뜸이다.

1
비록 재물을 얻으나 기쁨을 숨기는 것은 어인 일인가.
명성과 이익이 마음과 같으니 반드시 기쁜 일이 있다.
가산(家産)이 풍족하니 집안 사람이 기뻐한다.

2
재물이 배(舟) 가운데 있으니 재리(財利)를 많이 얻는다.
재운(財運)이 돌아오니 이 때를 놓치지 마라.
이 달의 운수는 처음엔 흉하나 나중엔 길하리라.

3
삼월과 사월에는 귀인(貴人)이 와서 식구를 더한다.
황룡이 구슬을 얻으니 반드시 득남하리라.
모든 일이 뜻대로 되니 반드시 기쁜 일이 있다.

4

가을쥐가 곳간을 만나고 봄새가 꽃밭에서 노니는구나.
도처에 재물이 있으니 그 이름을 사해(四海)에 떨치리라.
깊은 산 그윽한 골짜기에 새가 수풀로 들어가 잠자리에 든다.

5

명성과 이익이 같이 길하니 가는 곳마다 영귀(榮貴)하리라.
식구가 늘고 토지를 더하니 집안이 화평하다.
가세(家勢)가 흥왕하니 이 밖에 무엇을 더 바랄까.

6

덕을 쌓은 집에 반드시 경사가 찾아든다.
서쪽에 길함이 있으니 필시 논밭을 장만하리라.
집안에 길한 경사가 있으니 이는 슬하의 영화다.

7

재물이 장삿길에 있으니 마땅히 시장으로 가라.
처자에게 근심이 따르리니 미리 기도하라.
좋은 일에는 마가 따르니 모든 일을 삼가야 한다.

8

남과 다투지 마라. 송사(訟事)를 하면 불리하다.
다른 일을 꾀하지 마라. 도무지 희망이 없다.
만일 횡재할 수가 아니면 관록(官祿)이 몸을 따른다.

9

재물이 흥왕하니 세상일이 태평하다.
모든 일을 순조로이 이루니 많은 사람이 우러러본다.
신수(身數)가 대길하니 소망이 뜻과 같으리라.

10

복사꽃이 이미 떨어졌으니 그 열매를 얻으리라.
토성(土姓)이 불리하니 가까이하면 해를 당한다.
목성(木姓)이 해로우니 거래를 하지 마라.

11 분수를 지키고 편안히 살면 마침내 재산과 이익을 얻는다.
마음을 정하고 안정을 취하면 기쁜 일이 저절로 깃들인다.
달 밝은 산창에 귀인이 와서 도와주리라.

12 서쪽과 남쪽 양방향에서 반드시 재물이 왕성해진다.
운수가 대길하니 편안히 지내게 된다.
두 곳에서 마음이 같으니 꾀하는 일을 이루리라.

피흉갱유화지의(避凶更有禍之意)

혐의를 피하려고 골짜기에 들어가니
원수가 칼을 품고 기다리고 있다.
문을 나섰으나 길을 잃어 어디로 향할지 모르는구나.
이것을 논하면 배은망덕(背恩忘德)함이라.

집에 있어도 무익하고 문을 나서도 불리하다.
만일 재물을 잃지 않으면 구설이 따를까 두렵다.
망령되게 움직이면 불리하고 분수를 지키면 길하리라.

꾀하는 일은 설상가상(雪上加霜)이리라.
일을 급하게 도모하지 마라. 늦출수록 길하다.
집에 병고가 있고 근심 또한 적지 않다.

1

비록 재물은 생기나 얻어도 반은 잃는다.
재물운이 있지만 비록 얻어도 모으기 어렵다.
먼길에 나가지 마라. 움직이면 해로우리라.

2

꾀하는 일은 이루는 것 같다가도 끝을 맺지 못한다.
요귀가 해를 끼치니 꾀하는 일을 이루지 못한다.
말을 타고 산에 오르니 길은 있으나 험악하구나.

3

어찌 날이 밝지 않은가. 구름이 그 빛을 가렸구나.
횡액수(橫厄數)가 있으니 모든 일을 삼가야 한다.
시비를 가까이하지 마라. 구설이 침노하리라.

4

관귀(官鬼)가 발동하고 처녀가 사내를 부른다.
이것으로 볼진대 배은망덕이구나.
남쪽에 해가 있으니 그쪽으로 나가지 마라.

5

식구가 늘고 토지가 느니 집에 기쁨이 가득하다.
몸과 재물이 왕성하니 마음이 화평하리라.
남의 말을 듣지 마라. 일이 허망하게 된다.

6

오월과 유월에는 일은 많고 이루는 것은 없다.
나그네가 길을 잃고 병사가 칼을 잃어버리는 격이다.
꾀하는 일을 이루지 못하니 세상일이 꿈 같구나.

7

돌을 맞부딪쳐 불을 일으키니 이는 먼 옛사람의 공이다.
소망을 다 이루니 반드시 재물이 왕성해진다.
문서상의 일로 마침내 구설을 듣게 된다.

8

흉한 중에 길함이 있으니
처음엔 힘이 드나 나중엔 길하게 된다.
남과 다투지 마라. 반드시 낭패를 보게 되리라.
해가 청산에 저무는데 길 가던 나그네는 길을 잃었다.

9

구월과 시월에는 기도하면 길하다.
아내나 아들에게 질병이 침노한다.
멀리 동쪽에 가면 금성(金姓)이 도우리라.

10

남의 말을 믿지 마라. 일이 허황하게 돌아간다.
머리도 없고 꼬리도 없으니 일을 이루기가 어렵다.
일에는 정한 이치가 있으니 망동하지 마라. 해를 당한다.

11

동짓달과 섣달에는 출행(出行)하면 해를 당한다.
도둑을 조심하라. 재물을 잃을까 두렵다.
분수를 지키며 집에 머물러라.
나가면 길에서 원수를 만나리라.

12

비바람이 순조롭지 못하니 세상이 요란하고 어지럽다.
재물을 구하여도 따르지 않고 구설이 침노하리라.
남쪽이 길하니 마땅히 그쪽으로 가야 한다.

462 거악취선지의(去惡取善之意)

만리에 걸쳐 구름 한 점 없으니
하늘과 바다가 다 같이 푸르구나.
일신이 편안하니 산수를 가까이하며 낙을 즐기리라.
고기와 용이 물을 얻으니 먹고 입을 것이 풍족하다.

순풍에 돛을 올리니 즐거운 노래가 절로 나온다.
험한 길을 순조롭게 가니 이는 신령이 도왔기 때문이다.
여색을 가까이하지 마라. 도리어 재물을 잃으리라.

군자는 덕을 좇고 소인은 덕 앞에서 물러난다.
모든 꽃이 만개하니 봄이 화창하구나.
한바탕 시비가 일어나니 구설이 따를까 두렵다.

1
정월과 이월에 비로소 재복(財福)을 얻는다.
근심이 물러가고 기쁨이 생기니 편안히 잘 지내리라.
고기와 용이 물을 얻으니 그 기쁨이 도도하구나.

2
삼월 동풍에 제비가 집을 찾는다.
재물이 몸을 따르니 부유하기가 황금 골짜기와 같다.
재복이 이와 같으니 근심은 사라지고 기쁨만 남는다.

3
봄바람과 가는 비에 버들잎이 더욱 푸르다.
뜻밖의 재물이 날마다 집안으로 들어온다.
신수(身數)가 대길하니 도처에서 재물을 얻으리라.

4

여자를 가까이하지 마라. 구설이 뒤따르리라.

음양이 화합하니 만물이 화생(化生)하는구나.

타인의 재물이 우연히 집안으로 들어온다.

5

물을 거슬러 배를 저어가니 강 가운데서 풍파를 만난다.

신상에 근심이 없으니 재리(財利)를 얻으리라.

길하고 이로운 일이 많으니 곳곳에서 재물을 얻는다.

6

공명(功名)이 따르리니 어진 소리가 사해(四海)에 이른다.

소망이 뜻과 같으니 남아가 그 뜻을 얻으리라.

집에 경사가 있으니 어진 소리가 절로 들려온다.

7

고기와 용이 물을 얻으니 그 활기 다시 새롭구나.

신수가 대길하니 도처에서 재물을 얻는다.

길한 곳은 어디인가. 필시 동서쪽이리라.

8

군자는 녹(祿)을 얻고 소인은 재물을 얻는다.

귀인(貴人)이 도우니 반드시 꾀하는 일을 이룬다.

뜻밖에 성공을 거두니 재물도 얻고 권력도 얻으리라.

9

이익이 사방에 널려 있으니 가는 곳마다 봄바람이 분다.

몸이 남쪽에 가서 놀면 모든 일이 대길하리라.

여자를 가까이하면 구설이 따른다.

10

이익이 바깥에 있으니 멀리 나가면 얻으리라.

동쪽과 남쪽 양쪽에서 귀인이 와 돕는다.

몸이 바깥에서 놀면 녹이 겹치고 권력이 높아진다.

11

동짓달과 섣달에는 반드시 경사가 있으리라.

만일 관록(官祿)이 아니면 아내에게 근심이 생긴다.

명성과 이익이 다 길하니 도처에서 이익을 얻는다.

12

우물의 고기가 바다로 나가니 활기가 양양하다.

재물을 구하면 뜻대로 이루어지고 꾀하는 일도 잘 풀린다.

천지사방에서 만인이 스스로 하례(賀禮)를 올리는구나.

선빈후만지의(先嚬後挽之意)

옥토끼가 동쪽에 올라 맑은 빛을 마시는구나.
서쪽이 길하니 반드시 기쁜 소식이 있으리라.
귀인이 도우니 모든 일을 순조롭게 이루리라.

군신(君臣)이 모이니 반드시 기쁜 일이 있다.
모든 일이 뜻과 같으니 갈수록 복이 늘어난다.
이익이 남북에 있으나 얻어도 많이 잃는다.

위수(渭水)의 여울에 문왕(文王)이 두 번 임하는구나.
사월 남풍에 보리가 누렇게 익는다.
매사가 뜻대로 이루어지니 천금을 모으리라.

1
달 밝은 동창(東窓)에서 아름다운 여인이 구슬을 가지고 노는구나.
재성(財星)이 몸을 비추니 나날이 천금을 얻으리라.
재물이 산과 같으니 의기가 양양하다.

2
달 밝은 밤 높은 누각에 오르니 풍류소리 드높구나.
재운(財運)이 왕성하니 이익이 논밭에 있다.
만일 그렇지 않으면 자손에게 경사가 있으리라.

3
삼월과 사월에는 먼길을 가지 마라.
집에 있으면 길하고 출행(出行)하면 해가 따른다.
남쪽이 불리하니 출행하지 마라.

4

꾀꼬리가 버드나무 가지에 오르니
가지마다 조각조각 황금이로다.
동쪽 뜰 앞의 복숭아나무가 열매를 맺었구나.
재물이 풍성하니 생활이 태평하리라.

5

티끌을 모아 산을 이루니 가세(家勢)가 흥왕하다.
만일 구설이 따르지 않으면 관재수(官災數)가 있으리라.
수성(水姓)을 가까이하면 반드시 일을 그르치게 된다.

6

유월에는 별로 이득이 없을 운수다.
물에 가까이 가지 마라. 친한 사람이 도리어 해를 입힌다.
남과 다투지 않으면 반드시 송사에 시달리리라.

7

이익이 사방에 널려 있으니 도처에서 재물을 얻는다.
단비가 촉촉이 내리니 온갖 곡식이 풍성하구나.
비록 재물은 생기나 질병이 따를까 두렵다.

8

쉬지 않고 부지런히 일하면 재리(財利)를 얻는다.
동서 양방향에 반드시 길한 일이 있다.
분수 밖의 것을 탐내지 마라. 일에는 분수가 있다.

9

길을 나서지 마라. 재물을 잃을 수 있다.
형산(荊山)의 백옥(白玉)에도 반드시 주인이 있다.
이후부터는 반드시 왕성하게 된다.

10

뜰 앞의 매화가 홀로 봄빛을 띠었구나.
일의 성패가 시각에 달려 있으니 속히 도모하면 이루리라.
재물이 서쪽에 있으니 가면 얻을 수 있다.

11 목마른 용이 물을 얻고 주린 자가 풍년을 만난다.
심신(心神)이 화평하니 모든 일이 형통하리라.
동짓달과 섣달에 반드시 득남할 수다.

12 흉이 화하여 복이 되니 기쁨이 가정에 가득하다.
만일 횡재하지 않으면 논밭에 길함이 있다.
만일 아이를 낳지 않으면 도리어 상을 당하리라.

유운불우지의(有雲不雨之意)

오동나무와 대나무가 서로 다투니 몸이 삼밭에 든다.
일신이 피곤하니 어느 때에나 형통할까.
흉이 복으로 변하니 마침내 형통하리라.

만일 복제(服制)를 당하지 않으면 구설이 따른다.
노력한 후에 공이 따르리니 때를 기다려 행동하라.
금년의 운수는 흉이 변하여 길하리라.

참과 거짓을 측정할 수 없으니 의심을 풀기 어렵다.
경솔하게 행동하지 마라. 희로(喜怒)가 같이 있으리라.
앞길을 알고자 한다면 목성(木姓)에게 물어야 한다.

1

정월과 이월에는 부모에게 해가 미치리라.
미리 안택(安宅)하면 이 수를 거의 면할 수 있다.
집에 질병이 있으니 하는 일마다 이루지 못하리라.

2

어린 새가 날고자 하나
날개가 약해 날 수 없으니 이를 어찌할까.
움직이면 후회하게 되니 차라리 분수를 지키는 것이 좋다.
남과 함께 일을 꾀하면 이익이 생길 것이다.

3

뜻이 높고 덕이 쌓이니 복록(福祿)이 저절로 들어온다.
비록 재물은 왕성하나 혹 질병이 따르리라.
남과 다투지 마라. 구설이 따른다.

4

사월에는 일신이 한가로우리라.
집안 사람이 화목하게 지내지 못하니 근심이 떠나질 않는다.
입을 무겁게 하면 집안이 편안하리라.

5

오월과 유월에는 재앙이 사라지고 복이 들어온다.
만일 재물을 잃지 않으면 자손에게 근심이 생기리라.
이와 같지 않으면 반드시 혼인하게 된다.

6

산에 흰 눈이 가득하니 멀리 나가기가 여의치 않다.
재물을 잃을 수가 있으니 화성(火姓)을 멀리하라.
외부의 재물을 탐내지 마라. 도리어 재물을 잃게 된다.

7

비록 노력은 하나 고생만 하고 공은 없다.
달을 등지고 어둠을 향해 있으니 밝은 달을 보지 못한다.
만일 질병이 아니면 구설이 따르리라.

8

집에 있으면 심란하고 밖으로 나가야 비로소 마음이 한가로우리라.
흉이 도리어 길로 변하니 모든 일을 이루게 된다.
가운(家運)도 이와 같으니 반드시 형통하리라.

9

바위 위에 서 있는 외로운 소나무요
푸른 바다 위에 떠 있는 일엽편주(一葉片舟)로다.
혈혈단신이니 이 한 몸 어느 곳에 의탁할까.
밤꿈이 산란하니 마음이 편치 못하다.

10

하는 일마다 이루지 못하니 이는 또 무슨 운인가.
미리 안택하면 모든 일이 여의(如意)할 것이다.
위아래 사람이 서로 다투니 어찌 일이 성사되기를 바라는가.

11

비로소 운수가 돌아오니 이익을 얻게 된다.
만일 횡재를 만나지 않으면 도리어 재앙이 따르리라.
재물운이 왕성하니 반드시 재물을 얻으리라.

12

일신이 안락하니 세상일이 태평하다.
상가(喪家)에 가지 마라. 불리한 일이 생기리라.
동쪽에 해가 있으니 그쪽으로 가지 마라.

부달지의(不達之意)

고기가 연못에 있으니 도무지 살아갈 계책이 없다.
시비를 가까이하지 마라. 승부를 내지 못하리라.
밤중에 길을 가니 어두워 동과 서를 분별하지 못한다.

일신이 고단하니 세상일이 뜬구름 같다.
가신(家神)이 발동하니
시비(是非)와 송사(訟事)에 시달리게 될 것이다.
동서로 바삐 달리나 신비롭거나 기이한 일이 별로 없다.

일이 뜻과 같지 않으니 공연히 한탄만 하게 된다.
비록 운수는 좋으나 소득을 얻지 못한다.
먼저 삼일 그리고 나중 삼일에 갑인(甲人)이 침범하리라.

1
신운(身運)이 불리하니 해를 끼치는 자가 많다.
시비를 가까이하지 마라. 송사를 하면 불리하다.
그렇지 않으면 구설을 면하기 어렵다.

2
바다에서 금을 구하니 어찌 얻을 수 있으리요.
일에 거스름이 많으니 움직이면 해를 당한다.
몸에 질병이 있으니 마음이 괴로우리라.

3
만일 복제(服制)를 당하지 않으면 슬하에 근심이 생긴다.
금성(金姓)이 불리하니 가까이하지 마라.
모든 일에 주의하라. 횡액(橫厄)이 따를까 두렵다.

4
북쪽에 가면 귀인이 도와준다.
서쪽은 불길하니 그쪽으로 가면 해를 입으리라.
동북 양쪽에서 귀인이 와 도와준다.

5
길을 가던 나그네가 길을 잃으니
나아가지도 돌아가지도 못하는구나.
일을 꾀하나 재물을 얻지 못할 것이다.
터전이 생길 수니 이사하면 길하리라.

6
만일 아내에게 우환이 생기지 않으면 부부간에 다투게 된다.
조리 있게 꾀하지 못하니 하는 일마다 이루지 못한다.
수고만 하고 이익은 얻지 못하리라.

7
뜻하는 바는 크나 이루지 못하니
편안히 지내며 분수를 지키는 것이 좋다.
귀인을 만나면 늦게나마 빛을 보게 되리라.
얻어도 다시 잃게 될 수니 이를 어찌할까.

8
동풍이 불고 가는 비가 촉촉이 내리니
버들가지가 푸르구나.
종종 운수가 트이니 하는 일마다 모두 이루리라.
사창(紗窓)에 달빛이 밝게 비치고
꽃 사이로 들어가니 몸이 절로 취한다.

9
일의 승패가 순식간에 결정되니 속히 도모하면 길하리라.
만일 질병이 아니면 슬하에 근심이 생긴다.
집에 있으면 길하나 다른 곳으로 나가면 불리하다.

10 강기슭에 서 있는 푸른 복숭아나무가 비로소 열매를 맺었구나.
작은 것으로 큰 것을 얻으니 모든 일을 반드시 이루리라.
몸과 재물이 왕성하니 생활이 풍족하리라.

11 처음에는 잃지만 나중에 도로 얻게 되니
처음엔 힘들더라도 마침내 그 뜻을 이루리라.
해(害)는 어디에 있는가. 남북에 있다.
남북에서 오는 사람이 우연히 해를 끼치리라.

12 때를 기다려 움직이면 적은 재물은 가히 얻을 수 있다.
청산유수(靑山流水)는 쉬지 않고 바다로 흘러들어간다.
집을 지키고 있으면 길하나 움직이면 불리하리라.

유신형통지의(有信亨通之意)

연못의 고기가 바다로 나가니 그 의기가 양양하다.
좋은 땅을 골라 옮겨 살면 수복(壽福)이 끊이지 않으리라.
오랜 가뭄 끝에 초목이 단비를 만난 격이다.

가을에 쥐가 창고를 만났으니 식록(食祿)이 풍부하구나.
때를 만나 덕을 쌓으니 경사가 끊이지 않는다.
가도(家道)가 흥왕하니 집안이 화평하리라.

여기저기서 재물이 생기니 천금을 얻게 되리라.
벼슬이 높고 녹이 많으니 수복(壽福)이 무궁하다.
천하가 태평하니 사해(四海)에 명성을 떨치리라.

1

화가 복으로 변하니 기쁜 빛이 얼굴에 가득하리라.
재물이 산같이 쌓이니 부유하기가 석숭(石崇)과 같다.
터를 옮기고 직업을 바꾸면 횡재를 만날 수다.

2

삼산(三山)에 들어가니 신선을 만나게 된다.
우연히 재물을 얻으니 생계가 저절로 풍족해진다.
만일 부모에게 근심이 생기지 않으면 슬하에 액이 있으리라.

3

도처에 재물이 있으니 원행(遠行)하면 재물을 얻으리라.
가을에 쥐가 곳간을 얻으니 식록이 풍족하다.
명성과 이익을 마음먹은 대로 얻으니
사람마다 모두 우러러보리라.

4

꾀하는 일을 반드시 이룬다.
마음을 바로잡고 덕을 쌓으니 복록(福祿)이 저절로 들어온다.
명월청풍(明月淸風)에 멀리서 귀인이 찾아와 도와주리라.

5

오월과 유월에는 조용히 지내야 대길(大吉)하다.
일신이 편안하니 집안에 화기(和氣)가 가득하리라.
조용히 지내면 길하고 망령되게 행동하면 해를 입는다.

6

재물이 산같이 쌓이니 금곡(金谷)에 든 것처럼 부유하리라.
이로움은 어느 성에 있는가. 화성(火姓)과 금성(金姓) 두 성이다.
낙양성동(洛陽城東)의 물이 동해로 흐른다.

7

칠월과 팔월에는 구설이 뒤따른다.
꾀하는 일은 그 내용을 발설하지 마라. 실패하게 될까 두렵다.
친구를 가까이하면 재물을 잃고 마음이 심란해진다.

8

우물 안 개구리가 밖으로 나오고자 하나 나오지를 못하는구나.
다른 일을 꾀하지 마라. 반드시 손해를 본다.
진술(辰戌) 양방향에서 횡재를 만나리라.

9

구월과 시월에는 태성(胎星)이 문을 비춘다.
봄바람이 이르는 곳에 온갖 꽃들이 만발했구나.
동쪽에서 온 객은 필히 도움이 될 사람이다.

10

가신(家神)이 발동하니 이사할 수로다.
길신(吉神)이 도와주니 하는 일을 모두 성취하리라.
만일 관록(官祿)이 아니면 자손에게 경사가 따를 것이다.

11 꾀꼬리가 버들가지 위에 앉으니 가지마다 조각조각 황금이구나.

재성(財星)이 몸을 비추니 논과 밭에서 이익을 얻는다.

만일 벼슬을 하지 않으면 횡재를 만날 수다.

12 불전에 기도하면 뜻밖에 성공할 것이다.

이후로 하는 일마다 형통하리라.

입신양명(立身揚名)하니 그 명성이 사해에 이른다.

유불평화지의(有不平和之意)

싸움에 패한 장수가 면목없는 얼굴로 강을 건넌다.
집안에 불안이 떠나지 않으니 가족들이 서로 다툰다.
횡액수(橫厄數)가 있으니 모든 일을 조심해서 하라.

벼슬자리에 있으면 길하나 농사를 지으면 손해를 보리라.
만일 식구를 더하지 않으면 문필(文筆)로 재물을 얻으리라.
금년의 운수는 도둑을 조심해야 할 수로다.

낙양(洛陽)으로 시집간 여자가 정부(情夫)를 따라 달아난다.
차가운 나무에 꽃이 피었으되 그 본말(本末)이 모두 약하다.
용이 여의주를 잃었으니 변화를 일으키지 못한다.

1

일이 여의치 못하니 공연히 마음만 허비하리라.
일에 처음과 끝이 없으니 마음이 산란하다.
만경창파(萬頃蒼波)에 떠 있는 한 조각 배가 풍파를 만난다.

2

친한 이가 도리어 원수가 되니 친구를 조심하라.
근심과 괴로움이 아직 끝나지 않았는데
다시 구설이 뒤따르니 이를 어찌할까.
신수(身數)가 불리하니 횡액을 조심하라.

3

먹구름이 공중에 가득하니 일월(日月)을 보지 못한다.
동서로 분주히 뛰어다니나 소득은 별로 없다.
만일 복제(服制)를 당하지 않으면 질병에 걸릴까 두렵다.

4

가을풀 위에 서리가 내리니 근심이 떠나지 않는다.
문상(問喪)을 가지 마라. 조객(弔客)이 문에 이르리라.
처궁(妻宮)에 근심이 있으니 미리 조왕(竈王)에게 기도하라.

5

일처리에 밝지 못하니 후회한들 무슨 소용이 있겠는가.
동쪽이 불리하니 그쪽으로 가면 재물을 잃을 우려가 있다.
친구를 믿지 마라. 길한 것이 변하여 흉하게 되리라.

6

꽃잎이 다 떨어진 곳에 초목이 무성하다.
재리(財利)가 다 길하니 사람이 모두 우러러보리라.
이지러진 달이 다시 차니 마침내 형통하게 되리라.

7

칠월과 팔월에는 질병이 두렵다.
노력을 하지 않아도 작은 이익은 얻을 수 있다.
일에 허황함이 따르니 다른 일을 꾀하지 마라.

8

좋은 것을 좇고 나쁜 것은 멀리하니 길한 일이 있으리라.
비록 분한 일이 있더라도 참는 것이 상책이다.
마음에 주장하는 것이 없으니 꾀하는 일마다 이루지 못한다.

9

꾀하는 일은 반드시 이루나 덕을 잃게 된다.
동으로 달리고 서로 달리니 분주한 기상이구나.
재물을 잃을 수가 있으며 집안 사람과 서로 헤어지게 된다.

10

해로운 자가 도리어 이익을 가져다주니 헛된 가운데 실상이 있다.
넓고 넓은 천지에 이 한 몸 어느 곳에 의탁할까.
사방을 둘러봐도 친인척이 없으니
외로운 내 신세, 절로 나오는 탄식이여.

11

역마살(驛馬殺)이 끼었으니 한번은 멀리 나가게 되리라.
꾀하는 일을 쉽게 이루지 못하고 질질 시간만 끄니
많은 재물을 잃게 된다.
하는 일이 도무지 마음에 맞지 않는다.

12

성패(成敗)가 많으니 이 수를 어찌할까.
재물을 잃을 수가 있으니 남의 말을 믿지 마라.
분수 밖의 것을 탐내지 마라. 공연히 마음만 상한다.

522 유발달지의(有發達之意)

이월에 복숭아꽃과 오얏꽃이 때를 만나 활짝 핀다.
금년에는 식록(食祿)이 끊이지 않으리라.
구름이 걷힌 후 달이 나오니 늦게야 빛을 보리라.

이지러진 달이 다시 둥글게 차오르니
반드시 기쁜 일이 있을 것이다.
재앙이 사라지고 복이 돌아오니 신상에 근심이 없다.
연운(年運)이 가장 길하니 안락할 운수다.

화살을 날리니 천지사방 백발백중이구나.
동쪽에 가 구하면 재록(財祿)을 얻을 수 있으리라.
봄이 지나니 나비와 벌이 방황한다.

1
정월과 이월에 소원을 성취하리라.
하는 일마다 형통하니 의기가 양양하다.
남쪽이 길하니 출행(出行)하면 이익을 얻을 것이다.

2
동남쪽에서 귀인이 와 도와주리라.
만일 횡재하지 않으면 관록이 몸에 붙는다.
재리(財利)를 얻으니 반드시 성공하리라.

3
고국에 봄이 돌아오니 만물이 회생한다.
구름이 걷히고 달이 나오니 그 경색(景色) 가히 아름답구나.
몸과 재물이 왕성하니 집안이 화평하리라.

4

집안에 경사가 있으니 재리를 얻으리라.
만일 관록(官祿)이 아니면 횡재를 만날 수다.
식솔이 늘고 녹이 많아지며 명성과 이익을 얻게 된다.

5

오월과 유월에는 재물을 잃을 우려가 있으니 조심하라.
서쪽에서 오는 사람에게 반드시 재물을 잃게 된다.
미리 방지하면 이 수를 면할 수 있으리라.

6

뜻밖에 명성을 얻으니 그 이름을 사방에 떨친다.
가물었던 하늘에서 단비가 내리니 만물이 다시 살아난다.
만일 과거에 급제하지 않으면 득남할 수다.

7

봄풀이 비를 만나니 그 빛이 갑절은 새롭구나.
관록이 따르니 재록이 풍성하다.
재물을 잃을 수가 있으니 토성(土姓)을 멀리하라.

8

다른 사람과 함께 일을 꾀하면 반드시 재물을 얻는다.
천신(天神)이 도우니 재앙이 사라지고 복이 돌아오리라.
길성(吉星)이 문을 비추니 모든 일이 이루어진다.

9

밝은 달 높은 루에 즐거운 노랫가락 드높다.
구월과 시월에는 재물이 저절로 불어난다.
꾀하는 일은 반드시 이루리라.

10

이지러진 달이 다시 둥글게 차오르니
반드시 기쁜 일이 생길 것이다.
천지가 서로 조화를 이루니 소원이 여의(如意)하다.
비록 재물을 얻어도 구설이 따를까 두렵다.

11

봄이 돌아와 날씨가 따뜻해지니 초목이 무성하구나.
만일 횡재하지 않으면 득남하리라.
비록 재물은 흥하나 꾀하는 일은 이루지 못한다.

12

쥐가 쌀곳간에 들어가니 식록이 풍족하구나.
동쪽과 서쪽 양쪽에서 반드시 재물이 불어나리라.
수성(水姓)이 불리하니 더불어 주거나 받지 마라.

두 범이 서로 다투니 보는 자가 도리어 두려워한다.
해가 청산에 저무니 돌아가는 객의 발걸음이 바쁘다.
한때는 영화를 누리나 결국에는 곤란하게 된다.

앞에 강이 놓여 있으나 배가 없으니 건너지 못하는구나.
만일 아내에게 병이 생기지 않으면 구설이 따를까 두렵다.
금년의 운수는 재물을 잃을 수로다.

마치 미치거나 취한 듯하니 사람 같지 않구나.
금(金) 목(木) 두 성(姓)이 청하지 않아도 스스로 오리라.
일을 해도 조리 있게 처리하지 못하니
편안히 때를 기다려라.

1

먹구름이 공중에 가득하나 도무지 비는 오지 않는다.
험한 길을 쉽게 가지만 헛되기만 하고 실상은 없다.
여색을 가까이하면 재물을 잃게 되리라.

2

석양이 지니 돌아가는 객의 발걸음이 몹시 바쁘다.
망령되게 행동하면 해를 당하니 때를 기다려 움직여라.
재물운은 얻어도 반은 잃을 수로다.

3

시비를 가까이하지 마라. 구설이 따를까 두렵다.
모든 일이 불리하니 마음이 산란해진다.
이와 같지 않으면 반드시 손해를 보리라.

4

음양이 고르지 않으니 일을 이루지 못한다.
신수(身數)에 액이 끼었으니 미리 막아야 하리라.
남과 다투지 마라. 구설이 뒤따른다.

5

물건을 사이에 두고 서로 다투니 도무지 소득이 없다.
시비를 가까이하지 마라. 송사(訟事)에 시달릴 수다.
이와 같지 않으면 질병이 생길까 두렵다.

6

망령되게 행동하지 마라. 재물을 잃게 된다.
집에 질병이 있으니 요귀(妖鬼)를 물리쳐야 하리라.
처음엔 흉하나 나중에 길할 신수로다.

7

주색(酒色)을 가까이하지 마라. 반드시 실패하리라.
재물을 잃을 수가 있으니 남쪽에 있는 산에 치성을 드려라.
외재(外財)를 탐내지 마라. 고생만 하고 공은 얻지 못한다.

8

달이 외롭게 중천을 지나가며 공연히 사방을 비춘다.
꾀하는 일도 실패하였는데 구설까지 따라붙는구나.
일에 허황함이 있으니 칠성당(七星堂)에 기도하라.

9

하늘이 기이한 복을 내려주니 식록(食祿)이 끊이지 않는다.
목성(木姓)을 가까이하지 마라. 꾀하는 일에 불리하리라.
재물운은 좋으나 신수는 불리하다.

10

도처에 재물이 널려 있으니 명성을 사방에 떨치리라.
만일 관록(官祿)을 얻지 않으면 득남할 수로다.
외지에 가서 일을 꾀하니 재물이 왕성해진다.

11 질병에 걸릴 염려가 있으니 미리 도액(度厄)하라.
옛것을 지키면 재앙이 없으리니 어찌 다른 업(業)을 바라겠는가.
수고만 하고 공은 없으니 세상만사가 뜬구름 같다.

12 우레만 치고 비는 내리지 않으니
하늘의 일은 도무지 헤아리기 어렵구나.
구하여도 얻지 못하니 이 신수를 어찌할까.
화성(火姓)을 가까이하면 많은 재물을 잃게 된다.

유진취지상(有進就之象)

용의 머리에 뿔이 돋아나니 머지않아 승천을 하리라.

땅을 파서 금을 캐내니 마침내 형통하리라.

길성(吉星)이 몸을 비추니 남아(男兒)가 가히 뜻을 얻는다.

처음엔 힘이 드나 나중에 형통하게 되니

집에 기쁨이 가득하다.

뜻밖에 성공을 거두니 관록(官祿)이 따른다.

금년의 운수는 성공하기에 가장 좋다.

음양이 화합하니 만물이 화생(化生)한다.

신운(身運)이 대통하니 꾀하는 바가 모두 길하리라.

달빛이 남쪽을 환히 비추니 고향땅이 그리워진다.

1

집에 있어도 근심이 많고 문을 나서도 괴로움을 당한다.

목이 말라 샘을 파나 힘만 들고 도무지 물은 나오지 않는다.

마음을 정직하게 먹으면 끊이지 않고 복을 얻으리라.

2

일이 뜻처럼 이루어지지 않으니 마음과 정신이 괴롭다.

돌 위에 나무를 심으니 쉽게 뿌리를 내리지 못한다.

비록 귀인이 찾아와도 도와주지는 못하리라.

3

대인(大人)은 길하나 소인(小人)은 흉하다.

토성(土姓)이 불리하니 서로 사귀거나 놀지 마라.

겉으로는 부유하나 실상은 가난하니

허명무실(虛名無實)하구나.

4

하늘에 구름 걷히고 일월이 다시 밝아진다.
소망이 여의(如意)하니 하는 일마다 형통하리라.
꽃을 피우다 열매를 맺으니 어찌 아름답지 않겠는가.

5

귀인이 도와주니 반드시 일을 성취하리라.
금옥(金玉)이 집안에 가득 차니 부유하기가 석숭(石崇)과 같다.
처음엔 힘이 들지만 나중엔 근심이 사라지고
기쁨이 충천(衝天)하리라.

6

비록 분한 마음이 있더라도 참으면 도리어 덕이 되리라.
토성(土姓)이 불길하니 시비를 조심하라.
남과 다투거나 구설이 뒤따른다.

7

선을 취하고 악을 멀리하니 복록(福祿)이 저절로 들어온다.
가문 하늘에 비가 내리니 만물이 화생한다.
동쪽에서 귀인이 와 뜻밖에 도움을 주리라.

8

산과 계곡에 봄이 돌아오니 온갖 꽃들이 다투어 피어난다.
봄이 무르익은 수풀에 만발한 꽃이여,
그 경색(景色) 가히 새롭구나.
신수(身數)는 평길(平吉)하고 재수(財數)는 흥왕하리라.

9

구월과 시월에는 헛된 중에 실상이 있으리라.
때를 만나니 창 밖에 황금색 국화가 만발하였구나.
재물이 산같이 쌓이니 얼굴에 기쁜 빛이 가득하다.

10

청룡이 물을 얻으니 그 조화가 무궁하다.
여색을 가까이하지 마라. 손재(損財)를 면하기 어렵다.
꾀하는 일을 반드시 이루리라.

11

모든 일에 마가 끼었으니 망령되게 행동하면 해롭다.
송사(訟事)에 참여하지 마라. 불리할 수다.
강을 미처 다 건너지 못했는데 풍파가 다시 이는구나.

12

동쪽에서 오는 사람이 우연히 해를 끼치리라.
남의 말을 듣지 마라.
말은 그럴듯하지만 신의를 저버리는구나.
이 달의 운수는 별로 이로움이 없다.

눈으로 보고도 먹지를 못하니 그림 속의 떡이로다.
망령되게 행동하면 수고를 해도 공이 없다.
물 위에 배를 띄우니 안위(安危)를 알지 못한다.

비록 재물은 얻어도 모으기는 어렵다.
오랫동안 비가 오지 않으니 초목이 자라지 못하는구나.
하는 일마다 이루지 못하니 심력(心力)만 낭비한다.

바다에 가서 금을 구하니 허망한 마음으로 돌아오리라.
막상 일을 시작해도 끝을 맺지 못하니 하는 일마다 이루지 못한다.
신선을 만나고자 봉래산(蓬萊山)에 오르나
신선과 마주쳐도 사람들이 알아보지 못하는구나.

1

달을 등지고 어두운 곳으로 향하니 밝은 달을 보지 못한다.
무단한 일로 구설이 뒤따른다.
처음엔 얻지만 나중에 잃으니 마음만 상하게 된다.

2

가을 되어 잎이 떨어지니 어느 때에나 번창하겠는가.
남의 말을 듣지 마라. 반드시 해를 입으리라.
일에 마가 많으니 이를 또 어찌할까.

3

집에 있으면 마음이 산란하고
밖으로 나가 다른 곳에 가면 한가롭게 지내게 된다.
재물을 얻어도 모으지 못하고 다 써버린다.
하는 일마다 막힘이 있으니 이 운수를 어찌할까.

4

유월 염천(炎天)에 구름이 끼었으나 비는 내리지 않는다.
가뭄철이라 비를 기다리는데
맑은 바람이 도리어 비구름을 쫓는다.
일이 여의(如意)치 못하니 가는 곳마다 실패가 따르리라.

5

오월과 유월에는 횡액(橫厄)을 조심하라.
지성으로 기도하면 이 수(數)를 거의 면할 수 있으리라.
처음엔 길하나 나중엔 흉하니 재물을 얻어도 모으지 못한다.

6

집에 있으면 길하나 밖으로 나가면 해를 입는다.
금성(金姓)을 가까이하지 마라. 도리어 해를 입으리라.
패할 수가 많으니 목성(木姓)을 조심하라.

7

작은 것이 나가고 큰 것이 들어오니 집안에 재물이 가득하리라.
화성(火姓)을 만나면 큰 재물을 얻을 수 있다.
만일 구설이 따르지 않으면 슬하에 근심이 생긴다.

8

강에 해가 저무니 배를 타면 불길하다.
물가에 가지 마라. 필시 해를 당하리라.
동쪽은 불리하고 서쪽은 길하다.

9

구월과 시월에는 원행(遠行)하면 불리하다.
마음 속에 정한 곳이 없으니 공연히 마음만 심란해진다.
신수(身數)가 이와 같으니 세상일이 모두 뜬구름 같다.

10

구정(舊情)은 헤어지기 어렵고 신정(新情)은 얻기가 어렵구나.
동쪽 봉우리에 달이 얼굴을 내미니 그 빛이 다시 새롭다.
모든 일이 여의하니 근심 가운데 기쁨이 있으리라.

11 일은 많고 몸은 분주하니 이 운을 어찌할까.
서산에 해가 지니 돌아가는 객의 발걸음이 바쁘다.
말을 타고 산길을 달리니
길이 험하여 앞으로 나아가지 못한다.

12 산길과 물길에 가야 할 길이 천리구나.
돌 위에 나무를 심으니 뿌리를 내리지 못한다.
수고만 있고 도무지 공은 없구나.
이 달의 운수는 횡액이 따르니 조심하라.

유사부중무익지상(有事不中無益之象)

한 손으로 활을 쏘려 하니 쏘아도 맞히지 못한다.
비록 묘한 꾀는 있으나 일을 성사시키기 어렵다.
귀한 자가 도리어 천하게 되니 혹 명예를 손상당하리라.

역마(驛馬)가 문에 이르니 한번은 원행(遠行)하리라.
만일 이사를 하지 않으면 반드시 직업을 바꾸게 된다.
금년에는 물과 불을 조심하라.

밝고 높은 밤하늘에 구름이 가득하구나.
동쪽에서 오는 사람은 이롭지 못하리라.
늙은 어부가 홀로 차가운 강물에 배 한 척을 띄우고
낚시를 드리우고 있구나.

1
어린 새가 높이 날려 하나
날개가 약해 날아도 멀리 가지 못한다.
동북 양방향에서 재물을 잃을까 두렵다.
바다에 가서 금을 구하니 수고만 하고 공은 얻지 못한다.

2
일월(日月)이 밝지 못하니 앞길이 험난하다.
해가 서산에 저물려 하는데
작은 새가 집을 찾지 못하고 지금껏 방황을 하는구나.
위아래 사람이 화합하지 못하니 집에 불평이 많다.

3
시기(時機)가 불운하니 기쁨과 슬픔이 교차한다.
다투지 마라. 송사가 끊이지 않으리라.
장사에 재물운이 있으니 천금을 얻으리라.

4

날려고 하나 날지 못하니 하는 일마다 불리하다.
다른 일을 꾀하지 마라. 재물을 잃게 될 것이다.
동북쪽이 불리하니 길함이 변하여 도리어 흉하게 된다.

5

노룡(老龍)이 구슬을 얻었으나
몸이 늙었으니 어느 때에나 성공할 수 있을까.
뜻은 있어도 일을 이루지 못하니 이 운수를 어찌할까.
만일 재물이 생기지 않으면 득남하리라.

6

옛것을 지키며 편안하게 지내니 일에 허망함이 없다.
재물이 남쪽에 있으니 그쪽으로 가면 많이 얻을 수 있으리라.
유월에는 공사(公事)가 불리하다.

7

재물이 외부에 있으니 나가면 얻으리라.
풀 위에 봄비가 촉촉이 내리니 근심이 흩어지고 기쁨이 생긴다.
가신(家神)에게 기도하면 수복(壽福)이 저절로 들어오리라.

8

인정(人情)을 멀리하면 소망하는 바를 이루게 된다.
마음을 바로 하고 덕을 쌓으면 재물을 얻게 되리라.
만일 횡재하지 않으면 이사할 수다.

9

때로 단비가 촉촉이 내리니 강가의 풀빛이 푸릇하구나.
수귀(水鬼)가 문을 엿보니 물가에 가까이 가지 마라.
만일 원행하지 않으면 이사할 수로다.

10

달빛이 흐르는 깊은 밤에 배를 타면 불리하다.
액(厄)이 급하니 마땅히 동쪽으로 가라.
강을 만나 나루로 갔으나 배가 없으니 이를 어찌할까.

11

산에서 고기를 잡으려 하니 끝내 얻지 못하리라.

사람의 마음을 알지 못하니 친한 사람이 도리어 해를 끼친다.

매사에 꾀가 없으니 뜻밖에 화를 당한다.

12

마음을 잡고 가정을 잘 다스리면 흉이 변하여 도리어 길하게 된다.

고진감래(苦盡甘來)하리니 이는 하늘이 정한 수다.

구정(舊情)은 이별하기 어렵고 신정(新情)은 만나기 어렵다.

유화무익지상(有禍無益之象)

삼십육계(三十六計) 줄행랑이 제일이구나.
운수가 불길하니 근신하면 이 액을 면하리라.
억지로 구하지 마라. 하는 일이 허망하다.

집 안에 있으면 마음이 상하기 쉬우나
밖으로 나가면 많은 이익을 얻으리라.
만일 복제(服制)를 당하지 않으면 구설이 뒤따른다.
오월과 유월에는 구설이 많이 따른다.

연잎에 맺힌 이슬이 한 하늘을 보듬으니
둥글게 퍼져가는 구름, 네 모습 진정 평화롭구나.
만리를 달려온 구름이 저물녘에 소상(瀟湘)에 이른다.
가뭄에 단비를 바라는데 해만 쨍쨍 내리쬔다.

1
하늘이 복을 주지 않으니 억지로 구하려 해도 얻지 못한다.
남의 말을 믿지 마라. 말만 그럴듯하고 신의를 지키지 않는다.
갑자기 액을 당할 수 있으니 모든 일을 조심해서 하라.

2
먹구름이 하늘에 가득 차니 달빛을 볼 수 없다.
터전을 옮길 수니 머무르면 도리어 형벌을 받으리라.
집에 있으면 마음이 심란해지니 외지(外地)로 나가라.

3
험한 길을 지나자 태산이 다시 앞을 가로막는구나.
재물을 잃을 수가 있으니 도둑을 조심하라.
밖에 나가면 길하나 집에 있으면 마음을 상하게 된다.

4 사월이 되었건만 깊은 산골엔 아직 벌과 나비가 보이지 않는구나.
북쪽이 불리하니 가까이 가면 해를 입게 된다.
조문(弔問)을 가지 마라. 불리할 수로다.

5 몽중(夢中)에 재물을 얻지만 그리 오래가지 못한다.
허욕을 부리지 마라. 도리어 손해를 보리라.
재성(財星)이 몸을 비추니 반드시 횡재를 만나게 된다.

6 만일 복제(服制)를 당하지 않으면 식솔이 늘어난다.
굶주린 자가 밥을 얻었지만 젓가락이 없으니 이를 어찌할까.
가만히 있으면 심신(心神)이 괴롭지만
움직이면 이익을 얻으리라.

7 위아래 사람이 서로 화목하니 가정에 기쁨이 가득하다.
만일 자식을 보지 않으면 횡재할 수다.
집에 있으면 이익이 없다. 타향에 나가야 이익을 얻으리라.

8 마음은 크나 의지가 약하니 속히 이루지 못한다.
서쪽이 불길하니 출행(出行)하지 마라.
비록 재물을 얻어도 별로 소득이 없다.

9 신수(身數)는 길하나 재물을 잃을 수니 이를 어찌할까.
만일 이와 같지 않으면 가정이 불안하리라.
남과 다투지 마라. 구설이 따를까 두렵다.

10 재물이 따를 수니 처음엔 잃어도 나중엔 다시 얻게 된다.
집에 머무르면 마음을 상하게 되고 밖으로 나가야 성공한다.
횡액수(橫厄數)가 있으니 친구를 사귈 때 신중해야 한다.

11 때가 좋아 길운(吉運)을 만나니 천금이 저절로 들어오리라.

만약 관록(官祿)이 아니면 슬하에 경사가 생긴다.

소를 팔아 밭을 사니 가도(家道)가 점점 융성해지리라.

12 푸른 산 그림자에 묻혀 뭇새들이 서로 즐겁게 지저귄다.

동쪽이 불리하니 그쪽으로 가면 해를 입으리라.

마음을 잡고 참으면서 모든 일을 신중하게 처리하라.

542 유행해인지의(有行害人之意)

칼을 들고 사람을 해치니 무슨 연유인가.
남과 북으로 바쁘게 돌아다니나 별로 소득을 얻지 못한다.
아내에게 근심이 생기지 않으면 재물을 잃게 되리라.
만일 이와 같지 않으면 구설을 면하기 어렵다.

혈혈단신(孑孑單身)이니 어느 곳에 이 한 몸 의탁할까.
적막한 여창(旅窓)에 턱을 괴고 밝은 달을 바라보니
나그네의 마음 처량하기 이루 헤아릴 수 없구나.

황량한 산 너머로 달이 기우니 구설을 면하기 어렵다.
신병(身病)이 생기지 않으면 구설이 분분하리라.
업(業)을 지키면 길하고 고치면 흉하리라.

1
집안에 불만이 쌓이니 부부가 서로 다툰다.
만일 신병이 아니면 부모에게 근심이 생기리라.
모든 일을 삼가 행하지 않으면 의외의 해를 당한다.

2
망령되게 행동하면 해를 입고 분수를 지키면 길하다.
토성(土姓)을 가까이하지 마라. 재물을 잃게 된다.
주색을 가까이하면 많은 재물을 잃게 되리라.

3
도둑을 조심하라. 횡액(橫厄)이 생길까 두렵다.
먹구름이 공중에 가득하니 일월(日月)이 보이지 않는다.
눈 위에 나무를 심으니 뿌리를 내리지 못하는구나.

4

산기슭에 집을 지으니 편안해진다.
여색을 조심하면 가히 모든 일을 이루리라.
서쪽이 해로우니 출행(出行)하지 마라.

5

오월과 유월에는 뜻밖에 남에게 해를 입히리라.
작은 것을 구하다 큰 것을 얻으니 재운(財運)이 점점 돌아온다.
만일 재물을 잃지 않으면 반드시 아내에게 병이 생기리라.

6

도처에서 패하니 이 신수를 어찌할까.
하는 일마다 이루지 못하니 심신(心神)이 불안해진다.
시비를 가까이하지 마라. 불리한 일이 생긴다.

7

집에 쌀과 곡식이 없으니 앞으로 무엇을 먹고 살까.
다리를 저는 말이 길로 나가고자 하나 걷지를 못한다.
수성(水姓)이 불리하니 거래를 하지 마라.

8

오월에 서리가 내리니 초목이 견디지 못하는구나.
비록 적은 재물은 있지만 구설을 면하기 어렵다.
서쪽 사람은 사귀지 마라. 반드시 실패하리라.

9

길성(吉星)이 도와주니 반드시 재복(財福)을 얻으리라.
처음엔 흉하나 나중에 길하게 되니 하는 일마다 여의(如意)하다.
주색을 가까이하지 마라. 해만 있고 도무지 이익은 없다.

10

재수(財數)는 비록 길하나 신수(身數)는 불리하다.
일의 실마리를 찾지 못하고 몸이 병에 걸리겠구나.
멀리 나가면 불리하니 차라리 집에 있느니만 못하다.

11

계교(計巧)가 없으니 하는 일마다 반드시 실패하리라.
만일 질고(疾苦)가 아니면 슬하에 근심이 생긴다.
마음은 같으나 꾀하는 일이 서로 다르니
표리부동(表裏不同)하게 된다.

12

부부가 서로 화합하지 못하니 집안이 불안하다.
뒤늦게 길운(吉運)을 만나니 재복이 있으리라.
물가에 나가면 반드시 재물을 얻는다.

543 가유흉화지의(家有凶禍之意)

선인(先人)의 무덤이 모두 큰 돌다리에 있다.
신수가 불리하니 질병을 조심하라.
앞길이 험하니 선은 취하고 악은 멀리하라.

처음엔 얻지만 나중에 도로 잃으니 공연히 마음만 상한다.
신상이 힘들기는 하지만 흉은 없으리라.
새로운 것을 탐내지 마라. 옛것을 지키면 길하다.

늙은 어부가 비 내리는 푸른 강물에 배를 띄우고 피리를 분다.
일의 승패가 시각에 달려 있는데
어찌 생각만 하면서 시간을 보내려 하는가.
봄이 다 지나가니 늙은 나무가 열매를 맺지 못한다.

1
정월과 이월에 직업을 바꾸게 될 수로다.
역마(驛馬)가 문에 이르니 분주할 기상이다.
재물이 먼 곳에 있으니 그리로 나가면 얻으리라.

2
티끌을 모아 태산을 이루니 이는 절대적으로 노력한 덕분이다.
하(河)씨가 불리하니 우연히 해를 당하게 되리라.
주색을 가까이하면 재물을 잃고 구설로 시달리게 된다.

3
범사(凡事)가 불리하니 하는 일마다 주의해야 한다.
무단한 일로 구설에 시달리리라.
재물을 둘러싸고 친구 사이에 의를 상한다.

4 대대로 내려온 일이 꿈같이 허망하니 빈손으로 성공한다.
집에 있으면 마음이 심란하고 멀리 나가면 길하다.
만일 재물을 잃지 않으면 질병에 걸릴까 두렵다.

5 꾀꼬리가 버들가지 위에 깃을 치니 일신이 편안하다.
집을 지키면 길하고 밖으로 나가면 해를 입게 된다.
남의 재물을 탐내지 마라. 적게 얻고 많이 잃으리라.

6 구설수가 있으니 관재(官災)가 따를까 두렵다.
앞길이 험하니 수신제가(修身齊家)해야 한다.
서쪽에 재물이 있으니 반드시 많은 재물을 얻으리라.

7 초목에 가을바람 불어오니 한 번 슬프고 한 번 근심하리라.
분수 밖의 것을 탐내지 마라. 도리어 실패하리라.
재물이 따르지 않으니 구하려 해도 구하지 못한다.

8 팔월에는 남에게 은혜를 받는다.
몸과 재물이 왕성하니 천금을 얻으리라
금성(金姓)은 불리하고 목성(木姓)은 길하다.

9 깊어가는 가을에 푸른 마음으로 산에 오르니
송죽이 청청하구나.
북쪽에 가지 마라. 재물을 잃을 수가 있다.
수성(水姓)이 불리하니 항상 멀리하라.

10 푸른 파도에 낚시를 드리우니 돌 사이로 고기들이 들어간다.
주색을 가까이하지 마라. 재물을 잃을 수다.
강을 건너지 마라. 장삿길에 재물을 잃으리라.

11 만일 사람으로 인해 해를 당하지 않으면 구설로 시달리게 된다.
먼길을 나서지 마라. 많은 재물을 잃게 된다.
비리를 탐내지 마라. 도리어 허황하리라.

12 봄풀 위에 촉촉이 비가 내리니 일취월장(日就月將)하리라.
심산유곡(深山幽谷)의 새가 수풀에 깃들인다.
가정을 잘 다스리면 뜻밖에 성공을 거두리라.

지진불능지의(知進不能之意)

요사스러운 마귀가 뜰에 들어와 자손에게 해를 입힌다.
요귀가 발동하니 질병이 따를까 두렵다.
비록 재물을 얻지만 적게 얻고 많이 쓰게 된다.

귀인은 어디에 있는가. 반드시 북쪽에 있으리라.
만일 재물을 잃지 않으면 슬하에 근심이 생긴다.
집에 근심이 있으니 도액(度厄)하면 길하리라.

시원한 바람과 밝은 달에는 원래 주인이 없다.
일의 한계가 이미 정해져 있으니 망령되게 욕심을 부리지 마라.
재물에 살(殺)이 끼었고 처궁(妻宮)에 근심이 있다.

1
오랫동안 가물고 비가 오지 않으니 초목이 자라지 못한다.
만일 재물을 잃지 않으면 슬하에 근심이 생기리라.
하룻밤 광풍에 꽃잎이 눈처럼 떨어진다.

2
작은 것으로 큰 것을 얻으니 재물운이 트이는구나.
재성(財星)이 문을 비추니 우연히 재물을 얻으리라.
치성(致誠)을 드리지 않으면 가족에게 화가 미친다.

3
친한 사람에게 해를 당하니
길함이 변하여 도리어 흉하게 되리라.
남서 양쪽에 반드시 귀인이 있다.
꾀하는 일이 불리하니 안정을 취하면 길하리라.

4

북쪽에서 들어온 음식을 먹으면 병에 걸릴 수 있다.
서북으로 가면 질병에 걸리게 된다.
재물운이 돌아오니 애써 구하면 조금은 얻으리라.

5

몸이 고단함을 한탄하지 마라.
처음엔 힘이 드나 나중엔 형통하게 되리라.
횡액수(橫厄數)가 있으니 동쪽에 가지 마라.
만일 질병이 아니면 슬하에 근심이 생긴다.

6

가운(家運)이 불리하니 집에 근심이 있으리라.
운수가 이와 같으니 도액하면 길하다.
도를 닦으며 악을 멀리하면 꾀하는 일마다 성공하리라.

7

만일 관액(官厄)이 아니면 구설이 따른다.
동쪽에서 귀인이 와 도움을 주리라.
집에 우환이 있으니 상제(上帝)께 치성을 드려라.

8

꾀하는 일에 위험이 도사리고 있으니 매사를 조심하라.
분수를 지키고 편안히 지내면
흉함이 변하여 도리어 길하게 되리라.
북쪽 사람은 사귀지 말고 멀리해야 한다.

9

눈 속을 날던 새가 날이 저물어 집을 잃고 방황하는구나.
불전에 치성을 드리면 가히 재리(財利)를 얻을 수 있다.
영귀(榮貴)하게 되지 않으면 구설이 분분하리라.

10

액운(厄運)이 소멸하니 소망이 여의(如意)하다.
구월과 시월에는 반드시 재물이 왕성하리라.
신운(身運)이 이와 같으니 꾀하는 일을 가히 이루리라.

11

눈 덮인 창 앞에 한 그루 매화나무,
저 홀로 흔들리고 있구나.
재물을 잃을 수가 있으니 수성(水姓)을 멀리하라.
큰 재물은 얻기 어려우나 작은 재물은 얻으리라.

12

때를 기다려 행동하면 별로 후회하는 일이 없으리라.
재물을 잃을까 두려우니 미리 기도하라.
금년의 운수는 별로 신기함이 없다.

무험유순필유안일(無險有順必有安逸)

사호(四皓)가 바둑을 두며 세상 근심을 보낸다.
복숭아꽃 가득 피니 벌과 나비가 날아와 기뻐한다.
몸이 외지에서 노니 반드시 영화가 따르리라.

길운이 점점 돌아오니 늦게 길하리라.
푸른 파도에 낚시를 드리우니 마침내 큰 고기를 낚으리라.
뜻밖에 횡재를 만나 생활이 태평해진다.

고기가 봄물에서 노니 그 의기가 양양하다.
푸른 바람과 밝은 달에는 따로 주인이 없다.
바짓단을 걷어올리고 사람을 따르니 일마다 이로움이 있으리라.

1

봄바람이 불고 가는 비가 내리니
복숭아나무가 꽃을 피우고자 한다.
꽃수풀 깊은 곳에서 술을 마시며 스스로 즐긴다.
세상만사가 모두 뜬구름이라. 신상이 안락하구나.

2

봄이 무르익은 산창(山窓)에서 사람과 더불어 담소를 즐긴다.
가운(家運)이 대통하니 모든 일이 여의(如意)하리라.
몸이 타향에서 노니 사람마다 공경하리라.

3

꽃 사이에 앉아 술잔을 드니 봄새가 날아와 즐겁게 지저귄다.
고기와 용이 물을 얻으니 그 활기가 도도하다.
만일 관록(官祿)이 아니면 득남할 수로다.

4

재물은 있으나 혹 작은 근심이 따르리라.
귀인이 도와주니 반드시 성공하게 된다.
정성을 다하여 일을 꾀하면 성공하리라.

5

집에 우환이 있으니 날짜를 잡아 미리 예방하라.
이와 같지 않으면 손재(損財)를 면하기 어려우리라.
집안이 불안하니 집안 사람과 이별하게 된다.

6

좋은 경치를 찾아 산에 오르니
꽃이 활짝 피어나고 나비가 춤을 추는구나.
봄이 되니 높은 산과 깊은 계곡에 꽃들이 만개하였다.
재복(財福)이 몸을 따르니 금옥(金玉)이 집안에 가득하리라.

7

만일 횡재를 만나지 않으면 반드시 조문(弔問)을 받으리라.
옛것을 지키고 편하게 지내면 이로움이 생긴다.
도둑을 조심하라. 재물을 잃을까 두렵다.

8

구름 밖 만리에서 의기양양하게 고향으로 돌아오리라.
근심이 흩어지고 기쁨이 생기니 집안이 태평하다.
칠월과 팔월에는 길한 가운데 근심이 있으리라.

9

분수를 지키고 도를 즐기니 집안에 봄바람이 가득하다.
본래 성격이 정직하니 반드시 길한 상서(祥書)를 받으리라.
편안한 가운데 위태로움이 있으니 관재(官災)를 조심하라.

10

푸른 강가에 풀이 돋아나니 두 소가 서로 다툰다.
기도하지 아니하면 슬하에 액이 따를 것이다.
이제야 좋은 운을 만나니 모든 일을 이루리라.

11 눈이 빈 산에 가득하니 새들은 어디에 몸을 누일까.
일신이 저절로 편안해지니 사람들이 흠앙(欽仰)하게 된다.
깊은 골짜기에 봄이 돌아오니 무슨 일인들 이루지 못하리요.

12 때로 단비가 내리니 온갖 곡식이 풍성해진다.
신수(身數)가 태평하니 날로 천금을 더하리라.
출행(出行)하여 이를 얻으니 이 어찌 좋은 일이 아니겠는가.

유순광명지의(有順光明之意)

맑은 바람과 밝은 달 아래에서 미인과 마주 앉아 술을 마신다.
연운(年運)이 대길하니 반드시 영화(榮華)가 있으리라.
봄빛이 다시 이르니 복숭아꽃이 활짝 피어난다.

집안에 경사가 있으니 사람마다 우러러본다.
부부가 서로 화합하니 자손이 번창하리라.
몸이 영귀(榮貴)하니 도처에서 춘풍이 분다.

동풍이 화창하니 버드나무가 푸른 싹을 틔운다.
일에 정한 기약이 있으니 기뻐하거나 분노하는 것도 한때이다.
장안(長安)의 길 위에서 남아가 그 뜻을 얻으리라.

1

집안 사람의 마음이 서로 잘 맞으니 모든 일이 형통하리라.
재앙이 사라지고 복이 돌아오니 뜻밖의 재물을 얻게 된다.
토성(土姓)은 해로우나 수성(水姓)은 도움이 되리라.

2

재물이 남쪽에 있으니 출행(出行)하면 얻으리라.
이와 같지 않으면 반드시 혼인하게 된다.
만일 혼인하지 않으면 득남할 수다.

3

여러 사람이 도와주니 복록(福祿)이 산같이 쌓이리라.
일월(日月)이 밝으니 반드시 경사가 생긴다.
달 밝은 높은 루에 올라 피리를 불며
한가로이 날을 보낸다.

4

내외(內外)가 화합하니 모든 일이 여의(如意)하다.
흉이 변하여 길하게 되니 관사(官事)도 없다.
인구가 왕성하고 논밭에 이익이 있으리라.

5

온갖 꽃들이 만개한 정원에서 잔치를 벌이고
사람들과 더불어 즐긴다.
술 마시고 노래 부르니 취흥이 도도하구나.
재물이 서쪽에 있으니 그리로 가면 얻으리라.

6

길한 중에 흉이 있으니 한번은 다투게 된다.
요귀가 발동하니 혹 질병과 액이 생길까 두렵다.
목성(木姓)을 조심하라. 구설을 면하지 못하리라.

7

창 앞에 국화가 이슬을 머금고 활짝 피어 있구나.
봉황이 길한 조짐을 드러내니 자손이 영귀하게 된다.
가운(家運)이 이와 같으니 집안에 기쁨이 가득하다.

8

귀인이 와서 도와주니 꾀하는 일을 속히 이루리라.
해로운 성(姓)은 어떤 성인가. 필시 화성(火姓)이리라.
목성(木姓)과 친하게 지내면 뜻밖에 성공을 거둔다.

9

꽃수풀 깊은 곳에 거문고소리 높으니 그 소리 가히 아름답다.
만일 관록(官祿)이 아니면 횡재할 수다.
명성과 이익이 다 흥성하니 하는 일마다 형통하리라.

10

만일 생산(生産)하지 않으면 원행(遠行)할 수다.
담소를 나누며 웃고 즐기니 세상 모든 일이 태평하구나.
뜻밖에 귀인이 와서 도와주리라.

11

대나무 우거진 수풀 깊은 곳에 피리소리 드높으니
이는 누가 부는 소리인가.
신수(身數)가 태평하니 춘풍이 도처에서 부는구나.
명성과 이익이 다 흥왕하니
많은 사람들로부터 공경을 받으리라.

12

비구름이 걷히고 달이 맑은 얼굴을 드러내니
경색(景色)이 가히 아름답다.
재운(財運)이 왕성하니 날로 천금을 더하리라.
김(金)가 이(李)가 두 성은 친하게 지내지 말고 멀리하라.

서북에서 바람이 불어와 모자를 날리니
어디에 떨어질지 모르는구나.
비록 능력은 있으나 해내지 못하니 이를 어찌할까.
하는 일이 마음과 맞지 않으니 헛되이 시간만 보낸다.

가운(家運)이 불리하나 수심을 풀 길이 없구나.
망령되게 행동하지 마라. 재물을 잃을까 두렵다.
금년엔 재물을 잃을 수가 있으니 조심해야 한다.

깊은 산에 사월이 찾아와도 봄빛을 알지 못한다.
십년을 쉬지 않고 칼을 갈았으나
그 칼을 한번 써보지도 못하는구나.
남의 말을 듣지 마라. 공연히 시간만 허비하게 된다.

1
봄이 되었지만 산에 서설이 가득하니 초목이 자라지 못한다.
헛되이 세월만 보내니 세상일이 허망하다.
조리 있게 일을 처리하지 못하니 소망을 이루지 못하리라.

2
모춘삼월(暮春三月)에 꽃을 탐하는 것은 의미가 없다.
범사(凡事)에 거스름이 많으니 수심을 면하기 어려우리라.
처음엔 작은 이익을 얻지만 나중엔 결국 재물을 잃게 된다.

3
마음이 같지 않으니 반드시 서로 이별하게 된다.
사소한 일로 또 구설이 따르리라.
물가에 가까이 가지 마라. 한번 놀라게 된다.

4

비록 일을 꾀하더라도 허황되리라.
일을 끝내지도 못했는데 다시 근심이 생기니 이를 어찌할까.
처궁(妻宮)에 근심이 있으니 미리 액을 막아라.

5

신운(身運)이 불길한데 또 이 무슨 구설인가.
횡액수(橫厄數)가 있으니 망령되게 행동하지 마라.
남과 함께 일을 꾀하면 반드시 실패하리라.

6

칠년 만에 찾아온 큰 가뭄에 풀빛을 볼 수가 없구나.
재물이 궁한 것을 한탄하지 마라.
처음엔 힘이 드나 나중엔 길하게 되리라.
비록 재물은 있으나 많이 쓰게 된다.

7

비록 묘한 계교는 있으나 잘 맞지 않으니 이를 어찌할까.
수성(水姓)이 해로우니 멀리하라.
미리 치성을 드려라. 부모에게 근심이 있으리라.

8

여자를 가까이하지 마라. 음모를 꾸며 간청(姦請)할 것이다.
여자를 가까이하면 뜻하지 않은 변을 당하게 된다.
심신(心神)이 불편하니 원행(遠行)할 수다.

9

혹 신액(身厄)이 따를 수 있으니 모든 일을 조심해서 처리하라.
조심하지 않으면 가정에 풍파가 몰아치리라.
미리 도액(度厄)하면 가히 이 수를 면할 수 있다.

10

비가 그치고 구름 속에서 달이 나오니 사방이 환해진다.
가운(家運)이 돌아오니 논밭에 이익이 있으리라.
집에서 편안히 지내면 재물과 복이 저절로 풍족해진다.

11
창 앞의 복숭아나무가 저 홀로 봄빛을 띠고 있구나.
만일 재물이 생기지 않으면 슬하에 경사가 있을 것이다.
재물을 잃을 수 있으니 친한 사람을 조심하라.

12
망령되게 행동하지 마라. 안정을 취하면 길하리라.
재산을 잃을 수 있으니 남과 거래하지 마라.
출행(出行)하면 불리하다. 특히 동남쪽에는 가지 마라.

필유만족지의(必有滿足之意)

보배로운 솥에 약을 달이니 가히 신선의 약이구나.
금성(金星)이 몸을 비추니 재백(財帛)이 풍성하다.
신수(身數)가 대길하니 위엄을 사방에 떨치리라.

재성(財星)이 몸을 비추니 횡재를 만나리라.
금년의 운수는 이사를 하면 이익을 얻을 수다.
재물과 곡식이 가득하니 이 밖에 또 무엇을 바랄까.

꽃이 옥이슬을 머금으니 나비와 벌이 날아와 즐겁게 노닌다.
처음엔 힘이 드나 나중엔 편안해지니
해로움이 변하여 길하게 되리라.
구름이 잔뜩 낀 하늘에 기이한 봉우리가 산처럼 솟아 있다.

1

녹음(綠陰) 깊은 곳에 꾀꼬리소리 아름답구나.
재록(財祿)이 몸을 따르니 남아가 그 뜻을 얻는다.
마음을 바로 하고 선을 쌓으면 재복(財福)이 끊이지 않으리라.

2

비로소 길운(吉運)을 만나니 소원을 성취하리라.
재록이 풍부하니 집안 사람이 기뻐한다.
집에 경사가 있으니 이는 바로 슬하의 영화구나.

3

임금이 어질고 신하가 일에 밝으니 가히 태평성대를 이루리라.
서쪽에 재물이 있으니 출행(出行)하면 능히 얻을 수 있다.
하순에는 서쪽에 가지 마라. 공연히 재물만 잃게 된다.

4

본래 재산이 없지만 횡재를 만나 풍족해지리라.
서쪽에서 우연히 재물이 들어온다.
명성과 이익이 함께하니 편안한 곳에서 태평하게 지내리라.

5

재물이 산같이 쌓이니 이 밖에 또 무엇을 바랄까.
재앙이 사라지고 복이 돌아오니 질병이 침범하지 못한다.
만일 화성(火姓)을 가까이하면 그 손해가 적지 않으리라.

6

만일 재물이 생기지 않으면 새로 결혼할 수다.
재성이 문을 비추니 도처에서 재물을 얻게 된다.
신운(身運)이 대통하니 명성과 이익을 같이 얻으리라.

7

산이 깊고 숲이 무성하니 뭇새들이 번성한다.
남쪽은 불리하니 그곳엔 가지 마라.
가운(家運)이 흥왕하니 우연히 재물을 얻으리라.

8

비록 산이 높으나 노력하면 가히 오를 수 있다.
소망이 여의(如意)하니 금옥(金玉)이 집안에 가득하리라.
가운이 대길하니 우연히 재물을 얻는다.

9

만일 횡재하지 않으면 자손에게 영화로움이 있다.
만일 관록(官祿)이 아니면 장사로 재물을 얻으리라.
남쪽이 불리하니 그곳으로 가면 혹 구설이 따를 수 있다.

10

단비가 내리니 초목이 무성해진다.
귀인을 만나면 관록을 얻으리라.
화성(火姓)과 친하게 지내면 실패를 면하지 못한다.

11
질병이 생기면 약을 써라. 그러면 곧 나으리라.
메말랐던 풀이 비를 만나니 관록이 몸을 따른다.
뜻밖에 성공을 거두니 의기가 양양하다.

12
뜰 앞의 매화가 이슬을 머금고 활짝 웃는구나.
만일 재물이 아니면 슬하에 경사가 생긴다.
농사꾼은 이익을 얻고 선비는 녹을 얻으리라.

청산에 깊이 들어가 때로 이엉을 엮어 초라한 집을 짓는다.
새가 날고자 하나 날개를 상했으니 날지 못하는구나.
재성(財星)이 공허로우니 어찌 재물을 바랄 수 있을까.

혹 집안에 근심이 생길 수 있으니
마음을 정하기 어려우리라.
여자를 가까이하지 마라. 반드시 불리하리라.
금년의 운수는 질병을 조심해야 할 수다.

추강(秋江)에 서리가 내리니 고기와 용이 처소를 잃었구나.
남과 시비를 벌이지 마라. 해로우리라.
주위에서 턱없이 존대하니 도무지 안하무인(眼下無人)이다.

1
노룡(老龍)이 꾀가 없으니 어찌 하늘로 오를 수 있을까.
비록 재물은 있으나 얻어도 모으기 어렵다.
보고도 먹지 못하니 재물이 있어도 무익하리라.

2
산에 아직도 서설이 가득하니 초목이 싹을 틔우지 못한다.
여색을 가까이하면 재물과 명예를 잃으리라.
재물운이 공허로우니 재물을 구해도 쉽게 구할 수가 없다.

3
삼월이 되었지만 산이 깊으니 봄빛을 볼 수가 없다.
비록 노력은 하나 도무지 공이 없구나.
구하여도 얻지 못하니 이 운수를 어찌할까.

4

슬하에 근심이 있으니 약을 써도 낫지를 않는다.
도처에 해(害)가 있으니 심신(心神)이 불안하다.
남쪽에 재물이 있으니 나가면 얻으리라.

5

적막한 산창(山窓)에 서서 밝은 달을 우러러보니
객의 마음 처량하기 그지없구나.
처에게 병이 생기니 심신이 불안하다.
집에 있으면 마음을 상하게 되니
한번은 원행(遠行)할 수로다.

6

만리나 떨어진 머나먼 길에 외로움을 견디기 어렵다.
매사를 조심하라. 혹 횡액(橫厄)이 따를까 두렵다.
천리타향에서 멀리 두고온 집을 그리워한다.

7

청산 위에 갈건(葛巾) 쓴 사람의 모습이구나.
만일 남과 다투지 않으면 아내를 잃고 슬퍼하리라.
남의 말을 듣지 마라. 반드시 허황되리라.

8

외부의 재물을 탐내지 마라.
도리어 재물을 잃게 된다.
무단한 일로 구설에 시달리리라.
이 달의 운수는 잃기만 하고 이익은 없을 수다.

9

동서로 분주히 달려도 별로 소득을 얻지 못한다.
몸이 피곤하나 한탄한다고 무슨 소용이 있겠는가.
재물을 구하려 해도 구할 수 없으니
분수를 지키고 집에 있는 것이 나으리라.

10 범의 꼬리를 밟으니 신상이 위태롭다.
요귀(妖鬼)가 다시 움직이니 질병을 조심하라.
미리 도액(度厄)하면 가히 이 수를 면하리라.

11 친구를 믿지 마라. 무단한 일로 재물을 잃으리라.
산신(山神)에게 기도하면 액이 사라지고 복이 돌아온다.
동남 양방향으로 출행(出行)하면 불리하리라.

12 하룻밤 광풍에 낙화(落花)가 눈같이 떨어지는구나.
다른 일을 꾀하지 마라. 반드시 낭패를 당하리라.
금년의 운수는 움직이면 재물을 잃게 될 수다.

유불안정지의(有不安靜之意)

평지에 파란(波瀾)이 일어나면 어찌할 도리가 없다.
길을 가다 위험을 만나니 길을 잃고 방황하는구나.
시작은 있지만 끝이 없으니 세상사가 뜬구름 같다.

관귀(官鬼)가 발동하니 관재(官災)가 따를까 두렵다.
뜻밖의 재앙을 당하니 이 운수를 어찌할까.
금년에는 구설이 따르리니 조심하라.

칼빛이 번개와 같으니 혼과 몸이 제각각이다.
붉은 노을 속으로 홀로 날아가는 기러기, 그 그림자 쓸쓸하구나.
일이 마음과 같지 않으니 심신(心神)이 산란하다.

1
눈이 가득 강산을 덮으니 지나는 사람을 볼 수 없구나.
하는 일에 거스름이 많으니 도처에서 마음을 상하게 된다.
말을 타고 달리려 하나 길이 험난하여 앞으로 나아가지 못한다.

2
험한 길을 다 지나오니 다시 태산이 앞을 가로막는다.
만리원정(萬里遠程)을 나서니 갈수록 길이 험하구나.
분수를 지키면 길하나 망령되게 행동하면 흉으로 변하리라.

3
적막한 여창(旅窓)에 기대어 하늘을 우러러보니
갈 곳 몰라 서성이는 산새 한 마리, 바로 내 모습이로구나.
저절로 터져나오는 한숨소리여.
우연한 일로 구설이 따르게 되리라.
명산에 기도하면 이 수를 면할 수 있다.

4

뜻밖에 재물을 허비하니 마음 한 곳 상처 입지 않은 곳이 없구나.
이사를 하지 말고 옛것을 지키며 안정을 취하라.
만일 구설이 따르지 않으면 신병이 생길까 두렵다.

5

남과 함께 일을 꾀하면 낭패를 보게 된다.
망령되게 행동하지 마라. 형벌(刑罰)이 있을까 두렵다.
재물운은 얻어도 다시 잃게 될 수다.

6

하루 아침 광풍에 분분히 떨어지는 꽃잎이여.
일이 여의치 못하니 이 신수(身數)를 어찌할까.
남의 여자를 가까이하면 뜻밖의 봉변을 당하리라.

7

뜻하지 않은 재물이 집안으로 들어온다.
만일 관록(官祿)이 아니면 횡재를 만날 수다.
도둑을 조심하라. 재물을 잃을까 두렵다.

8

집안에 경사가 있으니 이는 바로 슬하의 경사다.
이와 같지 않으면 우환이 그치지 않으리라.
처음엔 얻지만 나중엔 도로 잃으니 득이 별로 없다.

9

구월과 시월에는 반드시 성취하리라.
재물이 북쪽에 있으며 수산물을 거래하면 이익을 얻으리라.
목성(木姓)을 가까이하면 반드시 재물을 잃게 된다.

10

흉을 피하여 남으로 가나 다시 흉을 만나게 된다.
분수 밖의 것을 탐내지 마라. 도리어 재물을 잃게 된다.
두 사람이 서로 다투나 그 승부를 판단하기 어렵다.

11

달이 동쪽 봉우리에 떠오르니 사방이 환히 밝아온다.

처음엔 흉하나 나중에 길하니 길흉이 상반(相半)되리라.

재물운이 바야흐로 성하리니 반드시 재물이 생긴다.

12

맑은 강이 달을 머금으니 그 경색(景色) 가히 경이롭구나.

큰 재물은 얻지 못하나 작은 재물은 얻을 수 있다.

여색을 가까이하면 재물을 잃고 구설에 시달리리라.

청산에 난초를 심으니 다시 옮겨심을 뜻이 없다.
뜰에 꽃들이 활짝 피어나니
벌과 나비가 날아와 그 향기에 취해 춤을 추는구나.
도시로 나가면 공과 재물을 얻으리라.

논밭에 이익이 있으니 집안이 부유하고 안락하다.
땅을 골라 옮기니 복록(福祿)이 무궁하리라.
금년에는 모든 일이 여의(如意)하리라.

음지에 봄빛이 완연하니 온갖 꽃들이 다투어 피어난다.
동서로 분주히 돌아다니며 명성과 재물을 얻는다.
손으로 금바늘을 잡고 은어를 낚아올리리라.

1

때가 되니 풀이 무성해지고 꽃들이 다투어 피어난다.
동남 양방향에서 귀인이 와 도와주리라.
동쪽에서 재물이 왕성하니 나날이 천금을 얻으리라.

2

운수가 크게 길하니 의식(衣食)이 자족하리라.
신수(身數)가 대길하고 가도(家道)가 흥왕하구나.
심신(心神)이 화평하니 모든 일이 다 길하다.

3

가신(家神)이 발동하니 집안에 불만이 많이 쌓인다.
한 번은 슬퍼하고 한 번은 근심으로 마음을 상하나
참고 견디면 결국 근심이 사라지고 날로 기쁨이 넘치리라.
슬하에 근심이 있으니 미리 도액(度厄)하라.

4

요귀가 길을 지키고 있으니 길을 나서면 해를 입게 된다.
바위 위의 외로운 소나무요, 울타리 아래 황금빛 국화로다.
미리 방비하라. 아내에게 액이 있을까 두렵다.

5

뒷동산의 푸른 복숭아나무가 봄이 오니 저절로 활짝 피어난다.
재물과 복이 한꺼번에 들어오니 금옥(金玉)이 집안에 가득 찬다.
정성을 다해 구하면 작은 이익은 가히 얻을 수 있으리라.

6

본래 성품이 온후하여 사방에서 재물을 얻으리라.
길성(吉星)이 나를 비추니 수복(壽福)이 끊이지 않는다.
남과 다투지 마라. 송사(訟事)에 시달릴까 두렵다.

7

일신이 외롭고 고단하나 의지할 곳이 도무지 한 군데도 없구나.
이와 같지 않으면 슬하에 근심이 생기리라.
봉황이 대숲을 잃었으니 어느 곳에 의지할까.

8

재물운이 길하니 작은 것으로 큰 것을 얻으리라.
재수(財數)가 흥왕하니 맨손으로 성공하리라.
횡재수가 있으니 손으로 천금을 주무른다.

9

처음엔 힘이 드나 나중엔 왕성해지리니
때를 기다리며 편안히 지내라.
미리 도액하라. 집에 질병이 생길까 두렵다.
신수가 불리하니 밤꿈이 산란하리라.

10

동산에 난초가 피어나니 꽃빛이 가히 아름답구나.
하늘에서 단비가 내리고 땅에서 샘물이 솟아오른다.
재성(財星)이 뜰을 비추니 날로 천금을 더하리라.

11

비리를 탐내지 마라. 도리어 허황하리라.
문을 나서면 괴로움을 당하고 집에 들어앉아 있으면 길하리라.
친구를 믿지 마라. 재물을 잃고 불리해지리라.

12

성(城) 위에 꽃들이 만발하니
벌과 나비가 모여들어 그 향기를 즐기는구나.
귀성(貴星)이 문을 비추니 귀인이 와서 도와주리라.
관록(官祿)을 얻지 않으면 도리어 재물을 잃을 수 있다.

613 봉시성취지의(逢時成就之意)

인연 있는 사람을 만나게 되면 붉은 계수(桂樹)를 꺾어 꽂으리라.
사람의 도움을 받게 되면 관록(官祿)이 따른다.
군자는 녹(祿)을 얻고 소인은 허물만 얻게 된다.

재물운은 적게 얻고 많이 쓰게 되는 수다.
집안 사람이 서로 화합하니 집안이 태평하리라.
금년의 운수는 관직에 오를 수로다.

맑은 여울가 흰 돌 위에서 빨래하는 여인이 있다.
원행(遠行)을 되풀이하며 바삐 돌아다니니
하는 일마다 뜻대로 이루어지리라.
돛을 올리고 배를 띄우니 멀리 남쪽에서 순풍이 불어온다.

1
거북과 용이 상서(祥書)를 드리니 복록(福祿)이 끊이지 않는다.
덕을 쌓으니 재산이 날로 왕성하리라.
서쪽에 있는 재물이 우연히 집안으로 들어온다.

2
귀인이 와서 도와주니 뜻밖의 성공을 거두리라.
만일 횡재가 아니면 자손에게 경사가 생긴다.
집에 경사가 있으니 만인이 치하하리라.

3
때로 단비가 내리니 온갖 풀들이 무성하다.
작은 것으로 큰 것을 얻으니
어찌 눈부시다 아니할 수 있으리요.
남과 다투게 될 수 있으니 조심하라.

4

용을 타고 하늘에 오르니 구름이 걷히고 비가 내린다.
식구가 늘고 재물과 녹이 가득하리라.
뜰에 봄이 돌아와 복숭아꽃이 활짝 피어나니
벌과 나비가 날아와 봄빛을 즐기는구나.

5

집에 질고(疾苦)가 없으니
심신(心神)이 저절로 편안해지리라.
재물이 산같이 쌓이니 이 밖에 또 무엇을 바랄까.
신수(身數)가 대길하니 도처에서 춘풍이 분다.

6

깊은 산에 사월이 찾아오니 녹음이 무성해진다.
재물이 몸을 따르니 도처에서 재물을 얻으리라.
이 달에는 구설로 시달릴 수 있으니 조심하라.

7

자줏빛 저잣거리에 붉은 먼지가 일어나니
꽃과 버들이 함께 그 빛을 즐기는구나.
귀인은 어디에 있는가. 동쪽인 줄 알게 되리라.
남아가 그 뜻을 얻으니 이르는 곳마다 봄바람이 분다.

8

뜻밖에 성공을 거두니 이름을 사해에 떨치리라.
만일 관록이 따르지 않으면 슬하에 경사가 생긴다.
재물과 녹이 다 길하니 많은 사람이 우러러보리라.

9

뭇물건이 다 일어나니 백성들이 잠에서 깨어난다.
재성(財星)이 몸을 비추니 횡재를 만날 수다.
금성(金姓)에게 이익이 있으니 우연히 와서 도와주리라.

10

용을 타고 하늘로 오르니 구름이 흩어지고 비가 내린다.
모든 일이 여의(如意)하니 그 가운데에서 이익을 얻으리라.
재물을 얻게 되거나 아니면 득남할 수로다.

11

집안 사람이 합심하니 반드시 하늘이 복을 내리리라.
가정이 화평하니 기쁜 일이 많으리라.
외부에 있는 재물이 우연히 집안으로 들어온다.

12

작은 것을 잃고 큰 것을 얻으니 반드시 재물이 왕성하리라.
용이 밝은 구슬을 얻었으니 그 조화가 무궁하다.
일신이 영귀하니 사람마다 우러러보리라.

세 번을 돌아봐도 만나지 못하니 정이 태만하기 때문이다.
안에 있으면 마음을 상하게 되고 밖으로 나서도 무익하다.
될 듯하다가도 되지 않으니 이를 어찌할까.

북쪽에 해(害)가 있고 남쪽엔 길(吉)이 있다.
삼춘(三春)에는 꾀하는 일을 이루지 못하리라.
금년에는 멀리 가면 불리하다.

비가 올 듯 올 듯하더니
해가 고고한 모습으로 구름 속에서 나오는구나.
양산에 비바람이 부니 대숲이 먼저 운다.
험한 중에도 쉽게 나아가니
빈(貧)한 것으로 실(實)한 것을 얻으리라.

1

바다에 가 금을 구하니 꾀하는 일을 이루지 못하리라.
비리로 생기는 재물은 탐내지 마라.
집에 있으면 몸이 괴롭고 밖으로 나가면 슬픔을 당하게 된다.

2

오랜 가뭄 뒤에도 비가 오지 않으니 초목이 자라지 못한다.
험한 길은 다 지났으니 이제 앞길이 평탄하리라.
남과 함께 일을 꾸미면 별로 이익을 얻지 못한다.

3

악귀가 암암리에 움직이니 특히 질병을 조심하라.
현무(玄武)가 발동하니 밖으로 나가면 불리하리라.
집안 사람이 서로 마음이 맞지 않으니 일을 꾀해도 불리하다.

4 얕은 물에 배를 띄우니 가려 해도 나아가지 못한다.
동쪽에 가지 마라. 반드시 재물을 잃게 될 것이다.
재물이란 뜬구름 같으니 얻어도 모으기는 어렵다.

5 형제간에 송사(訟事)가 끊이지 않는구나.
일에 미결(未決)이 있으니 반드시 실패하리라.
산에 들어가 고기를 구하니 수고만 하고 공은 얻지 못한다.

6 처음만 있고 끝이 없으니 일이 허황하리라.
꾀하는 일이 불리하니 분수를 알고 편히 지내는 것이 상책이다.
허황된 일은 삼가라.

7 여자를 가까이하지 마라. 나쁜 일이 끊이지 않는다.
바람이 거칠고 폭우가 쏟아져 길이 막혔구나.
집에 있으면 편안하고 밖으로 나가면 해를 당하리라.

8 목성(木姓)이 불리하니 그의 말은 듣지도 말고 믿지도 마라.
목성을 가진 사람의 말을 믿고 따르면
재물을 잃고 명예를 손상당하리라.
칠월과 팔월 두 달에는 흉이 많고 길은 적다.

9 하늘이 비를 뿌리니 만물이 새롭게 빛을 머금는다.
재물운이 왕성하니 하루에 천금을 얻으리라.
길한 운이 다시 돌아오니 재물이 풍성해진다.

10 집안 사람의 마음이 서로 같지 않으니 불평이 끊이지 않는다.
친한 사람을 가까이하지 마라. 재물을 잃고 불리하리라.
조용히 지내면 길하고 움직이면 재물을 잃는다.

11 작은 것을 쌓아 큰 것을 이루니 점점 형통하리라.
처음엔 힘이 드나 나중엔 길하니 참고 기다리면 태평하리라.
남과 다투지 마라. 구설로 시달리게 된다.

12 믿는 사람이 해를 끼치리니 사람을 쓸 때 가려서 써라.
여색을 가까이하지 마라. 뜻하지 않은 액으로 봉변을 당한다.
노상에서 도둑이 기웃거리고 있으니 재물을 잃지 않도록 조심하라.

유험유우지의(有險有憂之意)

낚시는 겨우 피했지만 쳐놓은 그물은 어떻게 피하리요.
서설이 사라지지 않으니 풀이 자라지 못하는구나.
친한 사람을 조심하라.
겉으론 웃지만 속으론 칼을 품고 있다.

재수(財數)가 불리하니 하는 일에 마가 많이 끼리라.
신수(身數)가 불리하니 어찌 영화를 바랄 수 있을까.
공허로운 재물을 바라지 마라. 반드시 허황되리라.

녹음방초(綠陰芳草)에 서리가 내리는 것은 어인 까닭인가.
일을 조심스럽게 가려서 하지 못하니 해를 면하기 어렵다.
삼가 처신하지 못하니 부지불식간에 죄를 저지르게 된다.

1

사방에 길이 없으니 오도가도 못하는구나.
하는 일마다 불리하니 흉화(凶禍)를 측량할 수 없다.
동서 양방향으로 가면 불리하리라.

2

정월과 이월에는 생활에 질곡(桎梏)이 없이 단순하리라.
맑은 하늘에 달이 없으니 도리어 무미(無味)하기도 하다.
비리를 탐내지 마라. 운이 따르지 않으리라.

3

밤길을 가는데 빗줄기가 거세니 몸이 적잖이 피곤하구나.
분수 밖의 것을 탐내지 마라. 안정을 취하고 있으면 길하리라.
삼월과 사월에는 공사(公事)에 참여하지 마라.

4

사방에 있는 사람이 다 흉한 사람이다.

물가에 가까이 가지 마라. 횡액(橫厄)이 따를까 두렵다.

박(朴)가 이(李)가 두 성과 가까이 지내면 해를 당하리라.

5

하는 일이 성사되지 않고 중간에 그만두게 되니

재물을 잃을 수가 많다.

친한 친구를 가까이하지 마라. 공연히 손해만 본다.

문을 닫고 밖으로 나가지 마라.

길에 나가면 해를 당할 수 있다.

6

길함이 변하여 흉하게 되니 편한 가운데 위태롭다.

사람과 화합하지 못하는 경우가 많으니

하고자 하는 일이 모두 헛되리라.

친구를 믿지 마라. 피해가 적지 않다.

7

칠월과 팔월에는 질병을 조심하라.

미리 도액(度厄)하면 흉액을 면할 수 있다.

남과 다투지 마라. 구설이 분분하리라.

8

범이 청산에 들어가니 토끼와 삶이 서로 침노한다.

집에 있으면 길하고 다른 곳으로 가면 불리하리라.

꾀하는 일을 이루지 못하니 재물을 얻지 못한다.

9

일을 조리 있게 처리하지 못하니 결국은 실패하는구나.

이익이 남쪽에 있으니 필히 적은 재물을 얻으리라.

모든 일을 조심해서 하라. 혹 손해를 볼까 두렵다.

10 시비를 가까이하지 마라. 송사(訟事)로 시달리게 된다.
비록 재물은 생기나 적게 얻고 많이 잃게 되리라.
몸이 피곤한 것을 한탄하지 마라.
쓴것이 다하면 단것이 오리라.

11 비가 순하게 내리고 바람이 고르니 만물이 잘 자란다.
쥐가 쌀곳간에 들어가니 식록(食祿)이 끊이지 않으리라.
달 밝은 밤 높은 루에 올라 술을 마시며 즐긴다.

12 말을 타고 큰길을 달리니 앞에 걸리적거릴 것이 없다.
일신이 영화로우니 사람마다 우러러보리라.
친구에게도 꾀하는 일을 말하지 마라.

진(秦)나라에 들어가니 정승의 인(印)이 몸에 얽힌다.
집에 있으면 길하고 출행(出行)하면 이익을 얻으리라.
분수 밖의 것을 꾀하지 마라. 도리어 실패하리라.

남과 다투지 마라. 집안이 불안해진다.
용이 밝은 구슬을 얻었으니 반드시 기쁜 일이 있으리라.
금년의 운수는 공을 세우고 명성을 얻을 수다.

동쪽에서 화창한 바람이 부니 온갖 꽃들이 봄을 다툰다.
문 밖에 나서서 동쪽으로 가면 저절로 귀인을 만나게 된다.
붉은 먼지가 꿈같이 일어나니 세상사 덧없구나.

1

마음이 어질고 덕을 많이 쌓으니
복록(福祿)이 저절로 들어온다.
귀인이 도우니 반드시 재록(財祿)을 얻으리라.
재성(財星)이 문을 비추니 반드시 횡재할 수로다.

2

외재(外財)를 탐내지 마라.
얻어도 별로 소득이 없으리라.
이월의 운수는 집 밖으로 나가면 불리할 수다.
만일 관록(官祿)이 아니면 천금을 얻게 된다.

3

서남 양방향에서 반드시 재물이 왕성하리라.
가족이 흥왕하고 재록이 산같이 쌓이리라.
사람과 더불어 누각에 오르니 술과 안주가 풍족하다.

4

삼월과 사월에는 생활이 저절로 족하게 된다.
한번 문 밖으로 나가면 소망을 이루리라.
이익은 어느 곳에 있는가.
동남 양방향이 바로 그곳이다.

5

명성과 이익이 다 길하니 수복(壽福)이 끊이지 않는다.
도처에 재물이 있으니 남아가 드디어 그 뜻을 얻으리라.
남과 함께 일을 꾀하면 많은 이익을 얻을 수다.

6

남의 재물을 탐내지 마라. 도리어 손해를 보게 된다.
이와 같지 않으면 명예를 손상당하리라.
금성(金姓)과 친하게 지내지 마라.
재물을 잃게 될 것이다.

7

작은 냇물이 모여 바다로 흘러들어가듯
작은 것을 쌓아 큰 것을 이루리라.
때로 단비가 내리니 온갖 곡식이 풍족해진다.
이익이 사방에 널려 있으니 도처에서 춘풍이 부는구나.

8

만일 관록이 아니면 반드시 득남할 수다.
가운(家運)이 대통하니 모든 일이 여의(如意)하리라.
처음엔 힘이 드나 나중엔 태평해지니 이익이 그 가운데 있다.

9

지혜도 있고 재주도 있으니 의외의 성공을 거두리라.
재물이 하늘에서 내려오니 바라는 바를 능히 이룰 수 있다.
집안 사람이 화평하니 모든 일을 이루리라.

10 시월의 운수는 질병을 조심해야 할 수로다.
화성(火姓)과 가까이 지내지 마라.
겉으로는 웃고 있지만 속으로 칼을 겨누고 있다.
천리타향의 나그네 마음이 처량하구나.

11 한 사람의 영화가 만인에게 미치는구나.
식구를 더하게 되고 식록(食祿)도 풍성해지리라.
자손이 흥왕하니 집안이 태평하리라.

12 뿌리가 깊고 잎이 무성하니 봄빛이 길게 뻗쳐 있구나.
분수를 지키고 편안하게 지내면 저절로 복이 들어오리라.
금년의 운수는 벼슬을 구하는 것이 가장 좋다.

갱유호시지의(更有好時之意)

계화(桂花)가 피었다 지니 다시 밝은 봄을 기다린다.
경사가 있지 않으면 이사를 할 수다.
만일 집안에 근심이 생기지 않으면 아내에게 근심이 따르리라.

분수를 지키면 길하고 망령되게 행동하면 손실을 보게 된다.
삼춘(三春)에는 손해도 이익도 별로 없으리라.
금년의 운수는 때를 기다려 움직이는 것이 좋을 수다.

사방에 사람이 없으니 꾀꼬리가 태평을 노래한다.
남과 더불어 마음을 맞추면 그 이로움이 배가 되리라.
정직하게 마음을 먹으면 하는 일마다 여의(如意)하리라.

1
길(吉)이 변하여 흉하게 되니 처음엔 길하나 나중은 흉하다.
이 달의 운수는 흉함이 많고 길함은 적구나.
매사가 거슬리니 마음이 산란해진다.

2
구름과 안개가 공중에 가득하니 일월(日月)이 보이지 않는구나.
꾀하는 일을 아직 이루지 못하였는데
구설이 따르는 것은 또 어인 일인가.
일의 성패가 시각에 달려 있으니 일을 급히 도모하라.

3
삼월과 사월에는 손실도 이익도 별로 없다.
여색을 가까이하지 마라. 몸에 불리하리라.
세월은 물처럼 쉬지 않고 흘러가 이미 봄이 지나버렸구나.

4

뒷동산의 푸른 복숭아나무가 꽃을 활짝 피웠구나.
산에 가서 고기를 구하니 결국은 얻지 못하리라.
강산에 해가 저무니 돌아가던 객이 길을 잃는다.

5

오월과 유월에는 하늘이 복을 내려주지 않는다.
만일 부모에게 근심이 생기지 않으면 자손에게 액이 따르리라.
도둑을 조심하라. 재물을 잃을까 두렵다.

6

멀리 나가면 불리하고 집에 있으면 길하다.
유월에는 수귀(水鬼)가 노리고 있으니 배를 타지 마라.
원행(遠行)하면 불리하니 손실만 당하고 이익은 없으리라.

7

칠년 대한(大旱)에 기쁘게도 단비를 만난다.
비록 재수(財數)는 있으나 작은 근심이 따를까 두렵다.
시비를 가까이하지 마라. 구설을 면하기 어려우리라.

8

식구들이 화합하니 집안이 화기롭다.
이익이 남쪽에 있으니 기회를 놓치지 마라.
남을 속이면 도리어 화를 당하리라.

9

외재(外財)를 탐내지 마라. 반드시 재물을 잃게 되리라.
화성(火姓)과 가까이 지내지 마라. 구설을 면하지 못한다.
처음엔 힘이 드나 나중엔 길하니 마침내 형통하리라.

10

만일 부모에게 근심이 생기지 않으면 슬하에 근심이 따른다.
물 흐르듯 세월만 흘러가니 헛되이 시간만 보내는구나.
이 달의 운수는 흉은 많고 길은 적다.

11
비가 촉촉하게 곡식을 적시니 봄꽃이 화창하게 피어난다.
나라는 부강하고 백성들은 편안하니
집안이 넉넉하여 저절로 풍족해지리라.
가산(家産)도 흥왕하고 식구도 늘어나게 된다.

12
청산의 외로운 소나무요. 푸른 바다 위의 조각배라.
기쁨과 근심이 상반(相半)되니 처음엔 길하나 나중엔 흉으로 변한다.
양(梁)가 박(朴)가 권(權)가 이(李)가가 공연히 해를 끼치리라.

유길유상지의(有吉有傷之意)

분패(憤敗)하여 정신 없이 달아난 연(燕)나라 군사들은
한 군데도 다치지 않은 곳이 없었다.
분수를 지키면 길하고 망령되게 행동하면 해를 입으리라.
만일 신병(身病)이 아니면 관재(官災)가 있을까 두렵다.

시비를 가까이하지 마라. 일에 미결(未決)이 있으리라.
오랫동안 가물어서 초목이 푸른빛을 잃는구나.
금년에는 터를 옮기면 해를 입으리라.

내 코가 석자이니 어느 틈에 남을 조롱하겠는가.
모아도 도로 흩어지니 결국은 처음보다도 못하리라.
본래는 같은 뿌리의 소생인데 어찌 급하게 서로 애를 태우는가.

1
범의 꼬리를 밟으니
그 울부짖는 소리가 빈 골짜기에 가득 울려퍼진다.
질병에 걸릴까 두려우니 미리 도액(度厄)하라.
외부의 재물을 탐내지 마라. 도리어 손해를 보게 된다.

2
친한 사람과 가까이 지내지 마라. 배은망덕한다.
인정을 생각하지 않으면 모든 일이 여의(如意)하리라.
망령되게 행동하지 마라. 도리어 실패할 것이다.

3
요귀가 문을 엿보니 질병이 침투하리라.
이와 같지 않으면 약독(藥毒)을 면하기 어렵다.
다른 사람의 말을 듣지 마라. 혹 관액(官厄)이 따를까 두렵다.

4

모든 일을 조심해서 하라. 큰 화가 닥친다.
길에 나가지 마라. 횡액(橫厄)이 따른다.
몸이 고달픔을 한탄하지 마라. 좋은 운이 돌아오리라.

5

비록 일을 꾀하지만 뜻대로 되지 않으니 이를 어찌할까.
거스르는 것이 많으니 하는 일마다 이루지 못하리라.
미리 기도하라. 처궁(妻宮)에 액이 있구나.

6

주색을 가까이하지 마라. 재물을 잃게 된다.
목성(木姓)을 가까이하면 반드시 해를 입으리라.
남의 말을 듣지 마라. 횡액이 따를까 두렵다.

7

원행(遠行)하지 마라. 별로 소득이 없으리라.
적게 얻고 많이 잃으니 무슨 소득이 있겠는가.
재물운이 형통하니 구하면 얻으리라.

8

얕은 물에 배를 띄우니 수고하나 도무지 공이 없다.
만일 혼인하지 않으면 반드시 득남하리라.
술이든 여자든 가까이하면 재물을 잃고 불리해진다.

9

매사를 이루지 못하고 있는데
질병이 찾아드는 것은 또 무슨 연유인가.
몸에 곤란한 액이 있으니 미리 기도하라.
조왕(竈王)에게 치성을 드리면 신액(身厄)을 면하리라.

10

부부 사이에 불화가 싹트니 가정이 불안하리라.
바다에 가 금이나 토끼를 구하는 것과 같구나.
동쪽의 목성(木姓)이 우연히 해를 끼치리라.

11 수고는 하나 그에 따른 공이 도무지 없구나.
동과 서로 분주히 뛰어다니지만
손실만 있고 이익은 찾아볼 수 없다.
운수가 이와 같으니 분수를 지키면 길하리라.

12 머리를 어느 곳에 내놓을까. 사고무친(四顧無親)이로다.
목성(木姓)에게 해가 있으니 가까이하면 손해를 보리라.
심(沈)가에게 해를 당할 염려가 있으니 동업하지 마라.

부정지사필상기심(不正之事必傷其心)

골육상쟁(骨肉相爭)으로 수족의 맥이 끊어지는구나.

비록 노력은 하나 도무지 성공하지 못한다.

재성(財星)이 비추나 공허로우니

재물을 구해도 얻지 못하리라.

분수 밖의 것을 탐내지 마라. 도리어 재물을 잃게 된다.

나가려 하나 나가지 못하니 마음만 상하게 되는구나.

시비를 삼가라. 금년의 운수는 그로 인해 낭패를 볼 수다.

들꽃이 가을 바람에 흔들리니 그 빛이 가련하다.

석양에 노을이 지니 가을 바람이 홀연히 일어난다.

모든 물건에는 각각 주인이 있구나.

1

가을풀이 서리를 만나니 슬픈 마음 어찌하나.

친척이 냉정하니 첩도 무정하구나.

북쪽에 해로움이 있으니 재물을 잃을 수가 있다.

2

해는 저물고 갈 길은 먼데 갈수록 태산이구나.

초목이 서리를 만나니 일에 실패가 많다.

심신(心神)이 불안한데 다시 괴로움이 깃들이는구나.

3

가을 바람에 잎이 떨어지는데 다시 광풍이 불어온다.

남쪽에 가지 마라. 친한 이가 해를 끼치리라.

다른 사람의 일로 횡액(橫厄)을 당하게 된다.

4

관귀(官鬼)가 발동하니 관액(官厄)이 따를까 두렵다.
말을 가려서 하라. 횡액이 따를 수 있다.
스스로의 힘으로 재물을 구하려 노력하니
우인(友人)이 있어 남몰래 도와준다.

5

시비를 가까이하지 마라. 구설을 면하기 어렵다.
강산에 해가 저무니 길을 나서면 액을 당하게 된다.
칠성(七星)에게 치성을 드리면 이 액을 면하리라.

6

구름과 안개가 산에 가득하니 갈 방향을 알지 못한다.
하는 일마다 막힘이 많으니 헛되이 심력(心力)만 허비하리라.
심신(心神)이 불안하니 세상만사가 뜬구름 같구나.

7

가신(家神)이 발동하니 예방하면 액을 면하리라.
만일 도액(度厄)하지 않으면 재물을 잃게 되리라.
시비를 가까이하지 마라. 소송으로 괴로움을 당할 수 있다.

8

꾀하는 일이 불리하니 근심과 괴로움이 끊이지 않으리라.
천리타향에 뿌리를 내리기 힘들다.
몸이 외지에서 노니 돌아갈 때를 기약할 수 없구나.

9

비록 분하더라도 참는 것이 상책이다.
재물운은 처음엔 있지만 나중엔 도로 잃게 된다.
적막한 여창(旅窓)에서 공연한 탄식소리 들리는구나.

10

여자가 말이 많은 것은 집안이 망할 징조다.
허욕을 부리지 마라. 낭패를 당하리라.
만일 관록(官祿)이 아니면 득남할 수다.

11 뜻밖의 성공을 거두니 업(業)이 왕성하리라.

집안 사람이 서로 화합하니 가도(家道)가 왕성하다.

이제야 길운(吉運)을 만나니 태평성대하리라.

12 흉함이 변하여 길하게 되니

처음엔 힘이 드나 나중엔 좋은 일이 많을 것이다.

금년의 운수는 분수를 지키면 길하리라.

망령되게 행동하면 해를 당하고 편안히 지내면 길하다.

유덕유신종득길리(有德有信終得吉利)

마음은 작고 담이 크니 항상 안정을 누리리라.
위아래 사람이 화합하지 못하니 집안에 불화가 생긴다.
만일 관재(官災)가 아니면 구설이 분분하리라.

집에 있으면 심란해지고 밖으로 나가도 이익을 얻지 못한다.
초목이 봄을 만나니 점차 푸릇하게 성장하리라.
금년의 운수는 모든 사내들을 조심해야 할 수로다.

쌓인 눈이 녹지 않으니 꽃소식이 아득하구나.
친한 벗을 조심하라. 은혜를 베푼 것이 도리어 해가 되어 돌아온다.
서쪽과 남쪽에서 벗을 얻고 동쪽과 북쪽에서 잃으리라.

1
집에 있으면 이익이 없으니 길을 나서지만
어디로 갈지 모르는구나.
밤낮으로 허황된 일만 생각한다.
수복(壽福)이 끊이지 않으니 태평하게 지낼 수다.

2
부부가 마음을 맞추니 가도(家道)가 점점 흥왕하리라.
귀인이 와서 도와주니 모든 일이 여의(如意)하다.
분수를 지키며 편안히 지내라. 움직이면 해를 당하리라.

3
일에 조리가 없으니 꾀하는 일을 이루지 못한다.
신운(身運)이 불리하니 뜻밖의 액을 당하리라.
숨어 있는 원수를 누가 알리요. 뜻밖에 가까운 곳에 있구나.

4

만경창파(萬頃蒼波)에 돛을 올리니 순풍이 불어온다.
재산과 복이 산같이 쌓이니 집안 사람이 한바탕 즐거워하리라.
이익은 어느 방향에 있는가. 동쪽과 남쪽 양방향이라.

5

다른 일을 꾀하지 마라. 도리어 재물을 잃게 되리라.
도둑을 조심하라. 재물을 잃을까 두렵다.
높은 정자에 올라 한가로이 지내니 마음과 몸이 다 같이 편안하다.

6

행실을 조심하고 집안을 잘 다스리면 만사가 태평하리라.
봄바람이 온화하게 부니 만물이 저절로 자라난다.
만일 횡재를 하지 않으면 슬하에 영화가 있을 것이다.

7

집 밖을 나서면 후회하게 되나
집 안에 들어앉아 있으면 마음이 편안해지리라.
밖으로 나가면 이익이 없으니 문을 닫고 나가지 마라.
명산에 기도하면 신액(身厄)이 별로 생기지 않으리라.

8

먹구름이 공중에 가득하니 별을 볼 수가 없다.
시비를 가까이하지 마라. 관재를 면하기 어려우리라.
화성(火姓)과 가까이 지내지 마라. 많은 재물을 잃게 된다.

9

목마른 용이 물을 얻고 굶주린 범이 먹이를 구하는구나.
운수가 형통하니 구하지 않아도 스스로 얻으리라.
구설을 조심하라. 혹 송사(訟事)에 시달릴 수 있다.

10

도둑을 조심하라. 재물을 잃을 수 있다.
동서 양방향에서는 꾀하는 일마다 불리하리라.
마른 나무에 봄이 걸렸으니 그 빛이 천리에 이르는구나.

11 고기와 용이 물을 얻으니 그 조화가 무궁하다.
재성(財星)이 문을 비추니 금옥(金玉)이 집안에 가득하리라.
고기가 봄물에서 노니 그 의기가 양양하다.

12 동짓달과 섣달에는 반드시 경사가 있으리라.
재록(財祿)이 왕성하니 사람으로 인하여 성공하리라.
금년의 운수는 편안히 지내는 것이 제일이다.

구지부득지의(求之不得之意)

바다에 가서 토끼를 잡으려 하고
산에 올라가 고기를 낚으려 한다.
남의 말을 믿지 마라. 하는 일에 마가 따르리라.
남북이 불리하니 밖으로 나가지 마라.

어떤 성(姓)이 해로운가. 반드시 박(朴)가 송(宋)가이리라.
광포한 바람이 동산에 불어닥치니 꽃잎이 분분히 떨어진다.
금년에는 허욕을 부리면 실패하리라.

산이 무너져 골짜기를 메우니 바라는 바가 끊어진다.
앞을 쳐다보고 뒤를 돌아보아도 친한 사람이 없다.
싫은 사람을 겨우 피하였더니 다시 원수를 만나는구나.

1

허욕을 부리지 마라. 도리어 허황하리라.
재운(財運)이 별로 없어 얻어도 다시 잃게 된다.
일에 처음과 끝이 없으니 수고를 하나 도무지 공이 없다.

2

다른 사람과 다투지 마라.
재물을 놓고 도리어 마음을 상하게 된다.
외재(外財)를 탐내지 마라. 도리어 재물을 잃으리라.
만일 재물을 잃지 않으면 문 밖에 나와서 실패하리라.

3

주색을 가까이하지 마라. 신상에 근심이 생긴다.
일이 여의치 못하니 재물도 얻지 못하리라.
신수(身數)가 불리하니 근심을 면하기 어렵다.

4

길 밖에 나가지 마라.

낭패만 당하고 다시 돌아오게 된다.

길 위에서 도둑이 노리고 있으니 재물을 잃을까 두렵다.

금성(金姓)을 가까이하지 마라.

이익을 둘러싸고 다투니 마음만 상하리라.

5

하늘이 복을 주지 않으니 생계가 궁하리라.

미리 도액(度厄)하라. 슬하에 근심이 있을 것이다.

행하려 하나 이루지 못하니 한탄만 할 따름이다.

6

움직이면 반드시 뉘우치게 되고

집에 있어야 편안하게 지낼 수 있다.

허욕을 부리지 마라. 불리할 수다.

구설수가 따르리니 목성(木姓)을 멀리하라.

7

뜻밖에 귀인이 찾아와 도와주리라.

몸이 고단함을 한탄하지 마라.

쓴것이 다하면 단것이 오리라.

다른 일을 꾀하지 마라. 마음만 상하게 된다.

8

남의 말을 듣지 마라. 우연히 재물을 잃게 되리라.

시냇물이 바다로 흘러들어가니 티끌 모아 태산이구나.

토성(土姓)이 도우니 그 밝은 빛이 다섯 배나 된다.

9

가운(家運)이 불길하니 특히 질병을 조심하라.

병든 이를 가까이하지 마라. 질병에 걸릴까 두렵다.

명산에 기도하면 가히 그 질병을 면하리라.

10 외부의 재물을 탐내지 마라. 얻어도 다시 잃게 되리라.
봄이 지나고 꽃이 떨어지니 벌과 나비가 다시 오지 않는구나.
동쪽에 가까이 가지 마라. 재물을 잃을까 두렵다.

11 일을 꾀하나 복잡하기만 하니 도무지 이익이 생기지 않는다.
하는 일이 모두 시작만 있고 끝이 없구나.
모든 일이 허황하니 심력(心力)만 허비하리라.

12 미리 도액하라. 병살(病殺)이 침투한다.
뜻밖에 금성(金姓)이 와서 도와주리라.
분수를 지키고 집에 있으면 가히 곤액(困厄)을 면하리라.

어둠 속에서 길을 가던 사람이 우연히 촛불을 얻는다.
경사가 있지 않으면 도리어 불이익을 당하리라.
횡재를 만나니 산같이 부를 쌓을 수 있다.

하늘이 도와 재물을 얻게 되니 일신이 편안하다.
남쪽에 이로움이 있어 우연한 기회에 집안에 들어온다.
금년에는 재운(財運)이 대길하리라.

친한 벗을 가까이하지 마라.
이해관계 때문에 의를 상하게 되리라.
아름다운 연못의 신선이 와서 선도(仙桃)를 건네준다.
소망이 여의(如意)하니 관록(官祿)과 재물을 얻으리라.

1

동산의 복숭아나무와 오얏나무가 꽃을 떨구고 열매를 맺는다.
만일 횡재를 만나지 않으면 귀자(貴子)를 낳으리라.
정월과 이월에는 가까운 사람이 도와줄 것이다.

2

초목이 이슬을 머금으니 그 빛이 가히 청청하구나.
길성(吉星)이 문을 비추니 귀인이 와 도우리라.
서쪽에 있는 재물이 우연히 집안으로 들어온다.

3

봄바람에 눈이 사라지니 초목이 무성해지리라.
재물이 외지에 있으니 출행(出行)하면 능히 얻을 수 있다.
만일 관록이 아니면 슬하에 영화가 있으리라.

4
사월 남풍에 몸이 외지에 가 노는구나.
신상에 근심이 없으니 무사태평하리라.
복록(福祿)이 끊이지 않으니 금옥이 집안에 가득하다.

5
뜻밖에 영귀(榮貴)하게 되니 사람들이 흠앙(欽仰)한다.
미리 도액(度厄)하라. 슬하에 근심이 있을까 두렵다.
하늘이 도와주니 모든 일을 이루리라.

6
금을 화로에 넣으니 마침내 큰 그릇이 되는구나.
재운이 돌아오니 자수성가(自手成家)하리라.
재운이 대길하니 큰 재물을 얻게 된다.

7
문서(文書)로 인해 기쁨이 생기리니 관록이 따를 것이다.
이익이 사방에 있으니 하는 일마다 형통하리라.
천신(天神)이 도와주니 모든 일이 형통하리라.

8
동산에 서 있는 복숭아나무가 때를 만나 꽃을 피운다.
만일 혼인하지 않으면 득남의 경사가 있을 것이다.
식구와 토지를 더하니 가도(家道)가 흥왕하리라.

9
뜻밖에 공을 세우고 명성을 얻으니 이름을 사방에 떨친다.
재성(財星)이 문을 비추니 가히 천금을 얻으리라.
모든 일이 여의하니 세상사 태평하구나.

10
비록 분한 마음이 있더라도 참는 것이 곧 덕이다.
두 사람의 마음이 같으니 반드시 기쁜 일이 있으리라.
마음이 어질고 많은 덕을 쌓으니 만인이 공경한다.

11 빈 골짜기에 봄이 돌아와 곳곳에 꽃이 만발한다.

여색을 가까이하지 마라. 횡액(橫厄)이 따를까 두렵다.

동풍이 불고 가랑비 촉촉이 내리니 초록이 더욱 청청하다.

12 몸과 재물이 왕성하니 반드시 경사가 있으리라.

도처에 재물이 널려 있으니 밖으로 나가면 능히 얻을 수 있다.

남과 다투지 마라. 혹 관액(官厄)이 따를 수 있다.

안정대시출세지상(安靜待時出世之象)

새장에 갇혔던 새가 풀려나 자유로이 하늘을 날아다닌다.
구름이 흩어지고 밝은 달이 얼굴을 내미니 가히 별천지로구나.
남북 양방향에서 반드시 기쁜 일이 있을 것이다.

처음엔 힘이 드나 나중엔 형통하리라.
만일 복제(服制)를 당하지 않으면 집안에 근심이 생긴다.
봄빛이 두 번 이르니 만물이 새롭게 살아난다.

온갖 곡식이 풍성하니 배부르게 먹으리라.
사계절이 순조롭게 진행되니 백성들이 편안하게 지낸다.
몸이 왕성하고 재물이 쌓이니 기쁜 일이 많으리라.

1
비 온 뒤에 달이 나오니 그 경색이 가히 새롭구나.
만약 관록(官祿)이 아니면 반드시 재물을 얻으리라.
토성(土姓)을 만나면 반드시 큰 재물을 얻는다.

2
귀인이 도우니 처음엔 힘들어도
나중에는 일을 이루고 태평하게 지내리라.
천신(天神)이 도우니 필연 경사가 있을 것이다.
여색을 가까이하지 마라. 그러면 반드시 큰 재물을 얻는다.

3
신수(身數)가 태평하니 사람마다 우러러보리라.
헛된 일이 실상이 되어 뜻밖의 재물을 얻는구나.
서쪽에 재물이 있으니 귀인이 와 도와주리라.

4 부부가 화합하니 가정에 화기(和氣)가 가득하리라.
재수(財數)는 평길(平吉)하나 혹 구설이 따를 수 있다.
미리 조왕(竈王)에게 기도하라. 혹 질병에 걸릴까 두렵다.

5 집안이 화기로우니 날로 천금을 더하리라.
소망이 여의(如意)하니 모든 일을 이룰 수 있다.
여색을 가까이하면 신상에 해가 있으리라.

6 어진 덕으로 즐겁게 지내니 날로 복을 더한다.
모아놓은 재물이 어느새 천금으로 불어났구나.
녹음방초(綠陰芳草)의 누각에 올라 술잔을 기울이니
산새들 날아와 즐겁게 노래한다.

7 구름이 흩어지고 달이 나오니 천지가 다시 밝아진다.
뜻밖에 성공을 거두니 가정에 기쁨이 가득하리라.
쌓은 덕이 바다와 같으니 반드시 경사를 더하리라.

8 식구가 늘고 금옥(金玉)이 집안에 가득 찬다.
하늘이 기이한 복을 내려주니 식록(食祿)이 끊이지 않는다.
모든 일이 뜻하는 대로 풀리니 가산(家産)이 흥왕하리라.

9 신수가 대길하니 모든 일이 여의하리라.
소망하는 바가 이루어지니 근심이 흩어지고 기쁨이 넘쳐흐른다.
서쪽에 가까이 가지 마라. 친구가 해를 입힐 수 있다.

10 뜰 앞의 매화가 때를 만나 꽃을 피웠구나.
천신이 도와주니 구하지 않아도 저절로 얻으리라.
부부가 화목하게 지내니 집안이 화기롭다.

11 봄빛이 두 번이나 이르니 경사가 끊이지 않고 이어진다.

만일 횡재하지 않으면 관록이 따르리라.

미리 치성을 드려라. 혹 처액(妻厄)이 있을 수 있다.

12 재운(財運)이 왕성하니 큰 재물이 들어오리라.

수성(水姓)을 가까이하면 우연한 실수로 실패하게 된다.

박(朴)가 오(吳)가 권(權)가는 가깝게 지내면 해를 당한다.

단독고독지의(單獨孤獨之意)

눈 속의 매화여, 너 홀로 봄빛을 띠고 있구나.
가뭄에 비가 내리니 그 빛 가히 새롭다.
비록 위험은 있지만 마음을 상하지는 않으리라.

귀인을 만나면 공을 세우고 명성을 얻을 수로다.
흉이 변하여 도리어 복이 되니
이 어찌 좋은 일이라 하지 않겠는가.
높은 자리에 있는 벗이 많으니 안주와 술이 끊이지 않으리라.

막대를 짚고 높은 곳에 올라 시를 읊는다.
하는 일이 이미 정해져 있으니 슬프게 탄식하지 마라.
옷을 걷어붙이고 물을 건너나 물이 깊어 옷을 적신다.

1

봄빛이 밝고 날씨가 따뜻하니 온갖 꽃들이 만발하였구나.
길성(吉星)이 문을 비추니 바야흐로 재물이 생기리라.
집안 사람이 화합하니 화기(和氣)가 문에 이른다.

2

동쪽 하늘에서 해가 나오니 세상이 밝아진다.
귀인이 와서 도와주니 반드시 성공하리라.
마음이 어질고 말이 곧으니 하늘이 복을 내린다.

3

정신을 한 곳에 집중하면 무슨 일인들 이루지 못할까.
도처에 권리가 널려 있으니 귀인이 와 스스로 도와주리라.
만일 재물이 생기지 않으면 자손에게 영화가 있으리라.

4

달 밝은 높은 누각에 올라 아름다운 여인을 만나게 된다.
목성(木姓)을 가까이하지 마라. 횡액(橫厄)이 침투한다.
금성(金姓)을 가까이하면 재물을 잃고 구설로 시달리리라.

5

하늘에서 단비가 내리고 땅에서 지유(地乳)가 솟아난다.
신수(身數)가 태평하고 재물이 산같이 쌓이리라.
이익이 타향에 있으니 출행(出行)하여 그 이익을 얻도록 하라.

6

새벽 푸른 정적을 깨고 석공의 정소리 끊이지 않더니
마침내 옥이 있어 그 빛 천리를 비추는구나.
집에 있는 것이 길하니 밖으로 나가지 마라.
물가에 가지 마라. 한번 물에 놀라리라.

7

재물운이 성하니 재록(財祿)이 따르리라.
꾀하는 일은 반드시 성공할 것이다.
목성(木姓)을 가까이하지 마라. 반드시 재물을 잃게 된다.

8

가을 하늘에 구름이 흩어지니 일월(日月)이 밝은 얼굴을 내민다.
높은 집에 웃음소리 끊이지 않으니 가정에 기쁨이 가득하리라.
뜰 앞의 붉은 복숭아나무가 꽃을 떨구고 열매를 맺는다.

9

창파(滄波)에 낚시를 드리우니 마침내 많은 고기를 낚으리라.
이로움이 외지(外地)에 있으니 나가서 구하면 많이 얻을 것이다.
문서(文書)에 재물이 있고 문필(文筆)에 빛이 있다.

10

한가로이 고당(高堂)에 앉으니 신상에 근심이 없구나.
일신이 영귀하니 사람마다 우러러보리라.
재록이 왕성하고 꾀하는 일을 순조롭게 이루리라.

11

모래를 일어 금을 얻으니 온갖 꾀가 생긴다.
분수를 지키고 집에 있으면 복록(福祿)이 저절로 들어오리라.
허욕을 부리지 마라. 그러면 일신이 편안해질 것이다.

12

하늘에서 비가 내리니 만물이 새로워지는구나.
다른 사람과 함께 일을 꾀하면 가히 천금을 얻으리라.
재물과 몸이 왕성하니 집안이 화평해진다.

성공한 사람이 가니 지금까지 세운 공이 아깝구나.
비록 좋은 일이 있어도 이름만 있고 실상은 없다.
동쪽으로 이사를 가면 공을 세우고 명성을 얻을 수 있으리라.

시비를 가까이하지 마라. 구설이 따를까 두렵다.
길운(吉運)이 사라졌으니 모든 일이 허망하리라.
금년에는 마음을 정하기 어렵다.

늙은 개에게 갓을 씌우니
보는 자가 아연실색(啞然失色)한다.
여관방에 등불이 차가우니 객의 마음 처량하구나.
재물을 함부로 쓰지 마라. 결국 빈손이 되고 말리라.

1

동북 양방향에는 반드시 길함이 있다.
친구를 믿지 마라. 길한 가운데 흉이 있으리라.
시비를 가까이하지 마라. 구설이 따를까 두렵다.

2

강산에 해가 저물어 행인이 길을 잃었구나.
만일 관재(官災)가 아니면 구설을 면하기 어렵다.
동쪽에 가까이 가지 마라. 하는 일이 허황하리라.

3

먹구름이 공중에 가득하니 일월(日月)이 보이지 않는다.
몸이 강 가운데 있어 다시 나올 수가 없다.
구설이 잇따르니 일이 마음에 맞지 않으리라.

4

오랫동안 가물어 비가 오지 않으니 초목이 자라지 못한다.
처궁(妻宮)이 불리하고 슬하에 근심이 생기리라.
붉은 봉황이 움직이기 시작하니 구설이 뒤따른다.

5

하늘의 이치를 정히 따르니 가히 새로운 일을 이루리라.
화성(火姓)과 친하게 지내면 하는 일이 순조롭게 풀리리라.
불귀신이 문을 엿보니 화재를 조심하라.

6

길성(吉星)이 문을 비추니 집안에 복이 가득하리라.
퇴직하지 마라. 도리어 그 해를 당한다.
목성(木姓)과 친하게 지내지 마라.
무단한 일로 구설에 휩싸이리라.

7

노룡(老龍)이 힘을 잃으니 하늘로 올라가도 이익이 없구나.
진퇴양난(進退兩難)이니 이를 또 어찌할까.
만일 질병이 생기지 않으면 슬하에 액이 있으리라.

8

하는 일이 실패하니 몸과 마음이 다 힘들구나.
흉이 변하여 길하게 되니 비로소 행운이 돌아온다.
북쪽으로 가서 정(鄭)가와 김(金)가를 만나면 유익하리라.

9

집에 있으면 길하며 뜻밖의 재물도 얻으리라.
모은 재물이 산과 같으니 부유함이 가히 무궁무진하다.
해와 달이 서로를 그리워하니 그 빛이 환히 밝구나.

10

분수를 지키고 편히 지내면 일신을 보전하리라.
토성(土姓)이 불리하니 가깝게 지내면 길이 도리어 흉으로 변하리라.
집안 사람이 서로 화합하지 못하니 각기 동서로 갈라진다.

11

가정에 근심이 있으니 이는 바로 슬하의 근심이다.
천신(天神)에게 기도하면 이 액을 면할 수 있다.
화성(火姓)을 가까이하지 마라. 구설이 분분하리라.

12

혹 질병이 따를 수 있으니 명산에 기도하라.
옛것을 지키고 안정을 취하라.
망령되게 행동하면 액이 따르리라.
좋은 때를 만나니 질병이 스스로 물러간다.

유영귀지상(有榮貴之象)

구중궁궐(九重宮闕)의 붉은 계수(桂樹)를
먼저 꺾어 꽂으리라.
고국에 복이 돌아오니 만물이 생성한다.
귀인을 만나면 가히 공을 세우고 명성을 얻으리라.

재물도 있고 권리도 있으니 식록(食祿)이 끊이지 않는다.
남과 다투지 마라. 혹 송사(訟事)로 시달릴 수 있다.
관록(官祿)이 따르고 득남하게 된다.

춘풍 삼월에 온갖 꽃들이 다투어 피어난다.
비단옷을 입고 좋은 음식을 먹으며 사니
집안에 항상 화기(和氣)가 도는구나.
높은 누각에 올라 잔치를 열고 거문고를 타며 즐기리라.

1

용이 밝은 구슬을 얻었으니 반드시 공을 세우고 명성을 얻으리라.
만일 벼슬을 하지 않으면 슬하에 경사가 있으리라.
재록(財祿)이 몸을 따르니 사람마다 우러러본다.

2

군자는 덕이 줄고 관직에 있는 사람은 불리하게 된다.
도처에 재물이 있으니 남아가 가히 그 뜻을 얻는구나.
재물도 있고 권리도 있으니 이 세상에 무슨 일인들 하지 못하리요.

3

마음이 어질고 덕을 쌓으니 반드시 경사가 있으리라.
남쪽에 길함이 있으니 출행(出行)하면 재물을 얻는다.
재물과 이익이 다 길하니 만면(滿面)에 화기가 가득하리라.

4
서로 다투지 마라. 손실만 있고 이로움은 적으리라.
쉬운 듯하나 어려움이 많으니 중도에 실패할 수 있다.
목성(木姓)을 가까이하면 혹 관액(官厄)을 면치 못하리라.

5
사람의 마음이 한결같지 않으니 지방마다 그 풍속이 다르다.
수성(水姓)을 가까이하지 마라. 공연히 해를 당하리라.
몸이 황금 골짜기에 들어가니 재물과 보물을 얻으리라.

6
귀인이 항상 도우니 이익이 그 가운데 있구나.
다른 사람의 말을 듣지 마라.
재물을 잃고 명예를 손상당하리라.
신수(身數)가 길하니 재록이 끊이지 않는다.

7
재수(財數)가 대길하니 우연히 재물을 얻는구나.
재록은 풍성하나 혹 작은 근심이 따를 수 있다.
슬하에 근심이 있으나 이사하면 대길하리라.

8
집에 있으면 길하고 문을 나서면 해를 당한다.
서쪽과 북쪽 양방향으로 출행하면 불리하다.
모든 일을 조심해서 하라. 좋은 일에는 항상 마가 끼는구나.

9
일에 조리가 없으니 속히 하려 하나 이루지 못한다.
물가에 가지 마라. 수액(水厄)이 따를까 두렵다.
이 달의 운수는 별로 길함이 없다.

10
목성(木姓)과 친하게 지내면 반드시 재물이 왕성해진다.
귀인이 항상 도와주니 큰 재물을 얻게 된다.
명성과 재물이 같이 들어오니 만인이 우러러보리라.

11 허욕을 부리지 마라.
뜻밖에 공을 세우고 명성을 얻으니 재록이 끊이지 않는다.
북쪽에 가지 마라. 수고만 하고 공은 세우지 못하리라.

12 섣달에는 반드시 경사를 더하게 된다.
험한 길도 쉽게 가니 반드시 재물이 왕성하리라.
금성(金姓)을 만나면 의외의 재물이 생긴다.

유길유영지의(有吉有榮之意)

육리청산(六里靑山)에 다른 세계가 눈앞에 펼쳐진다.

부부가 화합하며 가도(家道)가 왕성해진다.

만일 관록(官祿)이 아니면 뜻밖의 재물을 얻으리라.

도처에 재물이 널려 있으니 재백(財帛)이 끊이지 않는다.

삼춘(三春)에는 소망이 여의(如意)하리라.

금년의 운수는 명성과 이익이 다 같이 흥왕할 수다.

새벽 까치가 기쁨을 알리니 이익이 서쪽에 있구나.

칠월의 개똥불이 십리를 비춘다.

길한 사람은 하늘이 도우니

질고(疾苦)가 저절로 없어지리라.

1

길성(吉星)이 문을 비추니 모든 일을 쉽게 이루리라.

집안이 화평하니 자손이 영귀하리라.

재성(財星)이 몸을 비추니 도처에 재물이 널려 있다.

2

재물이 풍족하니 생활이 저절로 족하게 된다.

이익이 사방에 널려 있으니 문 밖에 나가면 이익을 얻으리라.

관록을 얻지 못하면 도리어 몸에 근심이 생긴다.

3

소망이 여의하니 꾀하는 일을 쉽게 이룰 수 있다.

정원에 봄이 돌아오니 벌과 나비가 날아와서 기뻐한다.

고기가 봄물에서 노니 식록(食祿)이 끊이지 않는다.

4

목마른 용이 물을 얻었으니 빈손으로 성공하리라.
가도를 잘 지키면 뜻밖에 집안을 일으킬 수 있다.
정성이 지극하니 액운이 점점 사라진다.

5

돌 사이 쇠잔한 물이 가늘게 흘러 바다로 간다.
작은 것으로 큰 것을 이루니 가히 천금을 얻으리라.
높은 누각에 한가로이 앉아 있으니 몸에 근심이 스밀 사이가 없다.

6

창 앞의 노란 국화가 때를 만나니 활짝 피어나는구나.
겉은 부유하나 속으론 가난하니 한때 곤란함을 면치 못하리라.
비록 지모(智謀)는 있지만 때를 기다려 행동해야 한다.

7

달이 구름 사이로 들어가니 밤꿈이 산란하다.
만일 질병이 아니면 슬하에 근심이 생기리라.
길한 사람을 가려서 미리 정성을 다하라.

8

자만한 달이 몸을 비추니 복제(服制)가 따를까 두렵다.
미리 불전에 기도를 드리면 이 수를 면하리라.
관록을 얻지 못하면 도리어 재화(災禍)를 당하리라.

9

허황된 일은 삼가고 행하지 마라.
흉한 가운데 길함이 있으니
사지(死地)에서도 살아날 길을 구할 수 있으리라.
신상이 위태로우니 모든 일을 조심해서 하라.

10

해가 동쪽 하늘에 떠오르니 천문(千門)이 같이 열린다.
가물 때 비가 내리니 만물이 희색(喜色)이 되어 회생한다.
힘든 일이 다 지나고 좋은 일이 돌아오니 마침내 형통하리라.

11

범의 꼬리를 밟으나 위태로운 중에도 편함이 있으리라.
남과 다투지 마라. 구설이 분분하리라.
비리를 탐내지 마라. 공연히 재물을 잃게 된다.

12

오랫동안 가물고 비가 오지 않으니 초목이 점점 메마른다.
망령되게 행동하지 말고 분수를 지키며 지내는 것이 상책이다.
금년의 운수는 길이 많고 흉은 적다.

구월 단풍이 모란보다 낫구나.
연운(年運)이 가장 길하니 생활이 태평하리라.
만일 이사하지 않으면 한번은 원행(遠行)할 수다.

신수(身數)가 대길하니 반드시 기쁜 일이 있으리라.
일을 급히 도모하며 마음을 태우지 마라. 늦게 성취하리라.
재물운은 뜻과 같으나 일은 쉽게 이루지 못한다.

연못의 아름다운 왕모(王母)는 늙는 것을 알지 못한다.
외부에서 재물이 들어오니 이 달이 가장 이로우리라.
깊은 강물을 만나도 빠지지 않고
높은 산에 올라가도 떨어지지 않는다.

1
처음엔 힘이 드나 나중엔 태평하리니 일신이 안락하구나.
이로움은 어느 곳에 있는가. 필시 남쪽이리라.
만일 아내에게 근심이 생기지 않으면
부부 사이에 불화가 있을 것이다.

2
만일 재물이 생기지 않으면 반드시 사람의 꾀가 있으리라.
여자를 가까이하지 마라. 길함이 변하여 도리어 흉하게 된다.
가신(家神)이 도우니 모든 일을 이루리라.

3
굶주린 자가 풍년을 만나니 식록(食祿)이 풍족하다.
귀인을 만나면 가히 천금을 얻으리라.
논밭에 이로움이 있으니 매매를 하면 이익을 얻는다.

4

꽃이 떨어지고 잎이 무성해지니 반드시 득남할 수로다.
만일 신병이 아니면 처에게 병이 생기는 것을 피할 수 없다.
신수는 불리하나 재운(財運)은 흥왕하리라.

5

때를 만나 움직이니 가장 먼저 성공하리라.
명성과 이익이 같이 들어오니 도처에서 춘풍이 불어온다.
본성이 충직하니 부귀를 함께 누리리라.

6

운수가 대길하니 많은 일을 쉽게 이룬다.
봄동산의 복숭아나무요 가을산의 송백(松柏)이다.
미리 치성을 드려라. 혹 아내에게 근심이 생길까 두렵다.

7

고당(高堂)에 누워 한가로이 자연을 즐기니
심신이 모두 편안하다.
구름이 흩어지고 달이 하얀 얼굴을 내미니 청명한 하늘이구나.
가운(家運)이 왕성하니 가히 천금을 얻으리라.

8

하늘이 맑고 달이 희니 바다와 하늘이 모두 한빛이구나.
금성(金姓)을 가까이하지 마라. 은인이 도리어 원수가 된다.
만일 관록(官祿)이 아니면 슬하에 영화가 있으리라.

9

모든 일을 쉽게 이루니 이익이 그 가운데 있구나.
공허로운 재물을 탐내지 마라. 도리어 재물을 잃게 된다.
허황된 일은 삼가고 행하지 마라.

10

만일 재물이 생기지 않으면 새로 혼인할 수다.
이익이 남쪽에 있으니 억지로 구하면 얻으리라.
해로움은 어떤 성(姓)에 있는가. 필시 수성(水姓)이리라.

11 귀인이 와 도와주니 반드시 재물이 왕성해진다.
작은 것으로 큰 것을 얻으니 천금을 모으리라.
꾀하는 일이 많으니 분주한 기상이다.

12 역마살(驛馬殺)이 끼었으니 한번은 원행할 수다.
일을 급히 처리하지 마라. 속히 도모하면 후회하게 되리라.
처음엔 힘이 드나 나중에 왕성해지니
어찌 좋은 일이라 하지 않겠는가.

따뜻한 봄바람이 부니 녹음방초가 가히 눈부시다.
일신이 편안하니 이 밖에 또 무엇을 바라리요.
순풍에 돛을 올리니 하는 일마다 쉽게 이루리라.

재물도 있고 권리도 있으니 위아래에 근심이 없다.
말을 타고 문을 나서니 하루에 천리를 달린다.
높은 루에 올라 한가로이 술잔을 기울이니
술잔 속에 꽃이 떨어져 흥을 돋우는구나.

제비가 동풍에 지저귀니 새끼가 이에 화답한다.
귀인이 와서 도와주니 재물과 녹을 얻게 되리라.
높은 벼슬에 있는 벗이 많으니 술잔이 항상 가득하다.

1

가뭄에 단비가 내리니 초목이 푸릇푸릇 싹을 틔우며 기뻐한다.
재물이 흥왕하니 슬하에 영화가 있으리라.
천신(天神)이 도우니 모든 일이 반드시 형통하리라.

2

토끼를 구하려다 사슴을 얻으니 가히 구하는 바가 넘치리라.
경영하는 일은 하는 일마다 여의(如意)하리라.
때를 만나 덕을 쌓으니 경사가 끊이지 않는다.

3

메마른 싹이 비를 만나니 그 빛이 다시 새롭다.
이익은 어떤 물건에 있는가. 반드시 논밭에 있으리라.
하는 일은 반드시 성공할 것이다.

4

재물도 몸도 왕성하니 집안이 화평하리라.
문서(文書)에 길함이 있으니 가히 많은 부를 쌓으리라.
만일 신병이 아니면 슬하에 액이 생길 것이다.

5

귀인이 와서 도와주니 반드시 기쁜 일이 있으리라.
밖으로 나가면 이익이 있으리니 반드시 횡재하리라.
만일 이와 같지 않으면 아내에게 근심이 생긴다.

6

꽃이 떨어지고 열매가 맺히니 자손이 영귀(榮貴)하리라.
만일 과거에 급제하지 않으면 반드시 재물을 얻게 된다.
항상 덕을 쌓으니 재난을 당하지 않는다.

7

길성(吉星)이 문을 비추니 반드시 태기(胎氣)가 있으리라.
부부가 화목하니 집에 기쁨이 가득하다.
다행히 귀인(貴人)을 만나니 꾀하는 일이 여의하리라.

8

심신(心神)이 편안하니 귀인을 만나게 되리라.
재물을 잃을 수 있으니 친구를 믿지 마라.
삼월 봄바람에 온갖 꽃들이 다투어 피어난다.

9

운수가 형통하니 하는 일마다 여의하리라.
만일 재물이 생기지 않으면 가인(佳人)을 만나
함께 기쁨을 누리리라.
혹 질병이 있거든 목성(木姓)을 가진 의사의 약을 써라.

10

명산(名山)에 들어가니 눈앞에 보이는 세계가 가히 딴 세계로다.
구설수가 따를 수 있으니 수성(水姓)과 사귀지 마라.
집에 있으면 마음이 심란해지니 남쪽으로 가라.

11

돛을 올리니 순풍이 불어와 하는 일을 쉽게 이루리라.

가도(家道)가 흥왕하니 태평하게 지내리라.

작은 것을 구하려다 큰 것을 얻으니 어찌 아니 좋겠는가.

12

유월 찌는 듯한 염천(炎天)에 단비를 만나니 이 얼마나 기쁜 일인가.

만일 관록(官祿)이 생기지 않으면 뜻밖의 횡재를 만나리라.

식록(食祿)이 풍성하니 이 밖에 또 무엇을 구하리요.

712   부달불성지의(不達不成之意)

용의 몸에 붙은 은비늘은 가히 눈부시나
정작 중요한 뿔은 미처 생기지 않았구나.
비록 어려움은 따르겠지만 하는 일을 마침내 성취하리라.
말을 타고 꽃들이 늘어서 있는 가도(佳道)를 달리니
그 의기가 하늘을 찌를 듯하다.

다행히 귀인(貴人)을 만나니 그 이름을 사방에 떨친다.
운수가 형통하니 반드시 성공하리라.
만일 영귀(榮貴)하지 않으면 소송과 구설로 시달리리라.

아름다운 인연을 만나니 일신이 영화로우리라.
시냇물이 쉬지 않고 졸졸 흐르니 반드시 바다에 도달하리라.
재주가 출중하니 그 공이 이웃에까지 미친다.

1
봄빛이 밝지 못하니 초목이 자라지 못한다.
동쪽에 해로움이 도사리니 동쪽에는 가지 마라.
남의 말을 믿지 마라. 말은 달지만 약속한 일을 어긴다.

2
어린 새가 날려고 하나 마음뿐 날개가 약해 날지 못한다.
금을 난로에 넣으니 마침내 그릇을 이룬다.
정성을 다해 노력하면 반드시 그에 대한 소득이 있을 것이다.

3
기지(基地)가 발동하니 이사하면 길하리라.
배를 타지 마라. 한번 물에 놀라게 된다.
목성(木姓)을 가까이하지 마라. 반드시 그 화를 당한다.

376

4

꾀하는 일은 처음엔 이루어질 것 같다가도 끝내 이루지 못한다.
천번이든 만번이든 참는 것이 최선이다.
항상 덕을 쌓으니 재화(災禍)가 스스로 물러간다.

5

사람을 해하고 이익을 취하면 도리어 그 화를 당하리라.
횡액수(橫厄數)가 있으니 여색을 탐하지 마라.
달이 구름 사이로 들어가니 그 빛을 볼 수 없다.

6

목성(木姓)이 불리하니 가까이하면 해를 입으리라.
심신(心神)이 불안하니 세상일이 뜬구름 같다.
이(李)가 김(金)가 두 성씨와 함께 일을 꾀하면 불리하리라.

7

재운(財運)이 공허로우니 재물을 얻기 힘들다.
집에 있으면 마음이 심란하고 밖으로 나가면 한가로우리라.
시운(時運)이 불길하니 해를 끼치는 사람이 떠나지 않는다.

8

청조(靑鳥)가 기쁜 소식을 전하니 반드시 좋은 일이 있을 것이다.
만일 횡재를 하지 않으면 반드시 새로 혼인할 것이다.
재록(財祿)이 흥왕하니 집안이 태평하리라.

9

집안 사람이 서로 다투니 심신(心神)이 불편하다.
비록 재물은 생기나 도리어 더 많이 잃게 될 것이다.
동서로 분주하게 뛰어다니나 수고만 하고 공은 얻지 못한다.

10

남으로 인하여 성공하게 되니 반드시 명성과 이익을 얻을 것이다.
달 밝은 사창(紗窓)에 기대어 한가로이 자연을 즐긴다.
만일 화성(火姓)을 가까이하면 공연히 재물을 잃게 될 것이다.

11 모든 일에 꾀가 없으니 뜻을 이루지 못한다.
집에 작은 근심이 떠나지 않으니
생활하는 데 항상 불안이 그치지 않는다.
나가고 들어감을 제대로 알지 못하니
마음이 심란하고 결국 일을 그르치게 된다.

12 밖으로 나가면 불리하니 옛것을 지키며 안정을 취하라.
시비를 가까이하지 마라. 구설과 송사(訟事)가 뒤따른다.
이후부터는 필연 경사가 있으리라.

진행구득지의(進行求得之意)

용과 범이 꿈틀거리니 바람과 구름이 모여든다.
기쁘게도 천리타향에서 우연히 친구를 만나게 된다.
금성(金星)이 몸을 비추니 재물을 구하면 여의(如意)하리라.

꾀하는 일은 반드시 성사되리라.
금년의 운수는 겉은 빈(貧)하나 안은 부(富)하다.
집안 사람이 화목하니 가정이 태평하리라.

동풍이 불어오니 버들가지에 푸릇하게 싹이 돋아난다.
길을 가는데 갈수록 아름다운 절경이 더한다.
사람의 도움으로 일을 이루니 천금이 저절로 들어온다.

1

우물을 파서 물을 얻고 흙을 쌓아 산을 이루니
이는 모두 노력의 공이다.
정성이 지극하면 모든 일을 이루리라.
창문 앞에 매화가 때를 만나 활짝 만개하였도다.

2

꾀하는 일이 여의하니 도처에 재물이 널려 있다.
만일 재물을 얻지 못하면 반드시 혼인하게 될 수다.
만일 이와 같지 않으면 슬하에 경사가 생긴다.

3

공을 세우고 명성을 얻거나 아니면 가히 큰 재물을 얻으리라.
길한 사람은 하늘이 도우니 횡재를 만날 수다.
명령(命令)에 권위가 있으니 도처에서 춘풍이 불어온다.

4

음양이 화합하니 만물이 빛이 난다.

가운(家運)이 왕성하니 액운이 스스로 물러가리라.

재물이 동쪽에 있으니 반드시 큰 재물을 얻는다.

5

오월과 유월에는 모든 일이 여의하리라.

봄동산에 피어 있는 복숭아나무에 나비와 벌이 날아와

그 향기를 탐한다.

뜻밖에 성공하니 공을 세우고 명성을 얻으리라.

6

가정이 평화로우니 복록(福祿)이 저절로 쌓인다.

동쪽에 재물이 왕성하니 우연히 재물을 얻게 되리라.

서남 양방향의 논밭에 이익이 있다.

7

서쪽에서 온 사람으로 인해 재물을 잃게 될 것이다.

금성(金姓)을 가까이하지 마라. 재물을 잃게 될 것이다.

눈 속에서 죽순(竹筍)을 구하니 하늘이 낸 효자로다.

8

재물운은 비록 길하나 신상에 근심이 있다.

봉황이 상서(祥瑞)를 드리니 늦게 빛이 난다.

만일 관록(官祿)이 아니면 슬하에 영화가 있으리라.

9

동방의 귀인이 우연히 와서 도와준다.

길한 방향은 어디인가. 남쪽임을 알게 되리라.

처음엔 큰 재물을 얻지만 다시 잃게 되는구나.

10

지금에야 겨우 길운이 돌아오니 반드시 경사가 있으리라.

멀리 나가면 길하고 사방에 다 해(害)가 없다.

시비를 가까이하지 마라. 구설이 뒤따른다.

11

동짓달과 섣달에는 반드시 경사가 있으리라.
만일 해상(海商)을 만나면 우연히 재물을 얻게 된다.
정성을 다해 노력하면 시종 길하리라.

12

소가 풀을 만난 격이니 식록(食祿)이 끊이지 않는다.
춘풍삼월에 방초(芳草)가 가히 아름답다.
모든 일이 여의하니 이 밖에 또 무엇을 바랄까.

음양이 화합하니 만물이 생성한다.
명성이 높고 권리가 있으니 만사형통하리라.
은인이 항상 도우니 많은 논밭을 장만하리라.

역마(驛馬)가 문에 이르니 밖으로 나가면 성공한다.
하는 일마다 여의(如意)하니 편한 운수로다.
항상 덕을 베푸니 복록(福祿)이 저절로 들어오리라.

깊은 못에서 학이 우니 그 우는 소리가 하늘까지 들린다.
뿌리를 북돋워주니 가지와 잎이 무성해짐은 자연의 이치다.
굶주린 자가 밥을 얻고 마른 나무가 봄을 만난다.

1

산 그림자가 강에 기우니 고기가 마치 산 위에서 노니는 것 같다.
음양이 화합하니 만사가 여의하리라.
꾀하는 일을 쉽게 이루니 그 의기가 양양하다.

2

벼슬로 인해 재물을 얻으니 집안이 화기(和氣)로우리라.
만일 재물을 얻지 않으면 필시 득남하게 된다.
힘든 일을 참고 견디면 좋은 일이 닥치니
점점 가경(佳境)에 접어들게 되리라.

3

남과 함께 일을 꾀하면 도리어 허황하리라.
바라는 일이 필시 낭패를 보게 된다.
재물운이 공허로우니 재물을 잃을 수다.

4

길성이 문을 비추니 반드시 성공하리라.
작은 것으로 큰 것을 얻으니 반드시 재물이 풍성해진다.
티끌을 모아 태산을 이루니 재물이 풍족하리라.

5

순풍에 돛을 올리니 배가 나는 새와 같이 빠르게 가는구나.
모든 일을 급히 도모하라. 더디면 더딜수록 불리하다.
녹음이 짙은 가지 위에서 황조(黃鳥)가 노래한다.

6

밖으로 나가지 마라. 질병이 따를까 두렵다.
온 들에 풍년이 드니 곡식이 풍성하다.
재물이 따르니 인구도 더 늘어나리라.

7

운수가 대길하니 이는 하늘이 준 복이라.
가정이 안락하니 만사가 태평하리라.
재성(財星)이 도우니 구하면 반드시 얻는다.

8

재물운이 왕성하니 우연히 재물을 얻으리라.
서쪽에서 오는 사람이 우연히 해를 끼친다.
매화 가지 하나가 홀로 봄빛을 띠었도다.

9

빈 골짜기에 봄이 돌아오니 풀과 꽃이 만발하였다.
만일 목성(木姓)을 만나면 생색(生色)이 다섯 배나 되리라.
동쪽에 가지 마라. 반드시 곤욕을 치른다.

10

높은 산에 서 있는 송백(松栢)이여, 그 빛 청청하도다.
유월 염천(炎天) 하늘에 기쁘게도 단비가 내린다.
처자에게 근심이 있으니 마음을 상하지 않도록 하라.

11 해가 중천에 떠오르니 천지가 다시 환해진다.
식구도 늘고 토지도 느니 가도(家道)가 중흥하리라.
재물을 잃을 수가 있으니 도둑을 조심하라.

12 신상에 근심이 없으니 가히 신선과 같다.
비록 재물을 얻을 수는 있으나 다시 많이 나간다.
매사에 꾀를 내니 하는 일마다 여의하리라.

한낮이 다 가도록 결단을 내리지 못하니 좋은 일에 마가 많이 끼리라.
연운(年運)이 불리하니 길한 가운데 흉이 있으리라.
재수(財數)는 적게 얻고 많이 잃을 수다.

그 마음은 정직하나 돕는 자가 적다.
집에 우환이 있으니 마음을 정하기 어렵다.
금년의 운수로는, 다른 일을 꾀하면 손해를 볼 것이다.

짙은 꽃향기 사이로 벌과 나비 노니는 정원에 들어서나 오래 머물지는 못한다.
때가 되면 철이 바뀌듯 공을 세운 사람에게는 자연히 그 공이 돌아가리라.
나그네 묵은 방에 등불이 차니 심란한 마음 달랠 길 없다.

1
행하려 해도 이루지 못하니 수고를 해도 도무지 공이 없다.
일이 여의치 못하니 하나도 성공하지 못한다.
친구를 믿지 마라. 재물을 잃을까 두렵다.

2
한가한 곳을 찾아가 살면 바람과 먼지가 침노하지 않는다.
정성을 다해 하늘에 기도하면 반드시 성공하리라.
만일 수성(水姓)을 만나면 필히 해를 입는다.

3
사슴을 피하려다 범을 만나니 도리어 흉화(凶禍)가 되리라.
친구를 믿지 마라.
겉으로는 웃고 있지만 마음 속에는 칼을 품고 있다.
만일 수성(水姓)을 만나게 되면 필히 해가 따르리라.

4

분주하여 쉴 틈이 없으니 한가로이 지내는 법을 잊었구나.
작은 것을 구하려다 큰 것을 잃으니 앙천대소(仰天大笑)로다.
상가(喪家)에 가까이 가지 마라. 질병을 얻을까 두렵다.

5

사람마다 마음이 각각이니 하는 일이 마음과 같지 않다.
북쪽에 해(害)가 있으니 출입하지 마라.
액은 가고 병은 사라지나 꾀하는 일을 이루지 못하리라.

6

한 번 기쁘고 한 번 슬프니 기쁨과 근심이 교차하리라.
만일 횡재하지 않으면 필히 득남할 수다.
목성(木姓)을 가까이하지 마라.
재물을 잃고 구설로 시달리게 되리라.

7

술집에 가지 마라. 반드시 재물을 잃게 된다.
하는 일마다 패하니 도처에서 손해를 본다.
서쪽 사람과 가깝게 지내지 마라.
말은 그럴듯하게 하나 약속을 어긴다.

8

재물이 우연히 집안으로 들어온다.
동으로 달리고 서로 달리니 필연 분주할 수다.
시비를 가까이하지 마라. 구설을 면하지 못하리라.

9

작은 풀은 봄을 만났고 연꽃은 가을을 만났도다.
만일 경사가 있지 않으면 천금을 얻게 되리라.
일을 하는데 그 끝을 맺지 못하니 고달픔을 어찌하랴.

10

산새가 집을 잃고 공연히 중천을 날아다닌다.
가정이 불안한데 다시 풍파가 몰아친다.
목성(木姓)을 가까이하면 재물을 잃고 구설에 시달리리라.

11 문 밖을 나서면 불리하니 차라리 집에 있느니만 못하리라.
송사(訟事)에 끼여들지 마라. 손실만 당하고 이익은 없으리라.
만일 질병에 걸리지 않으면 재물을 잃게 될까 두렵다.

12 옛것을 버리고 새것을 좇으니 반드시 길한 일이 있으리라.
가만히 있으면 불리하고 움직이면 이익을 얻을 수 있다.
큰 재물은 바라기 어려우나 작은 재물은 능히 얻으리라.

한번 창파(滄波)를 건넜으나 뒤에 다시 나루가 나오니 이를 어찌할까.
살아갈 길은 갈수록 더욱 험하기만 하다.
일을 끝맺지 못하는 경우가 많으니 마음 속에 번민이 떠나질 않는다.

집에 어진 아내가 있으면 큰 화가 침노하지 못한다.
일신이 힘드니 귀인(貴人)이 와서 도와주리라.
비록 몸은 고단하지만 늦게 어진 이를 만나리라.

이슬이 연잎에 초롱히 매달려 있고 둥글게 퍼져가는 뭉게구름 한가롭구나.
동서 양편 언덕에 연기가 피어오르듯 꽃들이 다투어 피어난다.
하는 일이 마음에 맞지 않으니 재물을 모으지 못한다.

1
몸은 동쪽에서 왕성하고 재물은 남쪽에서 왕성하리라.
귀인이 도와주니 반드시 많은 재물을 얻게 된다.
흉한 중에 길함이 있으니 손해를 입은 자가 도리어 이익을 취하리라.

2
돌을 쪼아 옥을 얻고 우물을 파서 물을 얻는다.
만일 성공하지 못하면 도리어 손해를 볼 수다.
때를 잃으면 한탄하게 되리라.

3
삼월과 사월 두 달에는 기쁨과 근심이 서로 뒤섞인다.
만일 우환이 따르지 않으면
다른 사람의 도움을 받아 재물을 얻으리라.
시비를 가까이하지 마라. 관액(官厄)이 따르리라.

4

기쁨 중에 근심이 있으니 한번은 눈물을 흘리리라.
인연이 길하여 꽃다운 여인을 만난다.
서로 다투지 마라. 시비와 구설이 뒤따른다.

5

서쪽 사람과 가까이 지내지 마라.
재물을 둘러싸고 마음을 상하게 된다.
만일 이와 같지 않으면 반드시 구설이 뒤따르리라.
동방의 귀인이 뜻밖에 도움을 준다.

6

허욕을 부리지 마라. 관재(官災)가 따를까 두렵다.
화성(火姓)을 가까이하지 마라. 무관한 일로 비방을 듣게 된다.
남쪽에 가지 마라. 횡액(橫厄)이 따를까 두렵다.

7

귀인을 만나면 뜻밖에 성공을 거두리라.
토성(土姓)이 해로우니 해(害)만 있고 도무지 이익이 없다.
만일 재물을 잃지 않으면 해가 따르리라.

8

뜰 앞에 청초히 피어난 난초여, 그 향기 가히 부드럽구나.
재물과 이익이 항상 따르니 이름을 사해(四海)에 떨치리라.
재물이 풍부하고 몸이 편안하니 이 밖에 또 무엇을 바랄까.

9

귀인을 만나지 못하니 하는 일을 끝맺지 못한다.
서쪽에 가까이 가지 마라. 재물을 잃고 불리한 일을 당하리라.
결단을 내리고자 하다가 이루지 못하니 마음만 상하게 된다.

10

혹 아내에게 근심이 생길 수 있으나 신상에는 해가 없다.
집에 경사가 있으니 이는 곧 자손을 볼 경사라.
주색을 가까이하지 마라. 혹 횡액이 따르리라.

11 청산의 송백(松栢)이여, 그 푸른 절개 가히 눈부시다.
정성을 들여 노력을 하니 반드시 성공하리라.
미리 치성을 드려라. 혹 질병이 따를 수 있다.

12 바위 위의 푸른 소나무가 울창하고 청청하다.
운수가 형통하니 좋은 사람을 만나게 되리라.
금년에는 상업을 하면 불리하다.

유통달지의(有通達之意)

제성(帝城)을 두루 돌아다니니 천 개의 문이 열린다.
길성(吉星)이 몸을 비추니 반드시 과거에 급제하리라.
뜻밖에 성공을 거두니 많은 사람들이 칭송한다.

금년에는 관록(官祿)이 많이 쌓일 운수다.
봄바람이 화창하니 온갖 꽃들이 봄을 즐기도다.
운수가 형통하니 모든 일이 뜻대로 풀린다.

장안에 삼월이 돌아오니 봄빛이 마치 비단과 같다.
양을 소와 바꾸니 그 득실을 가히 알 수 있다.
우연히 서쪽으로 가니 뜻밖에 횡재를 하게 되리라.

1

고국에 봄이 돌아오니 온갖 꽃들이 만발하였다.
재록(財祿)이 풍만하니 모든 일을 쉽게 이루리라.
가정에 경사가 생기고 소망이 여의(如意)하리라.

2

길성이 도우니 공을 세우고 명성을 얻으리라.
동남 양방향에서 귀인이 찾아와 도와준다.
하늘이 돕고 신이 도우니 반드시 기쁜 일이 생기리라.

3

만일 관록이 아니면 장삿길에서 재물을 얻는다.
재수(財數)가 형통하니 날로 천금을 더하리라.
하루 아침에 공을 세우고 명성을 얻으니
금옥(金玉)이 집안에 가득하리라.

4 성심으로 치성을 드리고 움직이면 허물이 생기지 않는다.
만일 재물을 얻지 못하면 도리어 화를 당하리라.
금성(金姓)이 해를 끼치니 많은 재물을 잃으리라.

5 집을 지키면 길하고 멀리 나가면 흉하리라.
동남 양방향으로 출행(出行)하면 불리하다.
만일 귀인을 만나면 임금의 은혜를 얻으리라.

6 모든 시냇물이 바다로 흘러들어가니
작은 것을 쌓아 큰 것을 이루리라.
뜻밖에 귀인이 와서 도와준다.
만일 직업을 바꾸지 않으면 한때 곤란을 당한다.

7 보고도 먹지 못하니 좋은 일에 마가 많으리라.
둥지 하나를 두고 두 새가 다투니 그 승부를 누가 알겠는가.
비밀스러운 일의 내용을 그 누가 알겠는가.

8 여자를 가까이하면 구설을 면치 못한다.
만일 관록이 따르지 않으면 득남하는 경사가 있다.
화성(火姓)을 가까이하지 마라. 반드시 그 해를 입는다.

9 뜰에 꽃이 떨어지고 봄이 가버렸으니 벌과 나비가 오지 않는구나.
구하여도 얻지 못하니 욕심을 부리지 말고
분수를 지키며 지내는 것이 가장 좋다.
만일 망령되게 행동하면 유익함이 없고 후회만 하게 되리라.

10 꽃이 떨어져도 열매가 열리지 않으니
형상만 있고 그림자가 없는 격이로다.
처음엔 흉하나 나중에 길하니 복록(福祿)이 저절로 들어온다.

만일 이사를 하지 않으면 한번은 멀리 나가리라.

11

뜻밖의 재물이 집안으로 들어온다.
농사나 장사가 길하니 반드시 재물을 얻으리라.
만일 구설이 아니면 혹 관재수가 있을 수 있다.

12

모든 일을 조심해서 하라. 신상이 위태로우리라.
친한 사람을 믿지 마라. 은혜가 도리어 원수가 된다.
서쪽에 가지 마라. 우연히 원수를 만나게 되리라.

유권위지상(有權威之象)

우레소리가 천지에 진동하니 만인이 놀란다.
도덕과 문장으로 입신양명(立身揚名)하리라.
재성(財星)이 비추니 재백(財帛)이 끊이지 않으리라.

지모(智謀)가 다 있으니 남아가 그 의기를 얻었도다.
자손이 영화로우니 복록(福祿)이 끊이지 않으리라.
그대의 운수는 공을 세우고 명성을 드높일 수로다.

범을 향해 화살 다섯 발을 쏘아 모두 명중시킨다.
물 속에 있던 옥이 세상에 나오니 가히 그 뜻을 이루리라.
노련한 석공이 옥을 쪼아 아름다운 그릇을 만든다.

1
화(禍)가 사라지고 복(福)이 돌아오니 마침내 만사가 형통하리라.
미리 치성을 드리면 흉화가 저절로 사라진다.
남쪽 사람이 우연히 와서 도와주리라.

2
이사를 하면 반드시 길한 일이 있을 것이다.
비리를 탐내지 마라. 그러면 반드시 큰 재물을 얻으리라.
만일 재물을 얻지 못하면 반드시 아름다운 여인을 만날 수다.

3
다른 사람과 함께 꾀하는 일은 필연 불리하리라.
위아래 사람이 불화하니 악한 사람을 조심하라.
서쪽에 재물이 있으니 억지로 구하면 조금 얻을 수 있다.

4
경솔하게 말하지 마라. 좋은 일에 해가 있으리라.
재물을 잃을 수가 있으니 북쪽에는 가까이 가지 마라.

만일 재물이 생기지 않으면 반드시 혼인할 수다.

5

잘 다스려 미리 막지 못하면 집안에 큰 액이 생기리라.
악귀가 해를 끼치니 송사(訟事)와 구설이 따른다.
친한 사람을 가까이하지 마라. 길한 중에 흉함이 있으리라.

6

금성(金姓)이 해로우니 가까이하지 말고 멀리하라.
망령되게 행동하지 마라. 꾀하는 일이 불리하리라.
속히 하고자 하나 이루지 못하니 이를 어찌할까.

7

흉한 것이 다 사라지고 복이 돌아오니 집안이 화평하리라.
소망이 여의(如意)하니 필시 집안을 일으키리라.
집에 있으면 이익이 없으니 문 밖으로 나가 구하라.

8

화성(火姓)이 불리하니 삼가 상종하지 마라.
횡액수가 있으나 기도하면 가히 이 수를 면하리라.
이 달의 운수는 흉은 많고 길은 적다.

9

오랜 가뭄에 단비가 내리니 초목이 푸른빛을 띠는구나.
다행히 길운을 만나니 명성을 얻고 이익을 취하리라.
작은 것을 구하다 큰 것을 얻으니 집안에 기쁨이 가득하리라.

10

다행히 귀인(貴人)을 만나니 반드시 공을 세우고 명성을 얻는다.
만일 과거에 급제하지 않으면 필연 큰 재물을 얻을 수다.
재물이 길 가운데 있으니 출행(出行)하면 가히 얻으리라.

11

옛것을 지키고 안정을 취하라. 망령되게 행동하면 패하리라.
만일 구설이 아니면 관재가 따를까 두렵다.
처음엔 잃어도 나중에 다시 얻으니 일이 안전하리라.

12 모든 일이 여의하니 괴로움이 다하고 즐거운 일이 생기리라.
친한 사람을 가까이하지 마라.
베푼 은혜가 도리어 원수가 되어 돌아온다.
여색을 가까이하지 마라. 반드시 재물을 잃게 될 것이다.

유변화지상(有變化之象)

고기가 용으로 변하니 그 조화가 무궁하다.
맑은 강에 물이 가득 차니 고기가 깊은 물에서 논다.
삼춘(三春)의 운수는 반드시 기쁜 일이 생기리라.

여름 석 달 운수는 소망이 여의(如意)하다.
가을 석 달 운수는 식록(食祿)이 끊이지 않는다.
남과 일을 함께 꾸미면 거스르는 일이 많으리라.

구름 속의 용과 바람 속의 범이 각각 그 유(類)를 쫓는다.
성 마루에 봄이 오니 온갖 꽃이 피어난다.
쌍을 이룬 흰 갈매기가 스스로 가고 스스로 온다.

1
청룡이 구슬을 얻었으니 반드시 경사가 있으리라.
명령에 권위가 있으니 필시 고관(高官)이다.
머리에 계화(桂花)를 꽂고 관문에 출입하리라.

2
신수(身數)가 대길하고 재수(財數)가 흥왕하리라.
꽃이 떨어지고 열매가 맺히니 반드시 득남하리라.
귀인이 항상 도와주니 재물이 산같이 쌓인다.

3
뜻밖에 성공을 거두니 가도(家道)가 흥왕하리라.
만일 영귀(榮貴)하지 않으면 가히 천금을 얻으리라.
도가 높고 이름이 이로우니
그 명성을 사해(四海)에 떨치리라.

4

도처에 권리가 있으니 어진 소리가 멀리 달아난다.
소송을 걸지 마라. 구설로 불리해지리라.
토성(土姓)이 불리하니 가까이하지 마라.

5

앞뜰의 복숭아나무가 봄을 맞아 화창하게 꽃을 피운다.
곳간에 오곡이 가득하니 식록이 끊이지 않으리라.
재성(財星)이 몸을 비추니 꾀하는 일이 여의하리라.

6

고기와 용이 물을 만나니 반드시 경사가 뒤따른다.
집안 사람이 화목하니 소원을 성취하리라.
운수가 형통하니 모든 일을 이룬다.

7

천신(天神)이 도우니 수복(壽福)이 끊이지 않는다.
재물은 남쪽에서 왕성하고 논밭에 이익이 있다.
동서 양방향에서 반드시 기쁜 일이 생기리라.

8

도처에 춘풍이 부니 재물도 있고 권리도 얻으리라.
우물 안의 고기가 바다로 나가니 의기가 양양하다.
신수는 대길하나 혹 아내에게 근심이 있을 수 있다.

9

만일 과거에 급제하지 않으면 슬하에 영화가 있으리라.
귀인이 와서 도와주니 공을 세우고 명성을 얻게 된다.
이와 같지 않으면 복제(服制)를 면하기 어렵다.

10

논밭에 온갖 곡식이 열매를 맺었구나.
입신양명하니 하는 일마다 여의하리라.
가도(家道)가 왕성하니 명성을 사해에 떨치리라.

11

수산물로 반드시 큰 재물을 얻게 된다.

때를 잃으면 도리어 손해를 본다.

재물운이 트이니 마침내 천금을 얻으리라.

12

창 밖에 열린 붉은 복숭아가 때를 만나니 그 빛깔이 가히 새롭다.

십년 동안 열심히 일한 것은 하루의 영화를 위해서다.

재물이 왕성하고 자손에게 영화가 있으리라.

말 여섯 필이 뒤섞여 달리니 남아가 가히 그 뜻을 얻는다.
근면하게 노력한 덕분에 반드시 공을 세우고 명성을 얻으리라.
한 번은 경사가 있고 한 번은 근심이 생기리라.

집 안에 있으면 마음이 심란하고 다른 곳으로 나가면 거슬리는 일이 많다.
푸른 강가에 풀이 파릇하게 돋으니 소가 성한 풀을 만난다.
봄바람이 불어 꽃들을 어우르니 온갖 꽃이 만발한다.

금관과 옥대를 두르고 봉궐(鳳闕)을 향해 절을 하게 되리라.
옥수지란(玉樹芝蘭)이 한 곳에서 공생한다.
해가 중천에 떠오르면 머잖아 기울고 달도 차면 스러지기 마련이다.

1
동풍이 불고 가는 비가 내리니 복숭아꽃이 미소를 짓는다.
봄이 화창하고 날이 따뜻하니 만물이 생성한다.
다행히 은인을 만나면 재록(財祿)이 곳간에 가득하리라.

2
봄이 되어 꽃이 피어나니 가히 공을 세우고 명성을 얻으리라.
만일 과거에 급제하지 않으면 슬하에 경사가 생긴다.
기쁜 소식을 접하니 반드시 인연을 만나리라.

3
때에 맞춰 비가 내리니 초목이 무성하다.
근면하게 노력하였으니 뜻밖의 성공을 거두리라.
재물이 서쪽에 있으니 구하면 얻으리라.

4
마른 용이 물을 마시니 기쁜 일이 많다.
가정이 안락하니 가산(家産)이 불어나리라.

집안에 경사가 있으니 반드시 성공하리라.

5

신령이 도우니 관록(官祿)이 따르리라.
가운(家運)이 크게 통하니 하는 일마다 형통하리라.
모든 일을 잘 처리하면 반드시 성공할 것이다.

6

하늘이 돕고 신이 도우니 하는 일이 성사된다.
파도가 잠잠하고 순풍이 불어오니 배가 순탄하게 나아간다.
모든 일을 속히 도모하라. 늦으면 늦을수록 불리하다.

7

봉(鳳)이 새끼를 데리고 가니 그 소리가 화락(和樂)하다.
만일 관록이 아니면 자손이 영귀(榮貴)하게 되리라.
구름이 피어오르니 계화(桂花)가 피고자 한다.

8

산같이 덕을 쌓으니 큰 복이 저절로 들어온다.
부귀를 함께 누리니 그 이름을 사해(四海)에 떨친다.
재록이 끊이지 않으니 기쁜 일이 많으리라.

9

문을 열고 복을 들이니 좋은 일을 더하리라.
동남 양방향의 논밭에서 이익을 얻는다.
착한 일을 하고 악한 것은 피하니
복록(福祿)이 항상 왕성하리라.

10

구하지 않아도 저절로 황제의 은혜를 받아
금관과 옥대를 얻으리라.
도처에 재물이 널려 있으니 도(道)가 높아지고 이름이 이롭게 된다.
신수가 대길하니 공을 세우고 명성을 얻으리라.

11

동짓달과 섣달에는 은인이 와서 도와준다.
꾀하는 일의 성패는 사람에게 달려 있으니 늦게 취하면 얻으리라.
몸이 꽃 사이에 있으니 나비가 향기를 탐하며 노는 것 같다.

12

때를 알아 단비가 내리니 온갖 곡식이 풍성하다.
한 번은 복제(服制)를 당하고 한 번은 경사가 있으리라.
남의 도움으로 일을 성사시키니 반드시 집안을 일으키리라.

앞길을 일찍 판단하니 영귀(榮貴)할 때가 있다.

강에 가서 고기를 구하니 마침내 많은 고기를 얻으리라.

땅을 파서 금을 얻으니 처음엔 힘들어도 나중엔 형통하리라.

삼월의 복숭아나무요 구월의 황국(黃菊)이라.

영귀함을 얻을 때가 있으니 때를 기다려 움직여라.

금년의 운수는 자연히 복을 얻으리라.

청풍명월(淸風明月)은 내가 주인이다.

형제가 서로 화락하고 자손이 끊기지 않는다.

동쪽 뜰의 복숭아나무가 화창하게 꽃을 피웠으나

이는 한갓 일장춘몽(一場春夢)이리라.

1

길성(吉星)이 몸을 비추니 귀인이 와서 도와주리라.

신수가 대길하니 재록(財祿)이 왕성하다.

서남 양방향에서 반드시 재물이 왕성하리라.

2

훈훈한 봄바람과 밝은 달빛이 이르는 곳마다 꽃들이 활짝 피어난다.

관록(官祿)에 이로움이 있으니 작은 것으로 큰 것을 이루리라.

재물과 곡식이 곳간에 가득 차니 태평하다.

3

천신(天神)이 돌보니 일신이 영귀하리라.

동산에 꽃이 가득 피어나니 벌과 나비가 날아와 기뻐한다.

친한 사람을 가까이하지 마라. 혹 구설이 따르리라.

4

재성(財星)이 비추니 반드시 큰 재물을 얻으리라.

미리 도액(度厄)하라. 혹 구설이 따를까 두렵다.

금풍(金風)이 불어오니 금빛 국화가 가득 피어난다.

5

일신이 고명(高名)하니 영화가 가득하리라.

남쪽으로 가면 마땅히 큰 재물을 얻을 수 있다.

대명중천(大明中天)에 금옥이 집안에 가득 차리라.

6

미리 도액하라. 질병이 따를까 두렵다.

주색을 가까이하지 마라. 재물을 잃고 명예가 손상되리라.

목성(木姓)을 가까이하지 마라. 재물을 잃고 놀라게 된다.

7

귀인이 서로 도와주니 날로 천금을 더하리라.

모든 일이 여의하니 재백(財帛)이 끊이지 않는다.

덕을 쌓은 집에는 반드시 좋은 일이 있을 것이다.

8

청룡이 하늘로 오르니 그 조화가 무궁하다.

하는 일마다 형통하니 이 밖에 또 무엇을 바라리요.

복록(福祿)이 따르니 세상일이 태평스럽다.

9

도덕이 함께하니 반드시 행복하리라.

논밭에 재물이 왕성하니 서쪽에 가서 구하라.

녹음방초(綠陰芳草)가 만개한 꽃보다 낫다.

10

용이 밝은 구슬을 얻으니 하는 일마다 여의(如意)하다.

목성(木姓)을 조심하라. 손실만 당하고 이익은 없으리라.

남의 말을 믿지 마라. 말만 있고 하는 일은 어긴다.

11

만일 혼인하지 않으면 반드시 귀한 자식을 얻으리라.

외재(外財)를 탐내지 마라. 반드시 허황되리라.

도둑을 조심하라. 재물을 잃을까 두렵다.

12

사람의 도움을 받아 일을 이루니 재리(財利)를 얻으리라.

만일 직업을 고치면 새 직업을 갖기 어렵다.

목성(木姓)과 친하게 지내지 마라. 반드시 실패하리라.

선길후흉지의(先吉後凶之意)

이른 아침 길을 떠나는데 여자옷이 웬일인가.
만일 구설이 따르지 않으면 집안에 근심이 생기리라.
재운(財運)이 길하니 외부의 재물이 집안으로 들어오리라.

금년의 운수는 반드시 재물이 왕성할 수다.
삼춘(三春)의 운수는 별로 좋은 일이 없으리라.
남을 속이면 도리어 자신이 그 해를 입는다.

우레가 비를 부르니 초목이 푸릇하게 자라난다.
재수는 흠이 없으나 작은 신액(身厄)이 따른다.
석 달 동안 가무니 들에 푸른 풀이 하나도 없다.

1

길을 가던 나그네가 청산에서 길을 잃으니
한 치 앞도 구분하지 못하고 방황하는구나.
자손에게 병이 있으니 심신(心神)이 불안하다.
만일 관재(官災)가 아니면 구설이 따르리라.

2

깊은 산에 사월이 찾아왔지만 아직도 봄빛을 볼 수가 없다.
운수가 불길하니 옛것을 지키고 안정을 취하라.
속히 하고자 하나 이루지 못한다.

3

비밀스러운 일은 다른 사람에게 발설하지 마라.
집에 불평이 있으니 집안 사람이 서로 헤어진다.
친한 사람을 멀리하라. 친하게 지내면 도리어 허황하리라.

4

몸이 외지에서 노니 어느 때에나 고향에 돌아갈까.

행실을 조심하고 분수를 지켜라. 길한 가운데 화(禍)가 있으리라.

재성(財星)이 몸을 비추니 마침내 재리(財利)를 얻으리라.

5

다른 사람의 말을 듣지 마라. 손해를 면하기 어려우리라.

신운(身運)이 불리하니 큰 액이 따를까 두렵다.

편안한 중에 액이 끼었으니 모든 일을 조심해서 하라.

6

멀리 있는 것을 구하려다 가까운 것을 잃으니

마침내 소망을 이루지 못하리라.

만일 재물을 잃지 않으면 상처(喪妻)할 수다.

남산(南山)에 치성을 드리면 가히 이 수를 면할 수 있다.

7

서북 양방향에는 출행(出行)하지 마라.

산에 올라가 고기를 구하니 노력을 해도 끝내 얻지 못하리라.

사방(四方) 가운데 동남쪽이 길하리라.

8

만일 복제(服制)를 당하지 않으면 재물을 잃게 된다.

수귀(水鬼)가 문을 엿보니 강을 건너지 마라.

모든 일을 이루지 못하니 수심이 가득하다.

9

악귀가 해를 끼치니 꾀하는 일을 이루지 못하리라.

집안이 불안하니 슬하에 액이 생길까 두렵다.

마음이 산란하니 세상일이 꿈속 같다.

10

서쪽 하늘에 해가 지니 산새가 길을 잃었구나.

재물을 잃을 수가 있으니 도둑을 조심하라.

움직이면 해로우니 차라리 집에 있느니만 못하다.

11

운수가 불길하니 노고(勞苦)를 면하기 어렵다.

목성(木姓)이 불리하니 가까이하지 마라.

친한 사람을 멀리하라. 우연히 해를 끼친다.

12

행실을 바로 하고 집안을 잘 다스리면

화가 도리어 복으로 변하리라.

집을 짓지 마라. 불리할 수다.

목성(木姓)을 조심하라. 뜻밖의 해를 당하리라.

사흘 걸리는 길을 단 하루 만에 간다.

허욕을 부리지 마라. 일이 마음과 같지 않게 많이 어긋난다.

만일 귀인을 만나면 꾀하는 일을 쉽게 이루리라.

빈 골짜기에 봄이 오니 수목이 빽빽하게 들어찬다.

처음엔 비록 힘이 드나 나중엔 빛을 보리라.

금년의 운수는 분주할 수다.

곤륜산(崑崙山)에 불이 나니 옥과 돌이 함께 탄다.

화살에 상처를 입었던 새는 굽은 나뭇가지만 봐도 놀란다.

양을 얻고 소를 잃으니 무슨 이익이 될까.

1

나루에 나가도 배가 없으니

속히 하려 하나 이루지 못한다.

분수 밖의 것을 삼가고 행하지 마라.

될 것 같다가 되지 않으니 공연히 마음만 상한다.

2

어떤 일도 여의치 않으니 재물을 구한들 무에 유익하리요.

동남 양방향으로 출행(出行)하면 불리하리라.

재물을 구하려면 마땅히 서쪽으로 가라.

3

말을 조심해서 하라. 망령되게 말하면 해를 당하리라.

시비를 가까이하지 마라. 관액(官厄)이 따를까 두렵다.

금성(金姓)을 가까이하지 마라. 재물을 잃게 되리라.

4

고기와 용이 물을 얻으니 반드시 경사가 생기리라.
만일 관록(官祿)이 아니면 횡재를 만날 수다.
모든 일이 여의하고 특히 서쪽에 길함이 있다.

5

신수가 대길하니 기쁜 일이 많으리라.
만일 공을 세우고 명성을 얻지 않으면
반드시 귀한 자식을 얻으리라.
분수를 지키며 한가롭게 살면 도(道)의 맛도 점점 깊어지리라.

6

일이 여의치 못하니 공연히 한탄만 하게 된다.
분주하게 동으로 달리고 서로 달리나 소득은 별로 없다.
여색을 가까이하지 마라. 일이 불리해지리라.

7

만리 먼 길에 갈수록 태산이다.
선을 취하고 악을 멀리해도 신상에 근심이 생긴다.
부서진 집안을 고치니 뒤늦게 빛이 난다.

8

주색을 가까이하지 마라. 재물에 불리하리라.
세월은 기다리지 않고 흘러가니 모든 일을 속히 도모하라.
남쪽에 재물이 있으니 구하면 얻으리라.

9

하는 일마다 형통하며 이익이 서쪽에 있다.
혹 아내에게 근심이 생길 수 있으니 미리 도액(度厄)하라.
봄바람이 이르는 곳에 만물이 회생한다.

10

만일 관록이 아니면 토지를 더하게 된다.
귀인이 서로 도우니 재록(財祿)이 끊이지 않으리라.
옛것을 버리고 새것을 좇으니 작은 것으로 큰 것을 이룬다.

11 근면하게 노력하니 뜻밖의 성공을 거두리라.
허욕을 부리지 마라. 도리어 불리해진다.
멀리 나가면 불리하고 집에 있으면 길하리라.

12 재앙이 사라지고 복이 돌아오니 집안이 안락하리라.
주색을 가까이하지 마라. 재물을 잃게 될 것이다.
몸도 재물도 왕성하니 그 가운데 낙이 있다.

하늘 가운데 달빛이 만리를 비춘다.

평소에 항상 덕을 쌓았으니 많은 일을 성취하리라.

혹 슬하에 근심이 생길 수 있으나 기도하면 가히 이 액을 면하리라.

자식을 낳지 않으면 간간이 집안에 근심이 생긴다.

한 해의 운이 대길하니 소망을 이루리라.

재물운이 왕성하니 마침내 큰 재물을 얻게 된다.

처음엔 가난하나 나중에 부를 얻으니 마음은 넓어지고 몸은 살찌리라.

때를 봐서 움직이니 명성은 반이나 그 공은 배가 된다.

귀인이 와서 도와주니 손에 천금을 쥐고 주무르리라.

1

운수가 대길하니 모든 일을 이루리라.

만일 관록(官祿)이 아니면 반드시 귀한 자식을 낳게 된다.

재성(財星)이 몸을 비추니 재물을 구하면 여의(如意)하리라.

2

군신이 화합하니 황제의 은혜를 얻으리라.

사업을 성취하니 재백(財帛)이 끊이지 않는다.

비록 모든 일이 길하나 화재는 조심해야 한다.

3

가정에 근심이 있으니 이는 혹 슬하의 근심이리라.

길한 날 좋은 때에 가신(家神)에게 치성을 드려라.

만일 진인(眞人)을 가려내려면 금성(金姓)이 가장 길하리라.

4

사야(四野)에 봄이 돌아오니 초목이 다시 살아난다.

북쪽으로 가지 마라. 재물을 잃게 되리라.

미리 도액(度厄)하라. 처궁(妻宮)에 액이 있다.

5

뜻밖에 공을 세우고 명성을 얻으니 그 이름을 사해(四海)에 떨친다.
이익이 외지에 있으니 출행(出行)하면 재물을 얻으리라.
재물이 풍족하니 많은 사람이 공경하리라.

6

헛된 가운데 실상이 있으니 재록(財祿)이 흥왕하리라.
귀인이 와서 도와주니 반드시 성공한다.
급하게 일을 도모하지 마라. 길(吉)이 도리어 해(害)로 변한다.

7

운수가 대통하니 모든 일이 여의하리라.
도처에 재물이 있으니 재록이 끊이지 않는다.
만일 관록이 아니면 자손에게 영화가 있으리라.

8

남쪽에 길함이 있으니 꾀하는 일을 속히 이루리라.
뜻밖에 공을 세우고 명성을 얻으니 도처에 권리가 있다.
동쪽에 출입하면 하는 일마다 빛을 볼 수 있다.

9

명령에 권위가 있으니 황금을 허리에 두르리라.
녹이 많고 명성이 높으니 가히 의기 있는 남아로다.
고기가 푸른 바다를 헤엄치니 그 의기 양양하도다.

10

친구와 함께 누각에 오르니 칭찬이 분분하다.
하는 일마다 여의하고 자주 경사가 생기리라.
꽃이 피고 달이 휘영청 밝으니 수복(壽福)이 무궁하다.

11

하루 아침의 광풍에 꽃잎이 분분히 떨어진다.
미리 기도하라. 슬하에 액이 있으리라.
친한 사람과 가까이 지내지 마라. 실패할 수로다.

12 서신이 도착하니 반드시 기쁜 일이 있으리라.
재물이 외지에 있으니 출입하면 얻을 것이다.
조금 얻고 많이 잃으니 이것도 연운(年運)이다.

유길무흉처지상(有吉無凶處之象)

한번 장강(長江)을 건너니 얕지도 않고 깊지도 않다.
봄이 화창하고 날이 따뜻하니 집안에 경사가 끊이지 않는다.
삼춘(三春)의 수는 구설을 조심할 수다.

삼추(三秋)에는 남쪽에서 재물을 얻으리라.
재물운을 묻지 마라. 얻어도 많이 잃으리라.
금년에는 집을 짓지 마라. 불길하다.

물건이 처음에는 성하더라도
나중에는 쇠하게 되는 것이 자연의 이치다.
갈대를 물고 날아가는 기러기여, 어둠에서 밝음으로 향하는구나.
궁달(窮達)은 사람에게 있고 부귀(富貴)는 하늘에 달려 있다.

1

한 번 기쁘고 한 번 슬프니 길흉이 반반이리라.
목성(木姓)을 가까이하지 마라. 불리할 수다.
말을 신중히 하라. 구설이 따를까 두렵다.

2

험한 길을 지났으니 이제부터 앞길이 평탄하다.
비록 노고가 따르지만 꾀하는 일은 결국 반드시 이루리라.
다행히 귀인을 만나니 큰 재물을 얻게 된다.

3

붉은 봉황이 활동을 개시하니 반드시 구설이 뒤따른다.
남의 말을 듣지 마라. 길함이 변하여 흉하게 되리라.
모든 일이 여의(如意)하니 마음이 편안해진다.

4

하는 일이 마음에 맞으니 모든 일을 이루리라.

재물이 남쪽에 있으니 구하면 얻으리라.

동산에 꽃이 피니 벌과 나비가 날아와 꽃향기를 즐긴다.

5

얻고도 도리어 잃으니 마음만 상하게 된다.

재물운을 말하자면 처음엔 길하나 나중엔 흉하다.

심신(心神)이 불안한데 또 구설이 따르는 것은 어인 일인가.

6

집에 있으면 길하고 밖으로 나가면 해를 입는다.

비록 재물이 생기긴 하지만

처음에 얻었던 것을 나중에 도로 잃는다.

동쪽이 불리하니 그쪽으로 가지 마라.

7

외재(外財)를 탐내지 마라. 도리어 재물을 잃게 된다.

재물은 북쪽에서 왕성하고 일은 서쪽에 있으리라.

집을 세우지 마라. 불리할 것이다.

8

혹 질병이 따르나 곧 없어진다.

만일 아내에게 근심이 생기지 않으면 슬하에 근심이 있으리라.

서쪽 사람을 삼가라. 유명무실(有名無實)하리라.

9

시운(時運)이 길하니 하는 일마다 여의(如意)하다.

허욕을 부리지 마라. 도리어 재물을 잃게 된다.

서쪽이 길하니 재물을 구하면 얻는다.

10

장삿길에 재물을 얻으니 이는 필시 미곡(米穀)에 있으리라.

혹 관직을 갖고 있거든 절대 퇴직하지 마라.

움직이지 않으면 이익이 없고 움직이면 이익이 가득하다.

11 길을 나섰지만 험해서 가려 해도 나가지 못한다.
모든 일을 삼가 행하라. 혹 재화(災禍)가 따를 수 있다.
비록 재물을 얻어도 질병으로 시달리리라.

12 고목(枯木)이 봄을 만나니 꽃이 피고 잎이 무성하다.
서쪽에서 오는 사람을 잘 사귀면 이로움이 있으리라.
재물운이 형통하니 흉한 가운데 길함이 있을 것이다.

761 선득후실무익지상(先得後失無益之象)

한 사람의 해가 백 사람에게 미친다.
재물을 잃을 수가 있으니 도둑을 조심하라.
유형무형(有形無形)하니 후회해도 소용없다.

비록 모사와 계책은 있으나 맞지 않으니 이를 어찌할까.
근신하지 않으면 재액을 면치 못하리라.
만일 복제(服制)가 아니면 슬하에 액이 있으리라.

갈매기떼와 해오라기떼가 모여 있는 곳에 돌을 던지니
새들이 사방으로 흩어진다.
여색을 가까이하지 마라. 몸에 이롭지 못하다.
집 밖에 있으면 불리하니 차라리 집 안에 있느니만 못하다.

1
뜻은 있으나 이루지 못하니 마음만 상하게 된다.
수성(水姓)과 사귀지 마라. 해(害)가 따르리라.
만일 복제가 아니면 슬하의 액을 면하기 어렵다.

2
집안 사람이 서로 불화하니 가정에 풍파가 몰아치리라.
물가에 나가지 마라. 재물을 잃게 될 것이다.
비록 일을 해도 가진 것이 없으니 이를 어찌할까.

3
시운(時運)이 불리하니 수고해도 도무지 공이 없다.
흉한 계교를 부리지 마라. 그 해가 몸에 미치리라.
다른 사람으로 인해 해를 당하니 북쪽으로 가지 마라.

4

연운(年運)이 불리하나 기도하면 길하리라.
경솔하게 말하지 마라. 불리할 것이다.
비록 분한 일이 있더라도 참으면 덕이 된다.

5

이사하지 않으면 걱정과 근심을 면하기 어렵다.
좋은 땅으로 옮겨 살면 복록(福祿)이 저절로 쌓이리라.
가신(家神)에게 기도하면 마침내 형통하리라.

6

일이 마음에 맞지 않으니 마음 속에 항상 번민이 떠나지 않는다.
복성(福星)이 문을 비추니 위태로운 중에도 편안함이 있으리라.
처음엔 잃고 나중에 다시 얻으니 반드시 횡재한다.

7

길에 나가지 마라. 질병이 생길까 두렵다.
요귀가 발동하니 아내에게 근심이 생기는 것을 어찌 면할까.
다른 사람을 믿지 마라. 횡액수가 있으리라.

8

일이 두 곳에 있으니 의심이 생겨 판단을 내리지 못한다.
근신하여 안정을 취하면 반드시 성공하리라.
마음을 급하게 먹지 마라. 더디면 오히려 길하리라.

9

다른 사람과 함께 일을 꾀하면 그 피해가 적지 않다.
남쪽에 길함이 있으니 출행(出行)하여 이를 얻어라.
상가(喪家)에 가까이 가지 마라. 질병이 생길까 두렵다.

10

도둑을 조심하라. 재물을 잃을까 두렵다.
친한 사람을 가까이하지 마라. 불리할 수다.
박(朴)가 이(李)가 두 성이 우연히 해를 끼치리라.

11 몸이 길 위에 있으니 노고를 견디기 어렵구나.
친구가 불리하니 손재(損財)를 조심하라.
시운(時運)이 따르지 않으니 일을 꾀하면 불리할 것이다.

12 붉은 봉황이 활동을 개시하니 구설이 뒤따르리라.
일이 남북에 있으며 기쁨과 근심이 서로 뒤섞인다.
재물을 잃고 사람이 떠나니 일을 이루기 어렵다.

수시유길지의(隨時有吉之意)

때에 따라 잘 선택하니 도처에서 영화를 얻는다.
귀인을 만나면 공을 세우고 명성을 얻게 된다.
다른 사람을 따라 멀리 가면 도처에서 길(吉)을 만나리라.

여색을 가까이하지 마라. 질병이 침투할까 두렵다.
마음에 기준이 없으니 어느 쪽으로 가야 할지 모른다.
머리에 금관을 썼으니 관록(官祿)이 따르리라.

불이 솥 밑을 사르니 다섯 가지 맛이 고르게 난다.
비가 촉촉이 내리고 바람이 고루 부니 만물이 번식하리라.
길한 사람은 하늘이 도우니 마침내 크게 형통한다.

1
도처에 재물이 널려 있으니 재록(財祿)이 몸을 따르리라.
가히 공명을 얻으니 관록이 임할 것이다.
재성(財星)이 길을 만나니 재백(財帛)이 끊이지 않으리라.

2
명리(名利)가 다 길하니 손으로 천금을 주무른다.
다행히 현명한 임금을 만나 재산이 흥왕하리라.
좋은 벗이 집에 가득하고 술과 안주가 풍성하다.

3
손에 귀한 문서를 잡았으니
이것으로 백성을 돌아보게 된다.
일신이 영귀하니 소망이 여의(如意)하리라.
서북 양방향에서 반드시 재물이 왕성하리라.

4

동원의 붉은 복숭아나무가 꽃을 떨구고 열매를 맺는다.
만일 자식을 낳지 않으면 식구를 더하리라.
허황된 일은 행하지 마라.

5

신수(身數)에 흠은 없으나 고생을 많이 하리라.
몸이 고단함을 한탄하지 마라.
처음엔 흉하나 나중에는 길하게 되리라.
서쪽의 귀인이 와서 우연히 도와주리라.

6

구설이 많이 따르며 관재(官災)가 있을까 두렵다.
여색을 가까이하지 마라. 질병이 침투하리라.
사람이 다 치하하나 이름만 있고 실상은 없다.

7

재록이 함께하니 금옥이 집안에 가득 차리라.
처음엔 곤란하지만 나중에는 형통하니 반드시 재물을 얻는다.
만일 신병이 아니면 슬하에 액이 있으리라.

8

연못의 고기가 바다로 나가니 그 의기가 양양하다.
만일 과거에 급제하지 않으면 가히 재물을 얻으리라.
재백이 집안에 가득하니 화기(和氣)가 떠나질 않는다.

9

신운(身運)이 통하니 도처에서 재물을 얻으리라.
재물이 풍부하니 가도(家道)가 중흥할 것이다.
재성이 몸을 비추니 손으로 천금을 주무르리라.

10

신상에 근심이 없으니 편안한 곳에서 태평하게 지낸다.
관귀(官鬼)가 암암리에 움직이고 있으니
밖으로 나가면 해를 입으리라.
술집에 가지 마라. 횡액(橫厄)이 따를까 두렵다.

11

봄바람 이르는 곳마다 만물이 화생(化生)한다.
만일 과거에 급제하지 않으면 반드시 득남할 수다.
이와 같지 않으면 외지로 이사하게 된다.

12

흉한 중에 길함을 얻으니 화가 복으로 변한다.
수성(水姓)과 사귀지 마라. 반드시 불리하리라.
남쪽이 해로우며 장(張)가 이(李)가가 해를 끼친다.

용이 하늘을 나니 대인(大人)을 만나야 이롭다.
귀인을 만나면 일신이 편안해지리라.
칠월과 팔월에는 좋은 기회가 있으니 잃지 마라.

만일 집안에 경사가 있지 않으면 이사를 하게 될 수다.
꽃수풀 깊은 곳에 가인(佳人)이 있어 손짓을 하고 있구나.
길성(吉星)이 도우니 그 이름을 사해(四海)에 떨치리라.

마른 나무, 썩은 등걸에 새잎이 난다.
철인(哲人)은 명(命)을 아니 무슨 일인들 못 하랴.
해가 중천에 걸리니 온갖 사물이 모두 빛난다.

1
벼슬을 하면 재물을 얻고 장사를 하면 이익을 얻는다.
뜻하지 않은 때에 귀인이 와서 도와주리라.
재물은 어느 쪽에 있는가. 반드시 서쪽에 있다.

2
재물과 곡식이 풍성하고 집에 영화가 있으리라.
저절로 황제의 은혜를 얻으니 관록(官祿)이 따르리라.
재백(財帛)이 끊이지 않으니 태평한 기상이로다.

3
재운(財運)이 왕성하니 이 기회를 놓치지 마라.
금옥이 집안에 가득하니 가정에 기쁨이 넘치리라.
만일 횡재하지 않으면 슬하에 영화가 있다.

4
재물도 있고 권리도 얻으니 많은 사람이 우러러보리라.
남쪽에 재물이 있으니 반드시 많이 얻으리라.

이익이 멀리 있으며 박(朴)가 김(金)가가 길하다.

5

가운(家運)이 왕성하니 기쁜 일이 많으리라.
항시 덕을 쌓으니 반드시 경사가 있을 것이다.
그 성품이 온화하니 귀인이 와서 돕는다.

6

때가 되어 비가 촉촉이 내리니 온갖 곡식이 풍성하다.
가신(家神)에게 치성을 드려라. 혹 몸에 근심이 생길까 두렵다.
만일 아내에게 근심이 생기지 않으면 형제에게 액이 있으리라.

7

녹이 많고 명성이 높으니 만인이 우러러보리라.
동쪽에서 온 사람이 우연히 도와줄 것이다.
집에 있으면 마음이 불안하고 다른 곳으로 가면 편안하리라.

8

꾀하는 일이 여의(如意)하고 재물을 구하면 얻으리라.
이익이 문서에 있으니 손으로 천금을 희롱한다.
귀인이 와서 도와주니 소망이 여의하다.

9

재물은 있으나 얻기 어려우니 안정을 취하면 길하다.
동남쪽이 불리하니 출행(出行)하지 마라.
이와 같지 않으면 혹 슬하에 근심이 생기리라.

10

재물운은 처음엔 얻지만 나중에 도로 잃게 되는 수다.
점점 운수가 돌아오니 밖으로 나가면 얻으리라.
다른 사람과 함께 일하면 많은 이익을 얻을 것이다.

11

위엄을 사방에 떨치니 반드시 재리(財利)를 얻으리라.
재성(財星)이 몸을 비추니 가히 천금을 얻게 된다.
불전(佛前)에 기도하면 반드시 경사가 있으리라.

12 이름이 높고 재물이 왕성하니 바로 남아의 기상이다.
일신이 영귀하니 세상일이 태평하리라.
친한 사람을 조심하라. 하는 일이 불리해진다.

811 전진통달지의(前進通達之意)

만리에 달하는 넓은 하늘을 일월이 환히 비추는구나.
복숭아꽃 사이에서 벌과 나비가 노닌다.
임금과 신하가 다 착하니 백성이 편안하다.

만일 식구를 더하지 않으면 공을 세우고 명성을 얻을 수다.
재앙이 사라지고 복이 돌아오니 복록(福祿)이 끊이지 않으리라.
금년엔 자연히 편안해질 운수다.

맹호가 바위를 누르고 신검(神劍)이 용으로 변하는구나.
땅을 파서 물을 얻고 흙을 쌓아 산을 이룬다.
동쪽과 서쪽을 바라보고 있지만
아서라, 남쪽이 가장 길하리라.

1

꾀하는 일이 여의(如意)하니 반드시 재물이 왕성하리라.
복록이 함께 따르니 자손이 영귀할 것이다.
재앙이 사라지고 복이 돌아오니 모든 일이 여의하다.

2

용이 밝은 구슬을 얻었으니 그 조화가 무궁하리라.
신수가 대길하니 재복(財福)이 저절로 들어온다.
시운(時運)이 왕성하니 반드시 성공하리라.

3

황룡이 물을 얻고 고기가 봄물을 만났다.
뜻밖에 공을 세우고 명성을 얻으니 영화를 누릴 수다.
동남쪽에 길함이 있으니 기쁜 일이 많으리라.

4
하는 일마다 여의하니 논밭을 널리 장만하리라.
만일 이와 같지 않으면 식구가 늘어날 수다.
작은 것을 구하려다 큰 것을 얻으니 반드시 부귀하리라.

5
동서에 집이 있으니 반드시 어린 첩(妾)을 얻는다.
가산이 흥왕하니 심신(心神)이 안락하리라.
목성(木姓)을 조심하라. 많은 해를 끼칠 것이다.

6
신수가 왕성하니 신상에 재앙이 없다.
산에 들어가 토끼를 구하니 마침내 얻으리라.
모든 일을 이루며 논밭에 이익이 있다.

7
도처에서 권리를 행사하니 꾀하는 일이 많다.
만일 이와 같지 않으면 허송세월을 하리라.
서쪽 사람을 가까이하면 재물을 잃게 될 것이다.

8
만일 득남하지 않으면 반드시 횡재를 만난다.
남의 말을 믿지 마라. 재물을 잃을 수다.
북쪽에 재물이 있으니 마땅히 그쪽으로 가라.

9
노상에 재물이 있으니 길을 나서면 얻으리라.
초목이 비를 만났으니 근심이 흩어지고 기쁨이 생기리라.
하는 일마다 여의하니 재물이 저절로 들어온다.

10
동풍이 불고 가는 비가 뿌리니 산에 꽃들이 활짝 피어난다.
북방에 재물이 있으니 나가 구하면 많이 얻으리라.
상가에 가까이 가지 마라. 복제(服制)를 당할까 두렵다.

11 우물 안에 있던 고기가 바다로 나가니 그 의기가 양양하다.
길신(吉神)이 도우니 모든 일이 여의하리라.
토성(土姓)과 친하게 지내지 마라. 구설을 면하기 어렵다.

12 길성(吉星)이 항상 비추니 반드시 경사가 있으리라.
만일 경사가 아니면 재물운이 왕성하리라.
멀리 나가지 마라. 질병이 따를까 두렵다.

812 유순통달지의불상기신(有順通達之意不傷其身)

물 속에 들어가도 빠지지 않고
불 속에 들어가도 상하지 않는다.
도처에 길함이 있으니 출입하면 재물을 얻으리라.
재성(財星)이 몸을 비추니 횡재를 만나리라.

북쪽에 재물이 왕성하며 해물(海物)로 재물을 얻는다.
때를 맞춰 움직이니 반드시 성공하리라.
금년의 운수는 여색을 조심해야 할 수다.

푸른 소나무와 대나무는 그 절개를 잃지 않는다.
한 가지 뜻을 세워놓고 그 마음이 변치 않으니
반드시 공을 세우리라.
병주(竝州)가 비록 즐거운 곳이나 오래 머물지 못한다.

1

도처에 해가 없으니 신수가 태평하다.
처음엔 흉하나 나중에는 길하게 변하리라.
마음을 급하게 먹지 마라. 더디면 오히려 일을 이루리라.

2

동천(東天)에 달이 떠오르니 세계가 다시 새롭다.
동풍이 불고 가는 비가 내리니 초목이 무성하다.
서쪽에 재물이 있으니 나가서 구하면 얻으리라.

3

귀인이 있어 많은 도움을 주니 반드시 성공한다.
모든 일이 여의(如意)하니 마침내 형통하리라.
중심이 단단하니 무슨 일인들 못 하리요.

4 하늘이 돕고 땅이 도우니 모든 일이 여의하다.
목성(木姓)이 불리하니 사귀지 말고 멀리하라.
뜻밖에 횡재하니 많은 사람이 우러러보리라.

5 삼춘(三春)이 이미 지났으니 꽃을 찾아봐도 볼 수가 없다.
만일 복제(服制)를 당하지 않으면 신액(身厄)이 따를까 두렵다.
마음을 단단히 먹지 못하니 일에 막힘이 많다.

6 하고자 하는 마음이 일지 않으니 꾀하는 일을 이루지 못하리라.
길인(吉人)이 도리어 해를 끼치니 좋은 일에 마가 많이 낀다.
가운(家運)이 불리하니 질병이 침투한다.

7 연못이 마르고 물이 없으니 못의 고기가 곤경에 처한다.
불전에 기도하라. 질병이 따를까 두렵다.
이로움은 어느 쪽에 있는가. 동서에 길함이 있으리라.

8 매매(賣買)를 하면 이익이 있으니 장사로 재물을 얻으리라.
남쪽에서 귀인이 와 우연히 도와주리라.
옛것을 고치고 새것을 좇으니 큰 재물은 얻기 어렵다.

9 집에 있으면 이익이 없고 다른 곳으로 나가면 길하리라.
집에 경사가 있으니 반드시 아들을 낳을 수다.
한가한 곳에 재물이 있고 산수(山水)에 이익이 있다.

10 동서로 분주하나 얻고 잃는 것이 서로 교차한다.
요귀(妖鬼)가 암암리에 움직이니 몸에서 질병이 떠나질 않는다.
여색을 가까이하지 마라. 꾀하는 일이 불리해지리라.

11

신수가 태평하고 집안이 편안하다.
꾀하는 일에 계교가 없으니 성공하기 어렵다.
친한 사람을 조심하라. 피해를 면하기 어렵다.

12

근신하며 분수를 지키면 그 가운데 이익을 얻을 것이다.
집안이 화평하고 자손이 영귀(榮貴)하리라.
큰 재물은 바라기 어려우나 작은 재물은 가히 얻으리라.

유길통달지의필유형통(有吉通達之意必有亨通)

흉한 방향은 마땅히 피하고
길한 방향은 마땅히 따라야 하리라.
대를 심어 울타리를 이루니 생활이 태평하다.
재물과 곡식이 창고에 가득하니 의식이 풍족하리라.

온 들에 봄이 돌아오니 복숭아나무가 봄을 다툰다.
재물이 북쪽에 있으니 나가면 얻으리라.
금년에 이사하면 길하리라.

다행히 귀인을 만나 서둘러 붉은 궁궐 앞에 절을 하게 된다.
복록(福祿)이 많이 쌓이니 모든 일이 여의(如意)하리라.
부지런히 힘을 쓰지 않으면 복(福)을 어찌 기약하리요.

1

선을 취하고 악을 멀리하나 흉인(凶人)이 가까이 있다.
나가고 물러섬을 아니 이 수를 거의 면하리라.
때를 기다려 움직이면 마침내 길하리라.

2

길함은 어디에 있는가. 필시 서쪽이리라.
화성(火姓)과 잘 사귀면 하는 일이 길하리라.
허욕을 부리지 마라. 도리어 재물을 잃게 될 것이다.

3

재물이 동쪽에 있으니 나가서 구하면 많이 얻는다.
비록 재물은 얻으나 구설이 조금 따른다.
투기장에 가지 마라. 성패가 많으니 마음을 상하게 된다.

4 청룡이 하늘로 오르니 그 조화가 무궁하다.
부지런히 힘써 일하지 않으면 성공하지 못하리라.
다른 일을 꾀하지 마라. 반드시 실패할 것이다.

5 직업을 바꾸지 마라. 반드시 허황되리라.
모든 일을 조심해서 하라. 재물을 잃게 될까 두렵다.
주색을 가까이하면 반드시 큰 해를 당한다.

6 지모(智謀)가 함께 있으니 반드시 성공하리라.
재물과 권리가 있으니 어진 소리가 이웃에까지 들린다.
때를 기다려 움직이면 길하여 이로우리라.

7 좋은 땅으로 이사하면 반드시 이익을 얻는다.
가정이 화평하니 하는 일마다 형통하리라.
동쪽에 길함이 있으니 구하면 얻으리라.

8 만일 이사하지 않으면 아내에게 근심이 생긴다.
남쪽에 해(害)가 있으니 나가면 불리하다.
칠월과 팔월에는 처음은 곤란하나 나중은 길하리라.

9 귀인이 와서 도와주니 재복(財福)이 저절로 들어온다.
목성(木姓)은 불리하고 화성(火姓)은 길하다.
경영을 잘 하니 많은 재물을 쌓으리라.

10 동남 양방향에서는 이익을 구하지 마라.
재물과 이익이 함께 따르니 몸과 마음이 편안하리라.
몸도 왕성하고 재물도 왕성하니 태평할 수다.

11

나루로 나갔으나 배가 없으니 어떻게 강을 건널까.
술집에 가지 마라. 손실만 당하고 이익은 없으리라.
밝은 달빛이 내리는 사창(紗窓)에서 좋은 벗을 만나게 되리라.

12

녹이 많고 명성이 높으니 일신이 영귀(榮貴)하리라.
여색을 가까이하지 마라. 여인이 해를 끼칠 것이다.
귀인이 항상 도우니 영화를 누리리라.

심고유통달지의(心高有通達之意)

용을 타고 하늘로 오르고 범을 타고 달리니 변화가 무궁하다.
우물을 파서 물을 얻으니 수고한 뒤에 반드시 재물을 얻으리라.
대를 심어놓고 수풀을 기다리니 어느 때에나 길할까.

남과 다투지 마라. 혹 소송이 있을까 두렵다.
삼춘(三春)에는 재수(財數)가 대길하리라.
고목이 봄을 만나니 그 빛이 천리에 미친다.

금옥이 집에 가득 차고 옥 같은 수풀이 무성하리라.
붉은 살구꽃 아래에서 우연히 가인(佳人)을 만나리라.
금관옥대를 두르고 봉궐(鳳闕)을 향해 절을 한다.

1
온갖 곡식이 풍성하니 사람마다 스스로 즐기리라.
집안 사람이 화합하니 복록(福祿)이 저절로 들어온다.
귀인이 도와주니 재물과 이익을 얻으리라.

2
우연히 복이 집안으로 날아든다.
도처에 재물이 널려 있으니 큰 재물을 손에 넣으리라.
봄바람이 온화하게 부니 사면이 꽃으로 둘러싸인다.

3
십년 동안 근면하게 일하니 마침내 영화로울 것이다.
일신이 영귀하니 재록(財祿)이 흥왕하리라.
황제의 은혜를 받으니 이는 필시 관록(官祿)이리라.

4
운수가 흥왕하니 음모(陰謀)에도 길함이 있으리라.
뜬 재물을 탐내지 마라. 작은 것을 구하려다 큰 것을 잃는다.

이 달의 운수는 관사(官事)에 무익하리라.

5

집에 있으니 불리하여 문 밖으로 나왔으나
어디로 갈지 모르는구나.
다른 사람을 가까이하지 마라. 손해를 면하기 어렵다.
운수가 불리하니 일이 지체되리라.

6

길운이 점점 돌아오니 하는 일마다 성취한다.
만일 관록이 아니면 슬하에 영화가 있으리라.
고기가 푸른 바다로 나가니 의기가 양양하다.

7

나루로 나갔으나 배가 보이지 않으니
공연히 한탄만 하게 된다.
금성(金姓)을 조심하라. 우연히 구설로 시달리게 된다.
만일 이사하지 않으면 멀리 출행(出行)하는 것이 좋다.

8

형제지간에 불화가 생기니 집안에 우환이 있으리라.
이와 같지 않으면 어머니에게 근심이 생긴다.
이 달의 운수는 복제(服制)가 따를까 두렵다.

9

운수가 형통하니 집안이 편안하다.
식솔이 늘고 논밭을 널리 장만한다.
금성(金姓)과 친하게 지내면 꾀하는 일을 쉽게 이루리라.

10

꾀하는 일은 반드시 이루리라.
재물이 노상에 있으니 출행하면 얻을 수 있다.
동쪽으로 가면 모든 일이 여의(如意)하다.

11 용이 승천하니 구름이 움직이고 비가 쏟아진다.
직업을 고치면 재복(財福)이 풍부하리라.
길성이 비추니 관록이 따르리라.

12 집을 지키면 무익하고 밖으로 나가면 유익하다.
주색을 가까이하지 않으면 모든 일을 이룰 수 있다.
마음을 굳게 먹고 덕을 쌓으면 시종 허물이 없으리라.

칼은 있어도 방패는 없는 형국이니 적을 막기가 어렵다.
다만 귀인이 있고 쌓은 공덕이 있으니 마침내 광명을 본다.
자신을 믿고 의지하되 속삭이는 말에 흔들리지 마라.

변화를 도모하면 마침내 새로운 길이 보인다.
돌다리를 두드려 가듯이 하여 안전을 도모하라.
마음이 고달프고 몸이 힘든 것을 한탄하지 마라.
반드시 길함이 있으리라.

인생지사 새옹지마 일희일비 마라.
조상의 은덕을 잊었는지 살피고 겸허하고 감사하라.
남서쪽에서 재물을 잃을 수 있으니 그쪽으로 가지 마라.
친한 벗을 믿지 마라. 재물을 잃게 될까 두렵다.

1
멀리 떠나면 몸이 고달프다.
동남쪽으로 출행(出行)하는 것이 길하다.
금년에는 북쪽에서 기쁜 소식이 들려오리라.

2
시작만 있고 끝은 맺기 어려우니 침착하게 기다려라.
만일 객(客) 노릇을 하지 않으면 관재(官災)가 따르니 조심하라.
이월과 삼월에는 뜻하지 않은 사람이 옷자락을 잡아당긴다.

3
만약 질병이 아니면 필시 자식을 낳을 수다.
신상에 위태로움이 있으니 도시에 가지 마라.
이와 같지 않으면 구설이 따르리라.

4

힘을 들여도 이익이 덜하니 꾀하는 일마다 더디다.
동쪽은 길하고 남쪽은 메아리가 없다.
분수를 지키며 살아라. 망령되게 움직이면 패한다.

5

조심하고 조심하여 뜻밖의 횡액(橫厄)을 조심하라.
금성(金姓)과 더불어 일을 도모하면 성사되기 어렵다.
낯설고 새로운 일에 뛰어들지 마라.

6

일마다 사람마다 걸림이 많아 심신(心神)이 노곤하다.
침착해야지 서두르면 재물을 잃으리라.
참고 견디면 고목에 봄이 찾아오니 그 봄빛이 시종 눈부시다.

7

가문 하늘에 단비가 내리니 온갖 곡식이 풍성하다.
신상에 길함이 있으니 귀인이 와서 도와주리라.
일에는 분수가 있는 법이니 외부의 재물을 탐내지 마라.

8

만약 질병이 아니면 반드시 큰 근심이 생긴다.
심중에 주(主)가 되는 게 없으니 뜻밖의 일을 만나게 된다.
시비를 가까이하지 마라. 관재(官災)를 면하기 어렵다.

9

서북쪽에 길함이 있으니 이는 필시 여자이리라.
북쪽에 이익이 있으니 나가면 얻으리라.
모사(謀事)가 불투명하니 기회를 잘 봐서 행하라.

10

구해도 얻지 못하니 차라리 집에 있느니만 못하다.
재앙이 사라지고 복이 돌아오니 꾀하는 일을 이루리라.
겉으로는 부유한 듯하나 속으로 가난하니 이를 어찌할까.

11 조용히 지내면 길하나 움직이면 해(害)가 따른다.
몸이 고달픔을 한탄하지 마라. 마침내 영화가 찾아오리라.
분수 밖의 일은 행할 수 없으니 욕심을 부리지 마라.

12 성패(成敗)가 자주 교차하니 이 고달픈 신수(身數)를 어찌할까.
만약 복제(服制)가 아니면 슬하에 근심이 생기리라.
이해관계도 별로 없는데 구설이 따른다.

봄이 무르익으니 꽃잎이 떨어지고 열매가 맺힌다.
오랫동안 가문 후에 단비가 내리니 이 아니 기쁜 일인가.
구름이 흩어지고 달이 나오니 그 경색(景色)이 다시 새롭구나.

강가에 풀이 푸릇하게 돋아나니 소가 좋은 풀을 만나는구나.
금년의 운수는 반드시 득남할 수다.
이와 같지 않으면 혼인하게 될 것이다.

우물가에 바람이 부니 오동나무가 가을인 줄 먼저 안다.
몸과 마음이 다 같이 편하니 모든 일을 쉽게 이루리라.
누더기옷을 걸치고 돌아다니던 나그네가 드디어 길(吉)을 만났구나.

1
음양이 화합하니 반드시 경사가 있으리라.
태성(胎星)이 문을 비추니 반드시 득남할 것이다.
다른 사람이 많이 도와주니 재물이 길하리라.

2
만일 벼슬을 하지 못하면 반드시 재액(災厄)이 따르리라.
모든 일이 쉽게 풀리니 하루에 천금을 얻는다.
길한 운수가 돌아오니 몸이 귀하고 재물이 왕성해진다.

3
바른 마음으로 일을 꾀하면 논밭에서 형통함을 보리라.
이사하지 않으면 복제(服制)를 당할 염려가 있다.
만일 자식을 보지 않으면 식솔이 늘어날 것이다.

4
동쪽에 있는 목성(木姓)이 우연히 와서 도와주리라.
모든 액이 없어지니 몸도 재물도 왕성해진다.

박(朴)가나 이(李)가가 뜻밖에 도와준다.

5

재성(財星)이 문을 비추니 재물이 동북에서 왕성하리라.
헛되게 행동하면 해롭고 일을 순서 있게 도모하면 길하다.
재성이 몸을 비추니 가히 큰 재물을 얻으리라.

6

산야에 봄이 돌아오니 그 빛이 더욱 새롭다.
만일 재물이 생기지 않으면 슬하에 경사가 있으리라.
처음엔 흉하고 나중엔 길하니 흉한 중에 길함이 있다.

7

칠월과 팔월에는 구설이 따르니 조심하라.
물과 불은 상극이니 서로 다투면 서로간에 이익이 없다.
마땅히 동서로 가라. 반드시 횡재가 기다리고 있으리라.

8

귀인을 만나면 재물도 몸도 왕성해지리라.
도(道)와 명성이 높으니 귀인을 만날 것이다.
모든 일이 여의(如意)하니 신상이 편안하다.

9

작은 것이 가고 큰 것이 돌아오니 반드시 집안을 일으키리라.
다른 사람의 도움을 받으면 빈손으로도 성공한다.
경영하는 일은 반드시 길하리라.

10

시비로 결국 재물을 잃게 된다.
그렇지 않으면 구설이 따를까 두렵다.
아픈 마음을 누가 있어 알아주리요.

11

일월(日月)이 항상 밝으니 가정에 기쁨이 가득하다.
만일 이름이 나지 않으면 반드시 재물을 얻으리라.
집안에 재물이 풍성해지고 식솔이 늘어난다.

12 시비를 가까이하지 마라. 구설이 따르리라.
재물을 잃을 수 있으니 목성(木姓)을 조심하라.
몸이 편하고 잘사니 세상일이 태평하다.

북망산(北邙山) 아래에 새로 멋진 집을 세운다.
흉신(凶神)이 암암리에 움직이니 가정이 불안해진다.
기도하면 흉이 길로 변하리라.

연운(年運)이 불리하니 하는 일이 마음에 들지 않는다.
처음엔 흉하나 나중엔 길하게 된다.
만일 친환(親患)이 아니면 슬하에 근심이 생기리라.

하늘이 늙고 땅이 거치니 영웅이 공을 세우지 못한다.
위아래 사람이 서로 불화하니 처음엔 웃어도 나중엔 울게 되리라.
이로움이 동남에 있으니 꾀하는 일을 이루리라.

1
일월(日月)이 보이지 않으니 마음에 근심이 많다.
그렇지 않으면 집안이 화목하지 못하리라.
금성(金姓)을 가까이하면 필히 재물을 잃게 되리라.

2
집을 나와 길을 떠나니 어디로 가야 할지 모르는구나.
몸은 도시에서만 논다.
집에 불평이 있으니 근심이 생기리라.
다른 사람의 말을 믿지 마라. 처음엔 좋으나 나중엔 흉하게 된다.

3
마음이 불안하니 재물을 구하려 해도 얻지 못한다.
관직을 가진 사람은 물러나게 되고
농사를 짓는 사람은 이익을 얻지 못하게 된다.
다행히 귀인을 만나면 횡액(橫厄)을 면하리라.

4

집에 있으면 근심이 생기고 다른 곳으로 가면 한가해진다.
몸이 동쪽에서 놀면 귀인을 만나 도움을 받으리라.
미리 불전에 기도하면 재앙이 사라지고 복이 돌아온다.

5

문서에 이로움이 있으니 논밭에 관한 것이다.
가신(家神)이 도우니 흉함이 사라지고 복이 돌아온다.
재운(財運)이 왕성하니 재백(財帛)이 풍성하리라.

6

만일 질병이 아니면 구설이 침노한다.
억지로 구하지 마라. 화가 복으로 변하니 기다려라.
망령되게 행동하지 마라. 때를 기다리며 편안히 있어라.

7

불전에 기도하면 남은 액을 가히 면하리라.
송사(訟事)에 시달릴 수 있으니 남과 다투지 마라.
다른 사람의 말을 듣지 마라. 별로 소용이 없을 것이다.

8

일을 끝맺지 못하니 시작만 있고 끝은 없다.
일이 중간에 많이 끊어지니 이를 어찌할까.
신상에 액이 끼었으니 가신에게 기도하라.

9

모든 일을 성취하니 기쁨이 가득하리라.
명성을 떨치고 몸이 편안해지니
한가롭게 지내면서 재물을 얻으리라.
운수가 이와 같으니 이 밖에 또 무엇을 바라리요.

10

만일 친환이 아니면 슬하에 놀랄 일이 있으리라.
목성(木姓)에게 해가 있으니 거래를 하지 마라.
때를 기다리며 안정을 취하라. 괴로움 뒤에 기쁨이 있으리라.

11 동짓달과 섣달에는 길흉을 분별하기 어렵다.
도액(度厄)하지 않으면 길이 흉으로 변할 것이다.
다른 사람과 하는 일은 반드시 허황되리라.

12 동쪽에 나무가 있어 때때로 구슬피 운다.
신운(身運)이 불리하니 혹 질병을 얻게 될까 두렵다.
목성을 가까이하지 마라. 반드시 재앙이 생기리라.

대상(大商)이 큰 손으로 천금을 주무른다.
작은 풀은 봄을 만나고 연꽃은 가을을 만나 꽃을 피운다.
오랜 가뭄 끝에 비가 내리니 풀빛이 푸릇하다.

꾀하는 일은 다른 사람의 도움으로 성사되리라.
금년에는 상업을 하면 이익을 얻으리라.
귀인이 도우니 소망이 이루어진다.

쥐가 창고에 든 격이니 재물과 이익을 얻으리라.
달이 해맑은 얼굴을 내미니 천지가 다 밝아진다.
스스로의 힘으로 귀인을 만나 일을 성사시키리라.

1
봄이 돌아오니 만물이 다시 살아난다.
문서가 복으로 변하니 의외의 재물을 얻으리라.
재물이 관문(官門)에 있으니 외재(外財)를 탐내지 마라.

2
재운(財運)이 성하니 우연히 큰 재물을 얻으리라.
용이 작은 내[川]에 있으니
어찌 하늘로 올라가 구름과 비를 부릴 수 있을까.
말하자면 길흉이 서로 뒤섞이는구나.

3
삼월에 봄바람이 부니 복숭아꽃이 만발하였다.
재물이 관문에 있으니 어찌 좋은 일이라 하지 않을 텐가.
근심이 흩어지고 기쁨이 생기니 신수가 태평하리라.

4

두 사람의 마음이 같으면 무슨 일인들 이루지 못할까.

귀인이 와서 도와주니 천금을 얻는다.

동원에 꽃이 피니 반드시 자식을 보리라.

5

오월과 유월에는 재물이 산같이 쌓인다.

길성(吉星)이 문을 비추니 노인이 어린 여자와 결혼한다.

경영하는 일은 사람으로 인하여 성사되리라.

6

때가 되면 봄이 찾아오듯 운수가 돌아오니

만물이 저절로 생성되리라.

꾀하는 일을 모두 이루니 뜻밖의 재물을 얻는다.

가운(家運)이 왕성하니 귀인이 도우리라.

7

다른 사람과 일을 꾀하면 반드시 재물과 이익을 얻는다.

칠월과 팔월에는 반드시 비밀스러운 일이 생긴다.

서쪽에 있는 여자를 믿지 마라. 무단한 일로 구설이 따르리라.

8

달 밝은 사창(紗窓)에서 귀인과 친하게 된다.

집에 경사가 있으니 이는 슬하의 경사라.

그렇지 않으면 관록(官祿)이 따르리라.

9

가문 하늘에 단비가 내리니 온갖 곡식이 무르익는다.

봄이 돌아오니 초목이 날로 빛을 더한다.

말하자면 모든 일이 길하리라.

10

작은 것을 쌓아 큰 것을 이루니 재물이 산같이 쌓인다.

동원의 복숭아나무가 비로소 그 열매를 맺는다.

집에 있으면 이익이 없으니 출행(出行)하여 재물을 얻어라.

11

소망한 일은 반드시 성취하리라.
물가에 가지 마라. 횡액(橫厄)이 있을까 두렵다.
마음을 써서 노력하면 반드시 재리(財利)를 얻는다.

12

큰 것으로 작은 것을 얻으니 반드시 손해를 보리라.
재물로 마음을 상하게 되니 허욕을 부리지 마라.
분수를 지키면 뜻밖의 횡재를 만나리라.

사방으로 말을 몰고 달리나 산과 물이 가로막는다.
목마른 용이 물을 얻으니 재수(財數)가 형통하리라.
신상에 괴로움이 있으니 누가 있어 알아주겠는가.

처음엔 힘이 드나 나중에 형통하게 되니 늦게 재물과 이익을 얻으리라.
기쁨과 근심이 서로 교차한다.
간간이 관재(官災)와 구설이 따르리라.

원앙이 즐겁게 지내는데 갈매기와 해오라기가 어찌 끼여드는가.
깊은 산 속 험한 곳에서 길을 잃으니 방향을 일러줄 사람 하나 없구나.
남으로 가고 북으로 가본들 어디에서 친한 이를 만나겠는가.

1
소망은 여의(如意)하나 일에 의심이 생긴다.
산길로 말을 달리니 길이 험해 앞으로 나아가기 곤란하다.
얻어도 다시 많이 잃으니 차라리 없는 사람만 못하다.

2
배회하다 하늘을 바라보며 한탄하고 되돌아오는 길에
의외의 재물을 얻는구나.
횡재가 아니면 도리어 복제(服制)를 당하리라.
재물이 길 가운데 있으니 출행(出行)하면 얻을 것이다.

3
천리타향에 고독하고 외로운 몸이다.
다른 이의 말을 듣지 마라. 도리어 허망하리라.
동서에 가까이 가지 마라. 반드시 손해를 입을 것이다.

4

달이 검은 구름 속으로 들어가니 도무지 동서를 분간하지 못한다.
만일 신병(身病)이 아니면 슬하에 근심이 생기리라.
이(李)가와 박(朴)가 두 성을 가까이하지 마라.
일을 몰래 시기할 것이다.

5

서쪽과 북쪽에 반드시 큰 흉(凶)이 도사리고 있다.
동서 양방향에는 반드시 좋은 일이 기다리고 있으리라.
연못의 고기가 바다로 나가니 의기가 양양하다.

6

산에 들어가 도를 닦으니 신선의 모습이 따로 없다.
동남 양방향은 반드시 길하리라.
횡액(橫厄)을 조심하라. 흉악한 일이 찾아온다.

7

다른 사람과 함께 일을 꾀하면 반드시 손해를 보리라.
하는 일에 마가 끼었으니 원행(遠行)하지 마라.
본래 재물이 없으면 몸이 괴롭고 힘들다.

8

해(害)는 어느 성(姓)에 있는가. 반드시 화성(火姓)에게 있다.
이로움은 어떤 성에 있는가. 필시 수성(水姓)이리라.
다른 사람의 도움을 받으면 천금을 얻으리라.

9

외지에 나가지 마라. 손해만 입고 이익은 없으리라.
기쁨과 근심이 서로 뒤섞였으니 반흉반길(半吉半凶)하리라.
일신이 힘드니 마음에 번민이 많이 도사린다.

10

가을 밝은 달 아래에서 집을 생각하며 외로운 신세를 한탄한다.
분수를 지키고 편안히 지내면 이 수를 면할 수 있다.
동쪽에서 온 나그네는 반드시 악한 사람이리라.

11 서산에 해가 지니 돌아가는 나그네의 발걸음이 바빠진다.
모든 일을 이루지 못하리니 차라리 분수를 지키는 것이 좋다.
만일 관재(官災)가 아니면 구설이 끊이지 않는다.

12 섣달에는 재물과 꾀를 성취하리라.
금년에는 분주하나 이익은 적을 수다.
집안에 불화가 있으니 반드시 재물을 잃을 것이다.

초수불성종필유성(初雖不成終必有成)

나이 어린 청춘이 홍진(紅塵)을 밟는다.
가운(家運)이 대길하니 자손이 영귀하리라.
맹호가 수풀 밖으로 나오니 도처에 권위가 있다.

때가 되어 단비가 내리니 온갖 곡식이 풍성하다.
만일 관록(官祿)이 아니면 횡재할 수다.
신수가 대길하고 복록(福祿)이 끊이지 않는다.

봄빛이 하늘과 땅에 가득하니
재물이 풍성하고 집안이 화목하리라.
재물과 복이 끊이지 않으니 아들을 낳을 경사다.
모든 물건에는 주인이 있으니 자기 것을 지켜 도둑을 막아라.

1
도처에 길함이 있으니 이 기회를 놓치지 마라.
남아가 뜻을 얻으니 의기가 양양하다.
몸과 재물이 왕성하고 집안이 화평하리라.

2
관록이 아니면 도리어 흉해지리라.
귀인을 만나면 반드시 큰 재물을 얻는다.
운수가 대길하니 반드시 흥왕하리라.

3
집안에 경사가 있으니 이는 바로 혼인할 수다.
길성(吉星)이 비추니 가정에 기쁨이 가득하다.
재성(財星)이 문으로 들어오니 모은 재물이 산 같으리라.

4

사월 남풍에 귀인이 서로를 찾는다.
소망이 여의(如意)하니 실패하지 않을 것이다.
뜻밖의 재물이 구하지 않아도 저절로 들어온다.

5

경사가 아니면 도리어 복제(服制)를 당할 수다.
비록 재물운이 좋으나 얻어도 나가는 것이 많다.
무단한 구설이 송사(訟事)에까지 이르리라.

6

집 안에 있으면 마음이 어지럽고
밖으로 나가면 마음을 상하게 되리라.
처음엔 힘이 드나 나중에 길하게 되니 큰 재물을 얻으리라.
봄바람이 불고 가는 비가 내리니 초목이 푸릇하게 자란다.

7

목성(木姓)이 불리하니 함께 일을 꾀하지 마라.
서쪽에서 오는 귀인이 우연히 도와주리라.
칠월에는 길흉이 서로 상반되리라.

8

가문 하늘에 단비가 내리니 마른 싹이 다시 살아난다.
봄에 닭이 알을 품었으니 반드시 득남하리라.
다투지 마라. 구설이 또 따른다.

9

재성이 비추니 구하면 재물을 얻으리라.
재물이 왕성하나 몸이 괴로우니 나중에는 흉하리라.
목성(木姓)이 해를 입히니 함께 일을 꾀하지 마라.

10

부귀가 함께하니 모든 사람이 우러러본다.
관가에 가지 마라. 형살(刑殺)이 끼친다.
다른 사람과 꾀하는 일은 도리어 실패하리라.

11

동짓달과 섣달에는 모든 일을 쉽게 이루리라.

만일 횡재가 아니면 반드시 경사가 생긴다.

항상 기쁜 일이 있으니 심신(心身)이 태평하다.

12

사방에 명예를 떨치니 이 밖에 또 무엇을 구하리요.

금년에는 분수를 지키는 것이 상책이다.

섣달에는 이름을 사방에 떨치리라.

유길무익지상(有吉無益之象)

병이 깊으니 이름난 명의도 고치기 어렵다.
가신(家神)이 발동하니 가정이 불안하리라.
물과 불을 조심하라. 한번은 헛되이 놀라게 된다.

재물운을 말하자면 얻는 것이 도리어 흉으로 변한다.
정월에는 재물을 잃을 수가 많다.
정월 중순에는 반드시 딸을 낳으리라.

마음이 가득 차고 뜻이 족하니 반은 잃고 반은 얻으리라.
작은 것이 나가고 큰 것이 들어오니 군자의 도가 커지리라.
지모(智謀)가 짧으니 일을 도모해도 실패하게 된다.

1
기지(基地)가 발동하니 반드시 구설이 따른다.
괘가 나쁘니 다른 경영을 꾀하지 마라.
다른 사람의 재물을 탐내지 마라. 낭패를 당하리라.

2
이사를 하지 않으면 처자에게 근심이 생기리라.
경영하는 일은 될 것 같다가도 이루지 못한다.
밖으로 나가면 마음이 한가롭고
집에 들어앉아 있으면 마음이 심란해진다.

3
굶주린 자가 밥을 얻었으나 숟가락이 없으니 이를 어찌할까.
재물운이 공허로우니 횡재가 도리어 흉으로 변하리라.
시비를 가까이하지 마라. 구설이 따를까 두렵다.

4

달이 검은 구름 속으로 들어가니 빛을 잃었구나.
다른 사람과 함께 일을 꾀하나 도무지 성공하지 못한다.
구설수가 있으니 서로 다투지 마라.

5

동남 양방향에서 귀인이 와 도와주리라.
집안에 우환이 있으니 그 해가 많을 것이다.
분수 밖의 일을 꾀하지 마라. 혹 실패할 수 있다.

6

재물이 길가에 있으니 억지로 구하면 얻으리라.
유월과 칠월에는 모든 일에 마가 낀다.
일을 반복해서 하게 되니 다른 사람을 멀리하라.

7

가려고 하나 길이 없어 가지 못하니 이 운수를 어찌할까.
횡액수가 있으니 정성을 다해 도액(度厄)하라.
일에 끝이 없으니 다른 사람을 멀리하라.

8

남의 말을 듣지 마라. 일이 허황되리라.
여자를 가까이하지 마라. 반드시 손해를 보게 된다.
여행을 떠나지 마라. 병에 걸릴 것이다.

9

생소한 사람은 사귀거나 함께하지 마라.
이사를 하지 않으면 어려움을 면치 못하리라.
서쪽과 북쪽이 해로우니 출행(出行)하지 마라.

10

일이 여의치 않으니 소망하는 일을 하나도 이루지 못하리라.
목성(木姓)을 가까이하면 구설을 면하기 어렵다.
하는 일마다 막히니 공허로운 마음을 어떻게 달랠까.

11

일년의 재수는 삼동(三冬)에 있다.

최(崔)가 김(金)가 정(鄭)가 박(朴)가는 금년에 해로우리라.

집안에 경사가 있으니 이는 자손의 경사라.

12

재물이 저절로 들어온다.

화성(火姓)이 도와주면 횡재를 만나리라.

동서 양방향에서는 일을 꾀해도 이루지 못한다.

일이 끝이 없고 아득하니 마치 낮도깨비 같다.
외로운 등불에 바람이 부니 불이 꺼지고 마침내 주위가 어두워진다.
일월(日月)이 밝지 못하니 도무지 동서를 분별할 수 없구나.

친한 사람을 믿지 마라. 말만 있고 도무지 신의를 지키지 않는다.
하는 일마다 이루지 못하니 이는 타인이 속이기 때문이다.
집에 들어앉아 있으면 길하고 밖으로 나가면 불리하리라.

길을 가는 것이 편치 못할 것이니 강물을 건너지 마라.
달은 차면 기울고 그릇은 차면 넘친다.
온갖 꽃들이 피어 있는 깊은 골짜기에서 비단옷을 입고 있어도
밤에 돌아다니니 보아주는 이 하나 없다.

1
조용히 지내면 직업을 잃고 움직이면 이익을 얻으리라.
만일 재물을 잃지 않으면 질병에 시달리리라.
기쁨과 근심이 서로 섞이니 한 번씩 기쁘고 슬프리라.

2
세상일이 뜬구름 같으니 처음엔 길하나 나중에는 흉해지리라.
만일 구설이 따르지 않으면 도둑을 맞게 될 것이다.
바람과 파도가 거센 가운데 배를 띄우니 가려 해도 나가지 못한다.

3
집을 굳게 지키고 있으면 마침내 복이 돌아오리라.
신수(身數)가 불길하니 특히 질병을 조심하라.
명산에 기도하면 가히 이 수를 면할 수 있다.

4

해가 구름 속으로 들어가니 세상이 어두워진다.
나가고 들어오는 데 해(害)가 있으니 재물을 잃게 되리라.
사람으로 인해 피해를 입으니 특히 금성(金姓)을 멀리하라.

5

신상에 길함이 있으니 반드시 만사가 형통할 것이다.
바야흐로 재물운이 깃들였으니 가도(家道)가 흥왕하리라.
편안히 집에 있으면 그 가운데 이익이 생긴다.

6

작은 것으로 큰 것을 얻으니 재물운이 대통하리라.
다른 사람의 재물을 탐내지 마라. 도리어 손해를 보리라.
시비를 가까이하지 마라. 구설이 따른다.

7

새가 날개를 상하니 날려고 해도 날지를 못한다.
일에는 두서가 있는 법이니 급히 도모하지 마라.
혹 구설이 있어 모사(謀事)를 이루지 못하리라.

8

이지러졌던 달이 다시 둥글어지니 의심스러운 일이 풀린다.
횡액(橫厄)을 피하려면 미리 남쪽으로 가라.
괴로움과 기쁨이 상반되고 기쁨과 근심이 뒤섞이는구나.

9

달이 서쪽 하늘로 떨어지니 꿈이 아주 흉하다.
도둑이 들까 두렵고 재물을 잃을까 걱정된다.
뜻하지 않은 일로 많은 재물을 잃으리라.

10

문서에 해로움이 있으니 토성(土姓)을 멀리하라.
뜻하지 않은 재물이 우연히 집안으로 들어온다.
이익이 사방에 널려 있으니 반드시 큰 재물을 얻으리라.

11

강남 물가에서 작은 배를 띄우니
물을 건너기도 전에 파손을 당하는구나.
먼길을 나서지 마라. 반드시 해를 당하리라.
집안에 불만이 많으니 무단한 일로 재물을 잃게 된다.

12

만일 질병이 아니면 부모에게 근심이 있으리라.
큰 것이 나가고 작은 것이 들어오니 반드시 재물을 잃게 되리라.
일이 여의치 못하니 세상일이 꿈과 같구나.

전진형통지의(前進亨通之意)

독벌레가 여러 사람의 마음을 갉아먹으니 일이 어지러워진다.
운수가 불리하니 하는 일에 막힘이 많으리라.
신상에 험함이 있으니 모든 일을 조심해서 하라.

망령되게 행동하면 후회하게 되리라.
신상에 괴로움이 있고 집안에서 근심이 떠나지 않는다.
이와 같지 않으면 재물을 잃게 되리라.

길이 도리어 흉으로 변하니 그 화가 여러 사람에게 미친다.
부부가 서로 반목하니 집안이 화목하지 못하다.
이와 같지 않으면 재물을 잃게 되리라.

1

해도 밤이 되면 기울고 달도 차면 이지러진다.
분주하게 동으로 서로 달리나 하나도 성사시키지 못한다.
집에 있으면 심란하고 밖으로 나가도 마음을 상하리라.

2

의기는 높아 하늘을 날려고 하나 날개가 없으니 이를 어찌할까.
모든 일을 조심해서 처리하라. 구설이 따를까 두렵다.
친한 사람을 조심하라. 웃음 속에 칼이 숨겨져 있다.

3

길운(吉運)이 점점 돌아오니 자연히 부귀를 누리리라.
분수를 지키고 편안히 지내면 집안이 태평할 것이다.
위태로운 중에 편안함을 얻으니
처음엔 흉하나 나중에는 길해지리라.

4

봄에 제비가 집으로 돌아오니 옛정을 잊지 못함이다.
신수가 태평하고 재수(財數)가 흥왕하리라.
하는 일은 날로 성공하여 재물을 더한다.

5

집안이 불안하니 질병이 끊이지 않는다.
이와 같지 않으면 송사(訟事)에 시달리리라.
만일 슬하에 근심이 생기지 않으면 재물을 잃게 될 것이다.

6

시비를 가까이하지 마라. 구설이 분분하리라.
주색을 가까이하지 마라. 반드시 손해를 보게 된다.
허욕을 부리지 마라. 불리할 수다.

7

노력하지 않고 어찌 수복(壽福)을 바라는가.
이로움은 어느 쪽에 있는가. 반드시 남쪽에 있으리라.
서쪽이 길하고 목성(木姓)이 구해줄 것이다.

8

강을 건너지 마라. 재물을 많이 잃으리라.
수신(水神)에게 기도하면 가히 이 수를 면할 수 있다.
안정을 취하면 길하고 망령되게 행동하면 해가 따른다.

9

새가 날개를 상하니 날려고 해도 날지를 못한다.
처음엔 비록 재수(財數)가 길하나 나중에는 후회할 일이 생긴다.
이(李)가를 가까이하지 마라. 반드시 불리하리라.

10

얕은 물에 배를 띄우고 가니 고생도 많고 괴로움도 깊다.
심신(心神)이 산란하니 꾀하는 일을 하나도 이루지 못한다.
토성(土姓)을 가까이하지 마라. 피해가 많으리라.

11

초목이 가을을 만나니 그 슬픈 마음 누가 알리요.
만일 신병(身病)이 아니면 복제(服制)를 당할까 두렵다.
금성(金姓)이 도우면 자연스럽게 횡재를 하리라.

12

지금에야 길운을 만나니 재앙이 사라지고 복이 돌아온다.
역마살(驛馬殺)이 문에 이르니 서북쪽으로 이사하리라.
뜻밖에 성공하니 재백(財帛)이 끊이지 않는다.

지모세인불식지의(志謨世人不識之意)

산에 들어가 신선을 만나나 사람이 이를 알아보지 못한다.
적막한 천지에 의지할 곳 한 군데가 없구나.
세상일이 마치 꿈속 같으나 이 또한 신수(身數)인 것을 어찌하랴.

곤란한 때에 집안마저 근심에 휩싸이는 것은 또 어인 일인가.
동쪽으로 가지 마라. 반드시 재물을 잃으리라.
금년의 운수는 분주하게 지낼 수다.

해가 저물고 갈 길이 머니 걸음걸음마다 마음만 황망하다.
앞길에 인연이 없으니 바라는 바를 어찌 이루리.
시비에 끼여들지 마라. 관재(官災)가 따르리라.

1
운수가 형통하니 일신이 편안하리라.
산일까 물일까 고민하지 마라. 이익은 그 가운데 있다.
금성(金姓)을 조심하라. 재물을 많이 잃게 될 것이다.

2
때에 따라 적절히 행동하니 도를 넘지 않는다.
악을 버리고 선을 취하면 저절로 편안함을 얻으리라.
몸이 고단함을 한탄하지 마라. 마침내 편안해지리라.

3
서쪽으로 가면 귀인을 만나 도움을 받으리라.
재물운은 어떠한가. 얻어도 반은 잃는다.
이익은 어디에 있는가. 한가한 곳에서 이익을 얻으리라.

4
출행(出行)하지 마라. 많은 손해를 입게 될 것이다.
남쪽이 불리하니 하는 일을 모두 이루지 못한다.

망령되게 행동하지 마라.
안정되게 행동하면 이익이 생기리라.

5

마음을 한결같이 하면 자연히 이익을 얻는다.
뜻밖에 재물을 얻으니 마침내 집안을 일으키리라.
재성(財星)이 비추니 이때를 놓치지 마라.

6

처음엔 길하고 나중에는 흉하니 모든 일을 조심해서 하라.
동쪽으로 가지 마라. 손실만 당하고 이익은 없으리라.
신상에 근심은 없으나 재운(財運)은 불리하다.

7

땅을 골라 옮겨 살면 집안이 평온해지리라.
남을 업신여기지 마라. 도리어 해를 당한다.
분수를 지키며 집에 있으면 자연히 복이 따르리라.

8

동산에 청송을 옮겨 심으니 가히 숲을 이루었다.
굶주린 자가 풍년을 만나니 식록(食綠)이 끊이지 않는다.
음사(陰事)를 꾀하면 도리어 해를 입는다.

9

고목이 봄을 만나니 그 광채가 가히 눈부시다.
덕을 쌓으니 집안에 경사가 있으리라.
횡액수가 있으니 목성(木姓)을 가까이하지 마라.

10

재물운은 대통하나 슬하에 근심이 생기리라.
만일 신병이 아니면 아내에게 근심이 생기니
이를 어찌 면할 수 있을까.
가족이 화목하지 못하니 몸과 마음이 다 피곤하다.

11 일을 꾀하면 처음엔 될 것 같다가도 끝내 이루지 못하니
이를 어찌할 것인가.
우연한 일로 구설이 따르리라.
이후부터는 점점 좋은 일이 많이 생길 것이다.

12 재물운이 왕성하며 글로 이익을 얻으리라.
귀인을 만나면 뜻밖에 공을 세우고 명성을 얻는다.
명리(名利)가 마음에 맞으니 구하지 않아도 저절로 들어오리라.

853 유능유지부중지의(有能有志不中之意)

범을 잡으러 산에 들어가니 생사를 판단하기 어렵구나.
해가 밝지 못하고 먹구름이 달빛을 가렸다.
분수 밖의 것을 탐내지 마라.
손실만 당하고 이익은 얻지 못할 것이다.

망령되게 행동하면 불리하고 안정하면 길하리라.
삼춘(三春)에는 관사(官事)에 참여하면 불리하다.
집안이 불안하니 이 신수를 어찌할까.

삼년 동안 가무니 들에서 푸른 풀을 찾아볼 수 없다.
서로 다투니 푸른 물결 위에 눈물을 뿌리게 되리라.
꽃다운 여인과 인연을 맺으리라.

1
가운(家運)이 대길하니 집안이 태평하리라.
귀성(貴星)이 비추니 관록(官祿)이 따를 것이다.
분수 밖의 것을 탐내지 마라. 도리어 불리해지리라.

2
일이 여의치 못하니 시작은 있으되 끝을 맺지 못한다.
관사(官事)에 참여하지 마라. 불리하리라.
이 달에는 흉만 있고 길은 없다.

3
재성(財星)이 몸을 비추니 재물을 구하면 얻으리라.
만일 아내에게 근심이 생기지 않으면 신병(身病)을 면치 못한다.
다른 사람과 함께 일을 꾀하면 큰 손해를 입게 될 것이다.

4

뜻은 있으나 이루지 못하니 이 신수를 어찌할까.
집에 있으면 불리하니 밖으로 나가라.
집에 들어앉아 있으면 힘들고 밖으로 나가면 길하리라.

5

산에 들어가 범을 만나니 어찌할 바를 모르는구나.
신령이 도우니 죽음 가운데서도 삶을 구하리라.
다른 일을 꾀하지 마라. 재물을 잃게 될 것이다.

6

뜻밖에 공을 세우고 명성을 얻으니 가정에 기쁨이 가득하다.
화성(火姓)을 만나면 가도(家道)가 창성하리라.
슬하에 근심이 생기나 피해는 별로 없다.

7

산을 지나던 사람이 길을 잃고 방황하는구나.
동서로 분주하나 소득은 별로 없다.
마음이 위태로우니 이를 어찌할까.

8

길손이 청산에 들어가 길을 잃고 방황하는구나.
만일 재물을 잃지 않으면 친환(親患)을 면치 못하리라.
관사에 참여하지 마라. 불리할 징조다.

9

마음이 불안하니 마치 뜬구름 같다.
횡액수가 있으니 산신(山神)에게 기도하라.
분수 밖의 것을 탐내지 마라. 불리하리라.

10

다른 경영을 하지 마라. 일이 마음에 맞지 않을 것이다.
금성(金姓)이 불리하고 서쪽으로 가면 해를 입으리라.
시비를 가까이하지 마라. 구설이 따를까 두렵다.

11 적막한 산창(山窓)에서 공연히 터져나오는 탄식이여.
심신(心神)이 산란하니 세상일이 뜬구름 같다.
서로 다투지 마라. 구설이 분분하리라.

12 길한 사람은 하늘이 도우니 질고(疾苦)가 저절로 사라진다.
재성이 비추니 뜻밖에 재물을 얻으리라.
이와 같지 않으면 슬하에 근심이 생길 것이다.

석양이 지니 길을 돌아가던 나그네의 발걸음이 바빠진다.
십년이나 노력해온 일을 눈앞에서 놓치고 만다.
길을 나섰으나 말[馬]을 잃었으니 어떻게 원행(遠行)할 수 있을까.

처음엔 손해를 봐도 나중에 다시 얻으니 늦게 재물이 생기리라.
만일 집안에 근심이 생기지 않으면 한번은 병에 걸릴 것이다.
금년의 운수는 기쁨과 근심이 상반되는 수다.

세 사람이 동행하고 있지만
서로 속마음이 달라 한 사람도 믿을 수 없다.
게를 잡아 물에 놓아주고 닭을 쫓다 울타리만 쳐다본다.
흉살(凶殺)이 닥치니 질고(疾苦)가 떠나질 않는다.

1
사방을 분주하게 돌아다니니 고단한 몸을 어찌할까.
일은 많으나 이루지 못하니 별로 소득이 없다.
다른 경영을 하지 마라. 손실만 있고 이익은 없으리라.

2
우레가 요란하게 울리나 소리만 있고 그 형상은 없다.
분수를 지키고 편히 지내면 슬하에 경사가 있으리라.
목성(木姓)을 가까이하지 마라. 손해를 끼칠 것이다.

3
삼월 동풍에 기쁜 일이 많으리라.
이와 같지 않으면 슬하에 경사가 있을 수다.
재성(財星)이 비추니 재물을 얻어 집안을 일으키리라.

4 재물은 동쪽에서 왕성하고 길(吉)은 남쪽에서 만나리라.
만일 경사가 아니면 필연 횡재를 만날 수다.
재수(財數)는 비록 길하나 혹 구설이 따르리라.

5 집에 풍파가 몰아치니 시비가 따를까 두렵다.
만일 친한 사람이 아니면 형제지간의 우애가 벌어지리라.
서쪽이 길하니 그리로 가라.

6 시운(時運)이 불리하니 공연히 마음만 상하게 된다.
사방으로 분주하게 뛰어다니나 별로 이익을 얻지 못한다.
서쪽 사람은 반드시 해로우리라.

7 술집에 가지 마라. 재물을 잃고 명예가 손상되리라.
신수가 불리하니 도둑을 조심하라.
친한 사람을 가까이하지 마라. 우연히 재물을 잃게 될 것이다.

8 비록 재수는 있으나 얻어도 도리어 잃는다.
요귀(妖鬼)가 해를 끼치니 하는 일마다 마가 낀다.
여자를 가까이하면 많은 재물을 잃게 되리라.

9 비록 노력은 하나 소득은 없다.
일이 여의치 못하니 절로 나오는 탄식소리여.
부부가 화목하지 못하니 집안이 불안하리라.

10 마음에 번민이 많으니 이 수심을 어디에 털어놓으리요.
질병이 떠나지 않으니 몸이 힘들다.
목성(木姓)을 만나면 우연히 재물을 얻으리라.

11

다시 헌 집을 고치니 뒤늦게 빛이 난다.
서북 양방향에서 귀인이 와 도와주리라.
묘책(妙策)이 없으면 도리어 힘들 것이다.

12

재수를 말하자면 적게 얻고 많이 쓰게 되리라.
슬하에 액이 생기지 않으면 아내에게 근심이 있을 것이다.
횡재수가 있으니 이때를 놓치지 마라.

약부대시무불리지의(若不待時無不利之意)

포를 발사하는 소리가 우렁차게 울려퍼지니
온갖 금수(禽獸)가 다 놀란다.
처음엔 힘이 드나 나중에 길하게 될 것이다.
한 번은 기쁘고 한 번은 슬프며 구설이 따르리니 조심하라.

마음에 정한 바가 없으니 수고를 해도 공이 없다.
횡재하지 않으면 한번 헛되이 놀라리라.
금년에는 횡액이 따르리니 조심하라.

맹호가 바위를 짚어지니 빛이 밝고 거칠 것이 없다.
물결 위에 배를 띄우니 흉은 많고 길은 적으리라.
녹(祿)이 하늘에서 내려오니 꾀하는 일을 이루리라.

1
두 범이 서로 다투니 옆에서 보는 사람이 겁에 질린다.
비록 수고는 하나 심력(心力)만 허비하게 된다.
친한 사람을 조심하라. 말만 있고 일은 어긴다.

2
모든 일에 막힘이 있으니 길한 중에 흉이 있으리라.
목성(木姓)이 해로우니 가까이하지 마라.
북쪽에는 해(害)가 있으나 동쪽과 서쪽은 길하리라.

3
다른 사람을 믿지 마라. 손실만 있고 이익은 없다.
만일 구설이 아니면 횡액이 따를까 두렵다.
이와 같지 않으면 복제(服制)를 당하리라.

4

동서로 분주하게 뛰어다니나 하는 일마다 이루지 못한다.

재물이 서쪽에 있으니 마땅히 그리로 가라.

요귀가 발동하니 기이한 병을 조심하라.

5

산에 올라 고기를 구하니 끝내 구하지 못한다.

만일 질고(疾苦)가 아니면 처궁(妻宮)에 액이 있을 것이다.

길신(吉神)이 도우니 위태로운 중에도 편안함을 얻으리라.

6

착한 것을 취하고 악한 것을 멀리하나 혹 해를 입을까 두렵다.

친한 사람을 믿지 마라. 재물을 잃고 명예도 손상되리라.

다른 일을 꾀하지 마라. 얻어도 도리어 더 많이 잃을 것이다.

7

옛것을 지키고 안정을 취하라. 원행(遠行)하면 해가 따르리라.

논쟁하지 마라. 구설이 뒤따른다.

큰 재물은 얻기 어려우나 작은 재물은 가히 얻으리라.

8

다른 경영을 하지 마라. 별로 이익이 없다.

뜻밖에 재물을 얻으니 늦게 빛이 날 것이다.

횡재하지 않으면 한번 헛되이 놀라리라.

9

수고만 하고 공이 없으니 이를 어찌할까.

마음이 공허로움을 좇으려 하니 불길한 징조다.

여색을 가까이하지 마라. 반드시 불리하다.

10

몸이 타향에서 노니 간간이 위태로운 일이 있으리라.

앞길이 험악하니 미리 도액(度厄)하라.

외인(外人)을 가까이하지 마라. 재물을 잃게 될 것이다.

11 바다에 가 금을 구하니 공연히 심력만 허비하게 된다.
옛것을 지키고 안정을 취하면 액이 별로 없으리라.
비록 재물은 생기나 얻어도 도리어 잃게 된다.

12 길운(吉運)이 점점 돌아오니 근심이 흩어지고 기쁨이 생긴다.
길성(吉星)이 비추니 집에 길경(吉慶)이 있으리라.
몸과 재물이 함께 성하니 이 밖에 또 무엇을 바랄까.

진달영귀지의(進達榮貴之意)

동풍이 부니 봄꽃이 활짝 피어난다.
땅을 파서 금을 얻으니 이는 순전히 노력의 대가다.
가운(家運)이 길하니 재록(財祿)이 끊이지 않으리라.

뜻밖에 공을 세우고 명성을 얻으니 사방에 이름을 떨치리라.
부귀를 함께 누리니 사람들이 우러러본다.
도처에 권리가 있으니 가정에 기쁨이 가득하다.

보검(寶劍)을 얻으니 신하가 임금을 만난다.
배를 타고 여울을 건너니 밖은 허해도 안은 실하다.
공을 세우고 명성을 얻으니 치하하는 객이 문 앞에 줄을 선다.

1
용이 밝은 구슬을 얻으니 그 조화가 무궁하다.
재물도 있고 권리도 있으니 사람들이 우러러본다.
하는 일마다 여의(如意)하니 모든 일이 대통(大通)하리라.

2
온 들에 봄이 돌아오니 만물이 화생한다.
도처에 재물이 있으니 의기가 양양하다.
때를 만나 움직이니 집안에 좋은 일이 있으리라.

3
길운(吉運)이 돌아오니 기쁜 일이 많을 것이다.
식솔을 더하고 토지를 더해 집안을 일으키리라.
구름이 흩어지고 달이 나오니 천지가 환히 밝아진다.

4
청조(靑鳥)가 서신을 전하니 이는 반드시 기쁜 소식이리라.
귀인이 도우니 반드시 좋은 일이 있다.

남쪽은 불리하니 출행(出行)하지 마라.

5

모든 일이 여의하니 집안이 화평하리라.
집에 경사가 있으니 집안 사람이 기뻐한다.
귀인을 만나면 관록(官祿)이 생기리라.

6

금옥(金玉)이 집안에 가득하니
가히 부와 명성을 기약할 수 있으리라.
신상에 근심이 없으니 일신이 편안해지리라.
도처에서 길함을 만나니 태평할 수다.

7

하늘이 돕고 땅이 도우니 재백(財帛)이 끊이지 않는다.
동쪽 사람을 만나면 큰 재물을 얻게 된다.
운수가 대통하니 하는 일마다 여의하리라.

8

동원에 복숭아꽃이 피어나니
벌과 나비가 날아와 그 향기를 즐긴다.
소망이 여의하니 하는 일마다 성취하리라.
집에 있으면 길하고 멀리 나가면 불리하다.

9

뜰 앞 보배나무여, 그 향기 그윽하구나.
집에 경사가 있으니 이는 반드시 득남할 수다.
이와 같지 않으면 재물을 잃게 될까 두렵다.

10

고기와 용이 물을 얻으니 의기가 양양하다.
재물이 길 가운데 있으니 나가서 구하면 얻으리라.
많은 일을 성취하니 그 가운데 이익이 있다.

11

운수가 홍왕하니 복록(福祿)이 항상 가득하다.

집안이 점점 일어서니 화기(和氣)가 가득하다.

재수(財數)는 대길하나 혹 구설이 있을까 두렵다.

12

복제(服制)를 당하지 않으면 집안에 영화가 있으리라.

재물도 있고 토지도 있으니 하는 일마다 형통할 것이다.

뜻밖에 공을 세우고 명성을 얻으니 재백이 풍성하리라.

부록

용어풀이(가나다순)

가도(家道)	1) 집안에서 마땅히 행해야 할 도덕이나 규율. 2) 집안 살림을 해나가는 형편.
가신(家神)	집에 딸려 있어 집을 지킨다는 귀신. 성주(城主), 세존(世尊), 조왕(竈王), 문신(門神), 측신(廁神), 마부신(馬夫神), 조상신(祖上神), 삼신(三神) 등이 있다.
곤륜산(崑崙山)	중국 서쪽에 있는 영산(靈山)으로, 좋은 옥이 난다고 한다.
관사(官事)	관청에 관계되는 일. 관청의 사무.
교지(交趾)	현재의 베트남 북부 통킹, 하노이 지방의 옛 이름. 전한(前漢) 무제(武帝)가 남월(南越)을 멸망시키고 교지군(交趾郡)을 설치했었다.
구필(口筆)	입에 붓을 물고 쓰는 글씨.
금성(金姓)	곽(郭)씨, 남(南)씨, 노(盧)씨, 문(文)씨, 반(班)씨, 배(裵)씨, 서(徐)씨, 성(成)씨, 신(申)씨, 왕(王)씨, 원(元)씨, 음(陰)씨, 장(張)씨, 한(韓)씨, 황(黃)씨 등을 일컫는다.
기지(基地)	1) 터전. 2) 탐험 등을 할 때 행동반경이 넓을 경우 세워두는 출동 근거지.
길경(吉慶)	좋은 경사.
길상(吉祥)	좋은 징조, 조짐.
낙양(洛陽)	중국 하남성 북부에 있는 고도(古都). 북쪽에 망산(邙山), 남쪽에 낙수(洛水)를 끼고 있어 경치가 좋기로 유명하다. 부근에 중국에서 가장 오래된 절이라고 하는 백마사(白馬寺)와 용문(龍門)의 석굴 등이 있다.
남양(南陽)	중국 하남성 남부에 있는 도시. 예로부터 중원(中原)과 서남 지방을 잇는 교통의 요지이다.
녹(祿)	녹봉(祿俸). 벼슬살이를 하며 받는 봉급.

483

녹인(祿人)	녹(祿)을 받아 살아가는 사람. 곧 관직에 있는 사람을 일컫는다.
단계(丹桂)	붉은 계수나무. 벼슬길에 나가거나 과거에 급제하는 것을 말한다.
도액(度厄)	액막이.
동토(動土)	1) 통티의 원말. 흙을 잘못 다루어 지신(地神)을 노하게 하여 받는 재앙을 의미한다.
	2) 건드리지 말아야 할 것을 공연히 건드려서 스스로 걱정이나 해를 입는다는 의미이다.
모옥(茅屋)	이엉이나 띠 따위로 지붕을 인 작은 집. 모사(茅舍), 모자(茅茨).
목성(木姓)	강(康)씨, 고(高)씨, 공(孔)씨, 김(金)씨, 박(朴)씨, 염(廉)씨, 유(兪)씨, 유(劉)씨, 육(陸)씨, 조(趙)씨, 조(曹)씨, 주(朱)씨, 차(車)씨, 최(崔)씨 등을 일컫는다.
문서(文書)	1) 문자나 기호 등으로 일정한 사상을 나타낸 것.
	2) 문권(文券 : 땅·집 등의 소유권이나 그 밖의 어떤 권리를 증명하는 문서).
병주고향(竝州故鄕)	중국 당나라의 가도(賈島)가 오래 머물렀던 곳. 타향도 정들면 고향과 같다는 뜻을 견주어 이르는 말로, 제 2의 고향을 뜻한다.
복제(服制)	상복(喪服)에 관한 다섯 가지 규정. 준말은 복(服), 즉 상사(喪事)를 당한다는 뜻이다.
부상(扶桑)	동쪽 바닷속 해가 뜨는 곳에서 자라는 상상의 나무.
사기(事機)	일이 되어가는 가장 요긴하고 효과적인 때.
사호(四皓)	상산사호(商山四皓)의 준말. 중국 진시황 때 세상의 어지러움을 피하여 상산에 들어가 숨은 동원공(東園公), 기리계(綺里季), 하황공(夏黃公), 각리(角里) 등 네 사람을 이르는 말이다. 이들 모두 수염과 눈썹이 하얗게 세었기 때문에 붙여진 이름이다.

사창(紗窓)	깁(비단의 일종)으로 바른 창. 여자가 기거하는 방을 말한다.
삼산(三山)	삼신산(三神山)의 준말. 중국 전설상 발해만 동쪽에 있다는 봉래산·방장산·영주산을 이르는데, 우리 나라의 금강산·지리산·한라산이라고도 한다. 신선이 사는 곳이며, 불사약(不死藥)이 있다 하여 진시황과 한 무제가 그것을 구하려고 동남동녀(童男童女) 수천 명을 보내기도 했다.
상서(祥瑞)	복스럽고 길한 조짐.
상서(祥書)	좋은 소식을 알리는 글.
석숭(石崇)	1) 중국 진(晋)나라 때의 부호이며 문장가. 자(字)는 계륜(季倫)이며, 형주자사(荊州刺使)를 지냈다. 항해(航海)와 무역(貿易)으로 돈을 벌어 그 영화로움이 비길 데 없었다고 한다. 2) 부자를 일컫는 말.
소상(瀟湘)	중국 호남성 동정호(洞庭湖) 남쪽에 있는 소수(瀟水)와 상강(湘江)을 이르는 말로, 소상팔경이라는 빼어난 경치로 유명하다.
수성(水姓)	기(奇)씨, 노(魯)씨, 마(馬)씨, 소(蘇)씨, 여(呂)씨, 여(余)씨, 오(吳)씨, 우(禹)씨, 천(千)씨, 허(許)씨 등을 일컫는다.
순(舜)임금	중국 전설상의 제왕으로, 지극한 효성으로 널리 알려져 있다. 요(堯)임금에게서 임금자리를 물려받았으나 아들에게 물려주지 않고 치수(治水)에 공이 컸던 우(禹)에게 물려주었다고 한다. 예로부터 요임금과 더불어 성천자(聖天子)로 일컬어졌다.
식록(食祿)	음식과 녹봉.
심신(心神)	마음과 정신.
아방궁(阿房宮)	1) 중국 진시황이 기원전 212년에 함양(咸陽)에 세운 궁전으로, 일만 명을 수용할 수 있었다고 한다. 동서의 길이 990m, 남북의 길이 약 152m로, 항우(項羽)가 방화했을 때에는 3개월간 계속 탔을 정도로 규모가 컸다고 한다. 유적은 섬서성 서안부 자안현의 서북쪽 아방촌에 있다. 2) 매우 크고 화려한 집을 비유해서 쓰는 말.

안택(安宅)	집에서 편안하게 지냄.
양산(梁山)	경상남도 양산. 농산물 집산지이며 형석(螢石)으로 유명하다.
양필(良弼)	보필하는 임무를 훌륭히 해내는 신하. 양보(良輔)라고도 한다.
영귀(榮貴)	지체가 높고 귀함.
위수(渭水)	중국 감숙성 동부에서 시작하여 섬서성을 관류하는 황하의 큰 지류. 유역의 위수분지는 기름진 대동지대로서 중국 고대문명의 발상지이다.
육친(六親)	가까운 여섯 친족. 부(父), 모(母), 형(兄), 제(弟), 처(妻), 자(子)를 이른다.
재신(財神)	재물을 다스리는 신.
천신(天神)	1) 하늘에 있는 신. 하늘의 신령. 2) 하늘의 풍운뇌우(風雲雷雨)와 산천성황(山川城隍)을 이르던 말. 중춘(仲春)과 중추(仲秋)에 날을 받아 제향(祭享)을 지냈다.
토성(土姓)	구(丘)씨, 권(權)씨, 도(都)씨, 민(閔)씨, 손(孫)씨, 송(宋)씨, 엄(嚴)씨, 임(林)씨, 임(任)씨, 전(田)씨, 피(皮)씨 등을 일컫는다.
편작(扁鵲)	중국 춘추시대의 명의(名醫).
해월(海月)	바다 위에 떠 있는 달.
현무(玄武)	1) 북쪽에 있는 칠성(七星)을 통틀어 이르는 말. 두(斗), 우(牛), 여(女), 허(虛), 위(危), 실(室), 벽(壁)의 일곱 별. 2) 북방을 맡은 신으로, 거북으로 상징된다. 옛날에는 무덤의 현실(玄室) 뒷벽과 관(棺)의 뒤쪽에 그렸다.
형산(荊山)	중국의 안휘성, 호북성, 산동성, 하남성에 걸쳐 있는 산 이름. 특히 옥(玉)으로 유명하다.
형산백옥(荊山白玉)	중국의 형산에서 나는 하얀 옥을 일컫는 말. 사물과 비교할 때는 '보물로 전해져오는 흰 옥돌'을 이르고, 사람에 비유될 때는 현량(賢良)한 사람을 이른다.

화성(火姓)   강(姜)씨, 길(吉)씨, 나(羅)씨, 벽(辟)씨, 변(邊)씨, 석(石)씨, 신(愼)씨, 신(辛)씨, 옥(玉)씨, 윤(尹)씨, 이(李)씨, 전(全)씨, 정(鄭)씨, 정(丁)씨, 지(池)씨, 진(陳)씨, 채(蔡)씨, 탁(卓)씨, 함(咸)씨 등을 일컫는다.

토정가장결(土亭家藏訣)

이 토정가장결은 대천문화연구원장이자 향토사연구소장(1992년 현재)인 윤원석 선생께서 발굴한 것입니다. 윤원석 선생의 원문을 기본으로 번역과 윤문을 하였습니다. 이 글에 대한 설명은 따로 하지 않습니다.

내가 죽은 후 40년째 되는 을사년(乙巳年) 무자일(戊子日)에 장남이 아들을 얻을 것이다. 그러면 그 아이가 우리 집안의 성(姓)을 이어갈 것이다.

내가 비록 죽은 후일지라도 자손을 위하여 어찌 앞일을 헤아려 보지 않을 것인가? 감히 천기(天機)를 누설하며 대략 연운(年運)을 따져 너희들을 가르치려 한다. 그러니 절대로 집 밖으로 새어나가게 하거나, 음하고 간사한 사람에게 망령되이 퍼뜨리지 말아야 한다. 오로지 집안을 보존하는 방책으로만 삼아야 한다.

하늘에는 성신(星辰)의 변이(變異)가 있고 땅에는 운기(運氣)의 영축(盈縮)이 있다. 그런 까닭에 3대가 융성할 때에도 나라의 흥폐성쇠(興廢盛衰)의 운은 항상 있었다. 대개 홍무(洪武) 임신(壬申)에 등극한 후로 다스려 편안한 때가 간혹 있고, 쇠하여 어지러운 세상도 간혹 있다. 이것은 천성(天星)의 변이와 지운(地運)의 영축이 다른 까닭이다. 내 비록 재주 없으되 우러러보고 굽어 살피며 수년간 별의 숫자로 헤아려보니 한양(漢陽)이 5백 년을 넘기지 못할 것이다. 병란은 신·자·진년(申子辰年)에 있고 형살(刑殺)은 인·신·사·해년(寅申巳亥年)에 있으니 이는 피난할 시기다.

옥등화(玉登火)운에는 곤륜산(崑崙山)의 맥이 막혔으니 자미(紫

微)의 흰 기운이 석 달 간 하늘을 가린다. 화기(禍氣)가 중원(中原)에 있으므로 청나라의 운세가 쇠퇴하고 상서로운 구름이 금릉(金陵)에 모여들어 명나라의 운세가 다시 일어날 것이다.

우리나라로 말하자면 때로는 풍년이 들고 때로는 흉년이 들며 근근히 보전해나갈 것이다.

차천금(釵釧金)운에는 만민의 머리에 백설이 분분하고 여군주가 등극하면 나라가 길할 것이다.

석류목(石榴木)운은 별 다섯 개가 서로 합하고 은하수가 역류하여 산이 무너지고 물이 넘치며 독기운이 만백성에게 두루 번질 것이다. 그러니, 너희들은 경사가 가파른 산과 냇가에 살지 말고 시장(市場)의 장기(瘴氣)와 여역(癘疫)이 있는 곳에 가지 말아야 한다. 그렇게만 하면 처자식을 안전하게 보호하고 질병과 재앙을 면할 것이다. 이때 연경(燕京)에는 상거(喪車)가 동쪽 미성(尾星)에 나니 신쇄(晨碎)가 없음을 면키 어려울 것이다.

대해수(大海水)운은 임금이 승하하고 하늘이 별빛을 잃어 강도(江都)에 떨어지고, 삼각산이 우는가 하면 남산이 움직이고 뱀의 독기가 극심하여 창천운(蒼天運)이 쇠할 것이다.

해중금(海中金)운은 승하한 임금의 혼이 은하(銀河)로 돌아가고, 이상한 중이 거짓 참서(讖書)를 올려 궁궐을 중수(重修)하면 원성이 남산처럼 쌓이고 한강처럼 흘러 진(秦)나라가 망하고 한(漢)나라가 흥하는 기운이 움직일 것이다.

노중화(爐中火)운은 강 속의 포소리에 물고기와 자라가 모두 놀라니 이때부터 무궁(武弓)의 이로움이 비롯될 것이다.

대림목(大林木)운은 궂은비가 하늘을 덮고 아주 작은 별들이 빛을 발하니 궁초(弓草)와 감자가 벼, 기장보다 나을 것이다.

노방토(路房土)운은 천화(天火)가 떨어지고 땅이 진동하며, 해와 달이 빛을 잃고 화성(火星)이 남쪽에서 나오며, 상거(喪車)가 서쪽에 보이고 또 요괴스런 별이 있으면 이는 필시 병란이 일어날 현상

489

이다. 이때 복성(福星)이 동남쪽에 보이리니 그 기운을 살피는 자가 기운을 바라보고 땅을 정하여 살면 실로 군자가 기미를 볼 때이다.

금봉금(金鋒金)운은 청나라 조정의 권신(權臣)이 당파를 이루어 남북이 쟁패를 벌이면 이때부터 국난이 비롯될 것이다.

산두화(山頭火)운은 비록 목숨에 액이 끼기는 했으나 차츰 곡성(穀星)이 보이므로 이때 곡식을 쌓아두면 큰 흉년을 예방할 수 있을 것이다.

간하수(澗下水)운은 오랑캐의 배가 왕래하고 사경(四境)이 분분하며 주루봉궐(朱樓鳳闕)에 연기와 불꽃이 하늘을 찌르고 구름이 팔방을 어둡게 하여 낮에도 도깨비가 나올 것이다.

성두토(城頭土)운은 *** 이 하늘 가운데서 진동할 것이다.

백랍금(白蠟金)운은 별이 천구(天邱)에 떨어지고 마침내 기운이 변하여 이후 병란과 질병이 크게 침투할 것이다. 호환(虎患)이 먼저 오며 홍수와 가뭄이 계속되고 사람들은 도탄에 빠져 세상 인심이 흉흉해지고 원망의 소리가 드높을 것이다.

양류목(楊柳木)운은 갑자기 군란이 일어나 여군주가 목숨을 피하고, 동서에서 군사가 일어날 것이다. 그리하여 객이 주인이 되고 나라의 태공(太公)이 창해(蒼海)의 외로운 종적으로 처량한 신세가 될 것이다. 찾아나서는 사람이 없고, 부자가 먼저 망하니 후회막급이다. 생령(生靈)이 바삐 흩어지고 삼강(三綱)이 끊어지며 천재(天災)가 계속 혹심하니 어찌 해득을 말로 이를 수 있을 것인가!

천중수(泉中水) 운은 자미(紫微)의 흰 무지개가 다시 동쪽 부분에 걸려 나라에 변괴가 있고 상사(喪事)가 참혹할 것이다. 남북의 군세가 차츰 치열해지는 불길과 같다.

옥상토(屋上土)운은 천재 시변(時變)이 전에도 드물었고 지금도 없을 정도다. 굶주림으로 죽는 사람이 뒤를 잇고 서로 짓밟아 인명을 살해하니 과연 살아남는 자 몇이나 되리요! 그런가 하면 기근마저 겹쳐서 시체가 개천과 구덩이를 메울 것이다.

벽력화(霹靂火)운은 우레와도 같은 북소리와 함성이 멀리에서 들려오고 바람과 구름이 시커멓게 몰려들 것이다. 장차 다시금 어찌할 것인가!

송백목(松柏木)운은 벌같이 일어나는 장수가 창으로써 시국에 맞설 것이다.

장류수(長流水)운은 푸른 옷과 흰 옷이 더불어 서쪽, 남쪽에서 침략하니 이때 전읍(奠邑)이 바다섬의 군사를 이끌고 방성(方姓)·두성(杜姓)의 장수와 함께 갑오년(甲午年) 섣달에 즉시 금강(錦江)을 건너면 다시 천운(天運)이 커질 것이다. 이때 도읍지 한양을 화산(華山)의 깊은 골짜기로 옮기고, 곽 장군(藿將軍)이 요동의 군사를 이끌고 방씨·두씨 장수와 함께 왜적 및 서남오랑캐를 무찌르며, 청나라를 몰아내고 명나라를 돕되 정씨(鄭氏)를 부축하고 이씨를 기습하면 이씨는 제주(濟州)로 들어갈 것이다. 그러나 4~5년 간의 운수에 지나지 않는다.

너희들은 어김없이 이 기록을 생각하라. 큰 궁궐이 부흥하고 남문이 개수(改修)되며 오랑캐의 돈이 통용될 때는 바로 군자가 가야할 때이다. 만약 요동 간방(艮方)으로 들어가지 않을 생각이라면 반드시 삼척부(三陟府) 대소궁기(大小弓基)를 향하여 부지런히 힘을 기울여 곡식을 쌓을 일이다.

그러면 필시 구조해줄 사람이 있을 것이다. 10년 후 또 풍기(豊基) 소백산 아래 금계(金鷄) 위로 옮기고, 을미년(乙未年)에 이르러 다시 공주(公州) 용흥(龍興)의 서쪽 옥봉(玉峰) 아래로 옮기면 이것이 바로 큰 도회지이다.

비기(秘記)에 이르기를, 이씨의 운에 세 개의 비자(秘字)가 있다하니 바로 송·가·전(松家田) 세 글자이다. 먼저 송(松)은 왜적에 대하여 이롭고, 가(家)는 도중에 오랑캐의 난에 대하여 이로우며, 전(田)은 마지막으로 흉년에 이로운 것이다. 흉(凶)이란 병기(兵器)요, 병기는 이른바 흉년이니라. 궁궁(弓弓)이란 무궁(武弓)에 크게 이롭고 토궁(土弓)에 약간 이로운데, 경(經)에 이르기를 '9년간의 흉년에 곡식의 씨앗을 삼풍(三豊)에서 얻고 12년간의 병화(兵火)에 사람의 씨를 양백(兩白)에서 얻어라' 하니 이는 정씨를 가리켜 이른 말이다.

비록 창생(蒼生)을 위하여 십승지를 가리켜보이지만, 혹은 먼저 어려움이 있고 혹은 나중에 어려움이 있으니, 앞뒤를 모른 채 믿고 들어갔다간 필시 예기치 않은 화를 입을 것이다. 어찌 삼가지 않을 수 있겠는가!

이때에 이로운 것은 궁궁(弓弓)이니 궁궁이란 낙반고사유(落盤孤四乳)이다. 내가 지도를 구하여 8년 병진(丙辰)에 금강산에서 기운을 바라보며 근원을 찾아 삼척부(三陟府)에 이르러 신술방(辛戌方)을 향하여 오십천(五十川) 우이(牛耳) 사이로 들어가 태백산을 바라보니 백여 리 중에 깊은 숲만 있고 인가는 없는바, 즉 대소궁기(大小弓基)였다. 이 태백산 원줄기가 천봉만학(千峰萬壑)이 병풍처럼 좌우로 늘어서고, 유명한 내[川]와 신령한 땅이 앞뒤를 두르고, 용이 경태(庚兌) 건해(乾亥)로부터 임감맥(壬坎脈)으로 나누어 국세가 병·오·정(丙午丁) 세 방향으로 열리고, 태을(太乙)이 그 문을 지키고, 청룡이 그 골짜기를 둘러 화기(和氣)가 충만하니 참으로 경치가 뛰어난 곳이다. 그 모양이 활시위를 당긴 듯 기이하고 그 몸이 목성(木星)과 같으니 목씨(木氏)성을 가진 사람이 거주할 땅이다.

비결(秘訣)에 이르기를 '흥하는 자는 유씨(柳氏)와 박씨(朴氏)요, 망하는 자는 김씨(金氏)와 고씨(高氏)다'고 하였다. 비록 땅이 얕아드러나고 바다가 가깝지만, 적선(賊船)이 이르지 못하고 토병(土兵)이 쳐들어올 수 없다. 이는 약함이 능히 강함을 이기고 허(虛)한 가운데 실(實)하여 하늘이 정한 궁기(弓基)니 일시 쓸 때가 있을 것이다.

너희들은 내가 일러주는 대로만 하면 자연히 편안한 생활을 하고 족히 세 가지 재앙을 피할 수 있다. 그러니 절대로 누설하지 말고 그 백년의 땅에 들어가서 열심히 일하여 곡식을 쌓아두면 진실로 삶을 도모하고 생명을 보전할 수 있다. 거주하는 곳에서 김씨·고씨 성을 가진 사람을 가까이하지 말고 믿을 수 없는 사람에게는 삼가 성의를 베풀지 말아야 한다.

이 밖에 기이한 곳이 세 군데 있는바, 하나는 풍기(豊基) 예천(醴泉)이요 둘은 안동(安東)이요 셋은 운봉(雲峰) 두류산(頭流山)이다. 지형이 기이하고 아름답기는 이 궁기(弓基)와 다르지만 편안하고 한가로이 몸을 보전할 수는 있을 것이다. 또 하늘이 열어둔 다른 구역이 요동(遼東)에 감추어져 있다. 방해(方解)에 이르기를 '요즉(遼即)이란 파산(巴山) 압록강(鴨綠江)의 중간이요 이산(離山) 운령(雲嶺)의 아래다' 하였는바, ***이 청룡이 되고 가마산(加麻山)이 백호가 되고 화산(華山)이 안산(安山)이 되고, 자좌오향(子坐五向)이요 금구형(金鷗形)인지라 가히 자손을 보전할 수 있는 땅이다.

또 이제 경자년(庚子年)으로부터 다섯 가지 복이 길주(吉州) 분야에 이르러 진영기(進盈氣)가 40년, 퇴영기(退盈氣)가 25년, 도합 70년이므로 크게 안락한 모양이다. 나라에서 백성을 심고자 그 땅을 허락했으니 달콤한 맛의 샘물과 풍요로운 곡식이 실로 헤아릴 수 없을 정도이다. 결국에는 곽 장군(藿將軍)이 이 길을 거쳐 나아갈 것이다. 그러나 왕화(王化)가 미치지 못하는 것이 바로 결점이다.

경험(經驗)의 시에 '백두산 아래 물고기와 소금이 천하고 두만강 가에 물미역이 난다. 압록강 깊은 곳의 돌다리 위에 남동쪽에서 피해온 무리들의 소리가 들린다'는 구절이 있다. 이때에 곽 장군이 백두산에서 나와 오수덕(烏首德)으로부터 요동에 들어가 고월(古月)의 백성들을 거느리고 칼을 든 채 오가니 고월 반도(半道) 동쪽 백성들의 동요를 진정시키게 될 것이다. 동방 별구시(東方 別區詩)에 이르기를 '계룡산이 한 차례 진동하여 검은 돌이 하얗게 변하고 한강물이 붉게 밀려가 공주(公州)에 이르니 초포(草浦)에 배가 다닐 때 그대는 가히 알 것이다' 하였다.

이런 일이 있은 후에 방씨(方氏)·우씨(牛氏)·두씨(杜氏) 성의 장수를 일으켜 우리 군사가 힘을 합치고 임금을 도와서 좌충우돌하고 동정서벌(東征西伐)하니 어느 곳에든 적이 없을 것이다. 시에 이르기를 '모래 중의 분분한 도적이 지금 어디 있느뇨! 하늘 높은 곳에서 칼머리에 바람을 주었구나. 하늘이 금포(錦浦)를 여니 전읍(奠邑)이요, 땅은 화산(華山)이 열렸으니 물러난 이씨(李氏)가 망하도다' 하였다.

아름답도다. 숨어 있는 선비가 금강(錦江)의 좌우 땅을 온통 씻도록 할 것이다. 슬프도다. 한양(漢陽)의 수명이 화산(華山)으로 물러나고 아울러 탐라(耽羅)로 건너가 3년 5년 동안 살고, 다시 북쪽으로 달아나 3년 후에 한나라 수명을 이어받아 촉(蜀)으로 돌아갈 것이다.

너희들이 의심하여 결정을 내리지 못할 것이 우려되는바 대략 나라일의 장래를 글로 써서 거울과 경계로 삼고자 하니 너희들은 반드시 명심하여 잊지 말아야 할 것이다.

영축:남음과 모자람
자미:북두성의 북쪽에 있는 성좌. 천제(天帝)가 거처하는 별이라고 함.
장기:산천에서 생기는 나쁜 기운으로 열병의 원인이 되는 기운.
여역:전염병
주루봉궐:대궐

*부분은 책이 낡아 식별하기 어려워 해독하지 못했음.

토정 이지함 연보

자료근거 : 《애향》제6집, pp80 ~ 85, 「토정 이지함 연보」, 대천문화원, 1992

1517(壬年, 중종 12)   9월 20일에 충남 보령군 청라면 장산리에서 한산 이씨 목은 이색(牧隱 李穡)의 6대손으로 출생. 아버지는 수원 통판(水原通判)이었던 치(穉)이고 어머니는 광산 김씨로 우의정 극성(克成)의 매제이다. 출생 당시에 위로 지영(之英), 지번(之蕃), 지무(之茂)의 세 형이 있었다.

1528(戊子, 중종 23)   11월, 할아버지 장윤(長潤) 별세.

1530(庚寅, 중종 25)   아버지 별세.

1532(辛卯, 중종 27)   어머니 별세. 삼년상을 치른 뒤에 둘째형 지번을 따라 상경, 지번에게서 배움.

1536(乙未, 중종 31)   지번이 김안노의 미움을 사서 평해군(平海郡)으로 유배됨. 지함은 낙향.

1537(丁酉, 중종 32)   지번의 유배가 해제되자 다시 상경.

1539(己亥, 중종 34)   10월 26일, 장남 산두(山斗) 출생. 토정의 부인은 전주 이씨로 결혼 후에 경기 광주 광릉의 농장에서 1년간 독학함. 이때 화담 서경덕의 문하로 들어가 수학함.

1542(壬寅, 중종 37)   조카 이산해(1538년생)에게 태극도를 가르침.

1543(癸卯, 중종 38)   이산해가 신동으로 소문이 나서 그의 글씨를 얻으려는 사람으로 문전성시를 이룸. 아들이 유명해지는 것을 염려한 지번이 동작강정(銅雀江亭)으로 이사.

1545(乙巳, 인종 1)   8월, 을사사화가 일어나 윤임(尹任)이 독약을 받고 죽음.

1547(丁未, 명종 2)   조카 산보(셋째형 지무의 아들)를 서울로 데려감.

1548(戊申, 명종 3)	2월, 안명세가 필화로 죽자 지번과 함께 보령으로 낙향하여 5년간 은둔. 이때 조카 산보를 가르침.
1549(己酉, 명종 4)	북창 정염 사망.
1554(甲寅, 명종 9)	서기, 토정의 소개로 3년간 이중호(李仲虎)의 문하에서 수학.
1556(丙辰, 명종 11)	윤원형의 횡포를 피해 단양의 구담도담(龜潭島潭)으로 피신. 율곡이 송별의 시를 남김.
1557(丁巳, 명종 12)	8월 9일, 토정의 장손 거인(據仁) 출생.
1558(戊午, 명종 13)	율곡이 단양으로 찾아와 지번 형제를 위로함.
1559(己未, 명종 14)	7월 19일, 장남 산두 사망.
1560(庚申, 명종 15)	4월, 율곡, 개천(開天)으로 내려가는 토정을 한강에서 송별하고 시를 남김.
1562(辛酉, 명종 17)	임꺽정, 독약을 받고 죽음.
1565(乙丑, 명종 20)	승 보우가 제주도에서 맞아 죽음. 윤원형, 독약을 받고 죽음.
1566(丙寅, 명종 21)	율곡 이이와 손곡 이달 등과 교류. 이달은 서경덕의 제자 박순에게서 시를 배우고, 나중에 허균에게 시를 가르침.
1569(己巳, 명종 24)	퇴계의 강권으로 야인으로 떠돌던 지번이 청풍 군수에 임명됨.
1571(辛未, 선조 4)	지번이 발병하자 보령에서 상경. 이해에 중봉 조헌이 찾아와 제자로 받아줄 것을 요청.
1572(壬申, 선조 5)	남명 조식 사망. 지번, 공조정랑(工曹正朗)이 됨. 이때 토정은 중봉 조헌과 함께 서기, 박지화가 있던 지리산 홍은동으로 가서 강론함. 이때 계룡산, 안면도 등지를 다님. 이 당시 기행에 관한 일화가 수없이 많음.
1573(癸酉, 선조 6)	5월, 형 지번이 발병하자 상경하여 간호함. 6월에 포천 현감에 천거됨. 고사 끝에 7월, 포천 현감으로 부임.
1575(乙亥, 선조 8)	형 지번이 사망하자 "형은 내게 스승이었다" 하여 심상삼

	년(心喪三年)을 치름. 이해 겨울, 통진 현감으로 있던 중봉을 찾아가 나라의 장래를 의논함.
1576(丙子, 선조 9)	부평에 유배된 조헌을 방문하여 국가 변란을 예고하고 정몽주같이 충절을 다하라고 당부. 겨울, 이항복과 한준겸이 마포의 토정으로 찾아와 수학함.
1578(戊寅, 선조 11)	5월, 아산 현감이 됨. 7월 17일, 아산 현감 재직 중 순직. 유해는 충남 보령군 주포면 고정리 국수봉 기슭에 안장.
1580(庚辰, 선조 13)	조헌, 유배가 끝나자 토정의 묘를 찾아가 조문하고 제문을 지어 애도함. 이때 삼년상을 치르던 아들 산휘가 호랑이에게 물려 죽음. 셋째 산룡(山龍)은 열두 살에 죽음.
1589(己丑, 선조 22)	4월, 중봉 조헌이 도끼를 들고 상소. 2년 뒤 3월에 2차 도끼 상소.
1592(壬辰, 선조 25)	6월, 중봉 조헌이 금산벌에서 승병, 의병 700명과 함께 전사. 이어서 토정의 넷째아들 산겸(山謙)이 조헌의 뒤를 이어 충청, 호서 지역에서 의병을 모집하여 선전함.
1593(癸巳, 선조 26)	송유진이란 자가 반역을 일으키다 잡히자 두목은 산겸이라고 무고, 결국 산겸은 모반 혐의로 사형당함.
1596(丙申, 선조 29)	박지화, 동의보감 편찬에 참여.
1686(乙丑, 숙종 12)	토정을 모신 서원에 화암서원(花巖書院)이라는 사액이 내려짐.
1713(癸巳, 숙종 32)	이조판서에 추증됨.
1725(乙巳, 숙종 44)	문강(文康)이라는 시호를 받음. 토정의 현손(玄孫) 정익(鄭翊)이 경주부윤으로 있을 때 『토정집』이 간행됨.
1753(癸酉, 영조 30)	11월, 토정과 조헌이 임진왜란 10여 년 전에 대비책을 논의한 사실을 두고 왕이 신하들과 담론함.
1991	이재운의 『소설 토정비결(전 3권)』이 발표되어 토정의 애민사상이 세상에 널리 알려짐.

「토정비결」에 대하여

민중의 가슴을 따뜻하게 덮혀준 책, 『토정비결』

1

토정 이지함의 생애

토정(土亭) 이지함(李之菡)은 전설 속에나 등장하는 기인(奇人)
이 아니라 이 땅에서 숨쉬며 살다 간 역사적 인물이다. 비록 전해
지는 그의 삶이 기행(奇行)과 이적(異蹟)으로 가득 차 있기는 하지
만, 이지함은 1517년(중종 12년)에 태어나 1578년(선조 11년)에 사망
한 조선시대 중기의 엄연한 실존 인물이다.

토정이 살다 간 시기는 각종 사화(士禍)와 사화(史禍), 민란 등
이 끊이지 않고 일어났던 혼란의 시기였다. 어려서 아버지를 여의
고 형인 지번(之蕃) 밑에서 글을 배우던 토정은, 가장 사랑하던 친
구 안명세가 사화(史禍)에 휘말려 죽은 뒤에 서경덕의 문하에 들
어갔다.

후일 수리(數理)·의학·복서(卜筮)·천문(天文)·지리·음양·
술서(術書) 등에 달통하게 된 것은 스승 서경덕의 영향으로 알려져
있다. 아마도 화담 서경덕을 만나 화담산방에 들어가게 된 것이 그
를 불세출의 기인으로 만든 계기가 되지 않았나 싶다.

토정은 생애의 대부분을 마포 강변의 흙담 움막집에서 청빈하
게 지냈는데, 그 때문에 '토정'이라는 호를 얻게 되었다. 토정이
의학과 복서에 밝다는 소문이 퍼지자 찾아오는 사람이 늘고 1년
신수(身數)를 보아달라는 부탁이 많아짐에 따라 책을 지었다. 그
것이 바로『토정비결(土亭秘訣)』이라고 알려져 있다.

그는 전국의 산천을 두루 다니며 명당과 길지를 점지하였으며,

『농아집(聾啞集)』을 저술하여 가난을 구제하는 데 도움이 되도록 하였다. 당대 성리학의 대가 조식(曺植)이 마포로 찾아와 그를 도연명(陶淵明)에 비유하였다는 이야기도 전해지고 있다.

이 외에도 그의 저서로 알려진 책에는『월령도(月影圖)』와『현무발서(玄武發書)』가 있는데, 지금까지도 해독하는 이가 거의 없다.

토정의 언행에 대해서는 주로 기이한 이야기가 많이 알려져 있어 그를 단지 기인으로만 보는 시각이 절대적이다. 그 특이한 일 중에서도 특히 주목할 만한 일은 그가 조선시대 양반으로서는 처음으로 장사를 했다는 사실이다.

당시 토정의 선조의 묘는 바닷가 언덕에 있었다. 천문을 통해 머지않아 큰비로 바닷물이 넘쳐 묘가 조수에 쓸릴 것을 예견한 그는 그 앞에 제방을 쌓는 큰 공사를 계획했다. 그러나 그의 집안은 하루 끼니도 걱정해야 하는 형편이었다. 결국 그는 공사에 필요한 막대한 경비를 마련하고자 장사에 손을 댔다.

그렇게 시작한 장사는 그후에도 계속되었으나, 그렇게 벌어들인 이익은 거의 서민들에게 돌아갔다. 한때 개간사업으로 장만한 수천 석의 곡식도 모두 가난한 사람들에게 나누어주어, 그의 집안은 늘 끼니를 걱정해야 했다.

한번은 이런 일도 있었다. 신혼 다음날 거리에 나갔다가 추위에 떠는 거지아이를 보게 되었는데, 아이는 찬바람을 막기 위해 두 손을 가슴에 모아 누더기옷을 여몄지만 해진 곳이 너무 많아 맨살을 미처 다 감추지 못하고 사시나무처럼 떨고 있었다. 그 딱한 모습을 토정은 그대로 지나칠 수가 없어 자신의 새 도포를 벗어 아이에게 덮어주고 집으로 돌아왔다.

그는 사람을 사귀는 데 있어서도 귀천을 가리는 법이 없었다. 실제로 그가 가장 존경하던 사람은 무명의 어옹(漁翁)이었으며, 가장 사랑한 제자 서치무와 서기 역시 모두 한미한 출신이었다.

토정은 60이 가까운 1573년(선조 6년)에 주민의 추천으로 조정에 천거되어 청하(靑河:지금의 포천) 현감이 되었다. 평소 가난한 고을을 넉넉하게 하고 야박한 풍속을 돈독하게 하고자 했던 그에게 비로소 기회가 주어진 것이었다. 그러나 그런 포부를 펴기에는 장벽이 너무 높았다. 현민들을 가난에서 구하고자 바닷물을 막아 기름진 옥토를 만들 방안을 상소하였으나 기각되어버렸고, 이에 토정은 곧바로 벼슬길에서 물러났다. 그러나 당시 임진강의 범람을 예견해 많은 생명을 구한 것은 유명한 일화로 남아 있다.

　1578년 아산 현감으로 다시 등용되었는데, 부임한 즉시 걸인청(乞人廳)을 만들어 걸인들을 구제하고 노약자와 기인(飢人)을 구호하였다. 또 관내를 자주 시찰하여 백성들의 생활을 두루 살피고, 백성들이 무고한 일을 당하지 않도록 하급관리들을 엄하게 관리하였으며, 가난한 역내 서민들에게 기술을 가르쳐 생계를 이어갈 수 있도록 도와주었다.

　당시 아산에는 장차 조정에 상납할 잉어를 기르는 양어장이 있었다. 그런데 조정이나 그와 관련된 중간관리들에게 바쳐야 할 잉어의 양이 점점 늘어나 나중에는 기르는 수보다 바쳐야 하는 수가 더 많아지게 되었다. 이때 토정은 그 수를 줄여달라는 소극적인 청원을 하지 않고, 직접 양어장을 메워 아예 폐쇄시켜버렸다. 그러고는 조정에 장계를 올려, 아산에는 이제 양어장이 없어 더 이상 잉어를 바칠 수 없다고 보고해버렸다. 이는 순전히 백성의 입장에서 문제를 푼 대표적인 사례로, 토정의 애민정신을 잘 보여주는 일화이다.

　토정이 갑자기 이질에 걸려 62세의 나이로 숨지자, 아산 백성들은 모두 부모를 잃은 것처럼 슬퍼하였고 거리마다 곡성이 가득하였다. 토정이 직접 가르쳤고 훗날 영의정에 오른 조카 이산해는 '세상에서는 토정을 알지 못하고, 다만 그 외견만 보고 기인이라고 하나 그 재간, 그 견식, 그 덕량, 그 행실은 능히 세상을 구할 만한 대기(大器)였다'고 묘비에 썼는데, 이는 토정의 생애를 한 마디로 요약한 글이라 할 수 있다.

인간에 대한 애정은 평생토록 지속된 토정 이지함의 삶의 철학이었다.『토정비결(土亭秘訣)』을 집필하게 된 동기도, 그 밑바탕에 흐르고 있는 사상도, 다름아닌 이 철학에서 비롯된 것이다.

이러한 토정의 생애와 철학을 제대로 이해하지 못한다면,『토정비결』은 한낱 거리를 휩쓸고 다니는 정처없는 점서(占書) 이상의 의미를 지니지 못할 것이다. 또『토정비결』이 수백년의 세월을 뛰어넘어 지금까지도 대다수 민중에게 사랑받는 이유를 설명할 수도 없을 것이다.

2 『토정비결』이 씌어진 시대상황과 민중 위안서로서의 역할

『토정비결』은 시대가 만들어낸 책으로, 그 안에는 고통에 찌든 당시의 민중을 훈훈하게 어루만져주었던 따뜻한 글이 많이 실려 있다. 그것은『토정비결』이 사람들에게 장차의 길흉화복을 짚어준다기보다는, 그렇듯 길흉화복에 둘러싸인 인생을 어떻게 슬기롭게 살아갈 수 있을까 하는 지혜를 알려주려 노력하고 있다는 의미로 파악할 수 있을 것이다.

조선시대 중기는 동서(東西) 붕당(朋黨)이 태동(胎動)하기 직전으로, 사회는 이미 혼란의 와중에 떨어져 있었다. 관리와 양반의 양민 수탈이 참혹한 지경에 이르렀으며, '임꺽정의 난'에서도 볼 수 있는 부조리와 부패로 썩어가던 임진왜란 직전의 사회, 사화(士禍)와 사화(史禍)의 빈발로 사림(士林)들이 떼죽음당하던 시대, 이것이 바로 토정의 시대였다.

토정은 마포 토정(土亭)에서 수많은 백성들을 직접 만났다. 포천과 아산의 현감을 지내면서도 백성들의 고단한 삶을 두 눈으로 똑바로 지켜보았다.

아마도 토정은 오랜 동안 마포 토정에서 문점(問占)객들을 만났던 듯하다. 그러면서 임진왜란 당시 병조판서를 지낸 이항복을 제자로 거두고, 율곡 이이와 남명 조식 같은 친구를 사귀었다고 전해진다.

『토정비결』을 보면 가장 많이 나오는 단어가 역시 '조심하라'는 말이다. 『토정비결』에 나타난 길흉화복(吉凶禍福)에 대한 표현은 대충 다음과 같은데, 이는 토정 이지함과 그가 살았던 시대상을 엿볼 수 있는 자료이기도 하다.

좋은 의미

- 녹(祿) : 벼슬
  재록겸전(財祿兼全), 신상영귀(身上榮貴), 재록가수(財祿可隨)
- 부(富) : 돈 · 재수(財數) · 재물
  첨구첨토(添口添土), 재물자왕(財物自旺), 광치전토(廣置田土),
  재왕복흥(財旺福興)
- 혼인(婚姻)
  첨구지수(添口之數), 처궁유경(妻宮有慶)
- 자녀(子女)
  인구증진(人口增進), 필생귀자(必生貴子), 가중유경(家中有慶)
- 화목 : 가정 · 부부
  일실화평(一室和平)
- 명리(名利) : 명예
  명진원근(名振遠近), 명파사방(名播四方), 만인앙시(萬人仰視)
- 귀인(貴人) : 도와주는 사람
  길인래조(吉人來助), 귀인래조(貴人來助)

나쁜 의미

- 구설(口舌)
  유언비어(流言蜚語), 관재구설(官災口舌), 구설분분(口舌紛紛)
- 송사(訟事)
  관재신지(官災愼之), 물입관가(勿入官家)
- 복(服) : 집안 식구나 친척의 사망
  상가막근(喪家莫近)
- 객사(客死) : 불의의 사고
  흉살래침(凶殺來侵), 횡액유수(橫厄有數)
- 불운(不運)
  설상가상(雪上加霜), 신유신고(身有辛苦)

길흉을 의미하는 각각의 표현을 살펴보면 조선시대 중기의 사회상을 엿볼 수 있다. 일례로 '구설(口舌)을 조심하라'는 말이 자주 등장하는 것은, 그 시대에 연거푸 일어나 많은 사람의 목숨을 앗아간 사화(士禍)·사화(史禍)·민란 등을 반영한 결과이다. 송사(訟事)에 관한 괘사가 많이 등장하는 것도 송사 자체를 금기시하던 분위기를 반영한 듯하다. 즉 당시 사람들은 송사가 일어난 그 자체가 곧 불명예요, 불행이라고 생각했던 것이다.

돈과 명예, 벼슬 따위를 높이 친 것 역시 그 시대 남성들이 가지고 있던 사회적인 성취 욕구를 일정 부분 반영한 것이다. 또한 '귀인(貴人)'이라고 해서 뜻밖에 나타나 자신을 이끌어주는 사람을 자주 거론한 것은, 붕당(朋黨)·혈연(血緣)·지연(地緣) 때문에 정당하게 등용되지 못하는 사회의 부조리를 역설적으로 반영하고 있다고 볼 수 있겠다.

『토정비결』이 이처럼 철저하게 그 당시 백성들의 현실을 반영하고 있는 것은, 이 책이 운명이란 정해져 있는 것이 아니라 개척하기에 달려 있다는 것을 역설(力說)하고 있다는 의미로 받아들일 수 있다. 즉 조심하면 액을 피해갈 수 있고, 덕을 쌓고 성심을 다하다 보면 누구나 출세하고 잘살 수 있다고 격려하고 있는 것이다.

3 『토정비결』의 원리와 현대적 가치

『토정비결』은 태세(太歲)·월건(月建)·일진(日辰)을 숫자적으로 따져서 상·중·하의 세 괘를 만들고, 이를『주역』의 음양설에 비추어 인간의 1년 길흉화복(신수)을 설명하는 예언서로서 모두 144장 7,056괘로 이루어져 있다.

『조선왕조실록』에서 토정 이지함을 가리켜 '수리(數理)에 밝은 수학자'라고 기록하고 있는 것은 아마도 이 144장의 수학적 배열에서 그 수리적인 능력을 확인했기 때문이 아닌가 싶다.

144장은 001에서부터 144까지가 아니라 111에서 863까지이다. 이 수리적 이치를 모르는 사람들은『토정비결』에서 중요한 부분이 빠졌다느니, 토정이 일부러 중요한 부분을 누락시켰다느니 하지만, 수리 체계를 살펴보면 전혀 그렇지 않다는 사실을 알 수 있다.

토정은 각 백자리 수마다 18개씩의 장을 두고 있다.

1그룹

111	211	311	411	511	611	711	811
112	212	312	412	512	612	712	812
113	213	313	413	513	613	713	813

2그룹

121	221	321	421	521	621	721	821
122	222	322	422	522	622	722	822
123	223	323	423	523	623	723	823

3그룹

131	231	331	431	531	631	731	831
132	232	332	432	532	632	732	832
133	233	333	433	533	633	733	833

4그룹

141	241	341	441	541	641	741	841
142	242	342	442	542	642	742	842
143	243	343	443	543	643	743	843

5그룹

151	251	351	451	551	651	751	851
152	252	352	452	552	652	752	852
153	253	353	453	553	653	753	853

6그룹

161	261	361	461	561	661	761	861
162	262	362	462	562	662	762	862
163	263	363	463	563	663	763	863

　6개 그룹으로 나뉜 이 숫자표에는 일정한 법칙이 있다. 우선 모든 그룹의 백자리 수는 1에서 8까지 여덟 단계만 진행된다. 또 십자리 수는 1그룹에서 6그룹까지 여섯 단계만 진행된다. 마지막으로 단자리 수는 각 그룹의 첫째줄이 1, 둘째줄이 2, 셋째줄이 3으로 고정되어 있다.

　여기에서 백자리는 태세수(太歲數), 십자리는 월건수(月建數), 단자리는 일진수(日辰數)다. 그런데 왜 태세수는 8까지 있고, 월건수는 6까지 있으며, 일진수는 3까지 있을까? 그것은 『토정비결』의 모태가 된 주역의 8괘, 6효와 변수 3을 근거로 한 것이 아닌가 싶다. 그 각각의 경우를 구하면(8×6×3) 『토정비결』이 다루고 있는 144가지의 1년 신수가 나오는 것이다.

『토정비결』은 또 주역의 64괘를 2괘씩 묶어 풀이의 기초로 삼고 있는데, 이 때문에 128을 초과하는 16괘는 같은 괘의 조합을 사용하게 된다.

『토정비결』이 다루고 있는 144장에 대해서는 12띠를 각 띠마다 12가지씩의 운세를 배정하다 보니 144장으로 맞추어졌다는 설도 있다.

400여 년 전에 씌어진 『토정비결』을 현대에 적용하다 보면 여러 가지 문제가 있을 수밖에 없다. 이것이 과연 혹세무민(惑世誣民)하는 다른 점서들과 달리 어느 정도의 과학성과 객관성을 지니고 있는가 하는 기본적인 의구심에서부터, 당시의 시대상황을 반영한 이 책의 내용이 과연 오늘날에도 맞아떨어질 것인가, 태세수 · 월건수 · 일진수를 구하는 기본 책력이 음력인데 과연 얼마나 신빙성이 있을까, 또는 표현이 너무 관념적이고 막연하여 구체적인 길흉을 알 수 없다는 불만까지 다양한 문제제기가 있을 수 있다.

이러한 의문과 문제들이 모두 명쾌하게 풀리지는 않겠지만, 다음과 같은 이야기로 『토정비결』의 현대적인 의미를 찾아보고자 한다.

『토정비결』을 읽다 보면 이 책이 운명판단의 도구라기보다 윤리적인 실천강령이나 도덕률로서 더 유용하지 않은가 하는 생각이 든다. 유교 · 불교 · 도교 · 무속에 입각한 인간의 행동준칙을 설명하는 부분이 많아 매우 교훈적이기 때문이다. 또 불운보다는 행운에 대한 내용이 많아 희망적이다.

가난과 악정, 혼란과 부조리 속에서 백성이 믿고 의지하거나 그들을 이끌어줄 사상이나 가치관이 없던 때에, 『토정비결』은 한편으로는 백성들에게 덕을 쌓고 선을 취하며 악을 멀리할 것 등 삶의 기본적인 모형을 제시해주는 스승으로서, 또 한편으로는 인생의 고달픔을 위로하고 희망을 불어넣는 벗으로서 그들의 험난한 인생길을 함께 걸어왔다.

『토정비결』이 씌어진 시기와는 또 다른 측면의 어려움을 겪고 있는 오늘날의 우리에게 있어서도『토정비결』은 비슷한 의미를 갖고 있다. 청렴결백·근면·성실·정직·욕심의 극소화 등은 지금까지도 대단히 소중한 덕목으로 받아들여지기 때문이다.

　그러므로 토정비결이 얼마나 과학적으로 만들어진 것이냐 하는 문제는 여전히 숙제로 남기고, 우리는 그저 소중한 문화유산의 하나로 또는 현재적인 삶의 지혜를 담고 있는 풍속의 하나로 접근하는 것이 바람직하지 않을까 생각된다.

진본 토정비결

글쓴이 | 이재운
펴낸이 | 유재영
펴낸곳 | 동학사

1판 1쇄 | 2000년 12월 12일
1판 24쇄 | 2023년 2월 15일
출판등록 | 1987년 11월 27일 제10-149

주소 | 04083 서울 마포구 토정로 53 (합정동)
전화 | 324-6130, 324-6131 · 팩스 | 324-6135
E-메일 | dhsbook@hanmail.net
홈페이지 | www.donghaksa.co.kr
www.green-home.co.kr

ISBN 89-7190-075-X 03150